数 詞 考

関口駿一著

真珠書院ブックサービス

まえがき

　この論考は、日本語数詞について考えることから始まった。しかし、考えを進めるに従って数詞以外の言葉について、さらに「通過儀礼」や「料理」等の習俗や文化についても議論を展開することになった。

　この論考の結論は、第１に、日本語の数詞は、等比数列的・指数関数的な思想によって序列されているということである。すなわち、日本語の基礎数詞は、１－２－４－８－（16）、３－６－12－（24）及び５－10－20という３つの等比数列（指数関数として表わせば、y=ka^x（k＝１、３、５、a＝２））によって序列されており、そして、この３つの等比数列上の数詞はそれぞれ、子音H・Y、M、Tのもとで、いずれも、i→u→o→a→eの母音変化によって倍加しているということである。すなわち、日本語数詞は、規則的な母音変化による倍加法数詞である。

　第２の結論は、日本語の個々の言葉の生命はまず語頭の音（子音＋母音）にあるということである。語頭音の子音が、まず、その語によって表わされる物事の範疇を決定している。そして、その子音のもとで、数詞と同様にi→u→o→a→eの順に母音が変化することによって、その範疇の中での、その語の階層が決定されているということである。個々の語の語根または語幹はこのように決定した語頭の「子音＋母音」すなわち「範疇と階層」である。語頭音の後に続く音は、先立つ語頭を働かせるための接尾辞または語尾である。

　子音によって決められた範疇の中で、母音がその階層を決定するということは、１つ１つの母音にはそれぞれ意味があるということである。一例を挙げれば、野や山から得られる「豆」や木の「実」、これらは自

然から与えられる「稔り」として、子音Mによって範疇化されている。この子音Mが母音によっていわば"活用"され、豆（Ma）や実（Mi）や籾（Mo）や恵み（Me）という言葉をつくっているのである。母音は、この例ではa、i、o、eは、それぞれ固有の意味を持っているのである。

　母音による子音の"活用"は、母音が子音に先立つことによって行なわれることもある。これが、母音接頭辞といわれるものである。「甘い」や「美味い」や「飴」という言葉は、自然から与えられる「稔り」や「恵み」の範疇（Mの範疇）に属するもので、子音M＋母音a・eによってつくられたMaやMeが、母音接頭辞a、uによって"活用"された「a-Ma（甘い）」、「u-Ma（美味い）」、「a-Me（飴）」である。「豆」、「実」、「籾」、「稔り」、「恵み」、「美味い」、「甘い」、「飴」は同一範疇の語である。

　第3の結論は、上に述べた日本語の法則は、子音と子音との間の特別な関係において、この民族の古い習俗や文化と密接に結びついているということである。例えば、日本古来の厄年は、数詞の構造の中ではじめて説明され、節分における豆（Ma）と鬼（o-Ni）の関係は、二元論的思想に基づくMとNの関係としてはじめて説明される。

　この論考のある部分については、客観的論理性や科学的精密さを欠いた主観的・非科学的な推測に基づいているとして批判されるかも知れない。しかし、この論考は部分的な論理性や部分的な精密さだけを追求しない中から生まれたものである。言葉が学問として研究される以上、個々の言葉の分析が科学的な精密さで行われなければならないことは当然であろう。しかし同時に、個々の言葉は、その言葉の属している民族言語全体を支配する法則の中でこそ呼吸しているのである。従って、1つの言葉が解明されるということは、そのことによって、他の言葉の意味がより鮮明に説明され、その息づかいがより強く感じ取られるようでなければならない。そうでないならば、その言葉が科学的に解明された

まえがき

ことにはならないであろう。それは丁度、生物学において、1つの細胞の機能が研究されることによって、その細胞と他の細胞との関係がより明らかになり、多数の細胞によって構成されている生命全体のメカニズムが、より理解されるようになるのと同じであろう。そして、生命全体への理解が進めば、個々の細胞の役割がまた、より鮮明になるのである。個々の言葉の研究は、個々の言葉が活き活きと呼吸しているところの、その民族言語全体の構造を明らかにすることとして捉えられなければならない。

このような立場から、この論考においては、個々の言葉に対しての理解が不十分であり、飛躍であると思える場合でも、不安を感じつつも論を進めた。全体の構造が明らかになることで、1段上の高見から眺めることが可能になり、個々の不十分さや飛躍は、解決されるに違いないと思うからである。

この論考はまた、この言語のルーツについて、この言語を話す民族の精神構造についてまで言及することになった。しかしこれらの部分は当然、主観的・空想的なものである。

これらの空想が他の部分とともに作業仮説たり得れば幸である。

2007年9月

目　次

目　次

まえがき ………………………………………………………………… i
凡　例 …………………………………………………………………… xi

第1部　数詞考

Ⅰ　日本語数詞とその研究の歴史 ……………………………………… 3
　⑴　日本語数詞の法則性 ……………………………………………… 4

Ⅱ　日本語数詞における"iuoaの法則" ……………………………… 10
　⑴　Hi→Hu と Yo→Ya（HY系列）………………………………… 10
　⑵　Mi→Mu（M系列）……………………………………………… 13
　⑶　Tu→To（T系列）……………………………………………… 16
　⑷　指数関数数詞（等比数列数詞）………………………………… 20
　⑸　日本語数詞そのものに対する考察―数という言葉は？― …… 24
　⑹　等比数列数詞の獲得 …………………………………………… 26
　⑺　日本語数詞は諸言語の混合または混入によって生まれたのか … 28
　⑻　数詞にはなぜ子音H、Y、M、Tが使われたか？ ……………… 36
　⑼　"iuoaの法則"から"iuoaeの法則"へ ………………………… 36
　⑽　Nana と Koko …………………………………………………… 37
　　　Nana ………………………………………………………………… 37
　　　Koko ………………………………………………………………… 38
　⑾　聖数 ………………………………………………………………… 38

v

Ⅲ　数詞以外に認められる"iuoae の法則" ……………………41
　⑴　音義説 …………………………………………42
　⑵　日周変化 ………………………………………47
　⑶　時間と空間 ……………………………………49
　　　非時と無花果〔コラム〕………………………52
　⑷　距離および生活空間の内と外 ………………54
　　　Ti …………………………………………………55
　　　Tu …………………………………………………55
　　　津 …………………………………………………57
　　　Tu の通過儀礼 …………………………………57
　　　To …………………………………………………60
　　　Ta …………………………………………………60
　　　空間を示す T 系列上に位置付けられる同根語 …………61
　　　鶴〔コラム〕……………………………………63
　⑸　血縁の遠近 ……………………………………64
　　　数詞・時間・空間・血縁の関係の中の類似語 ……………67
　⑹　堅果加工工程そして薬 ………………………68
　　　薬そして日本料理 ………………………………70
　　　接頭辞"a–"について ……………………………71
　　　アイヌの薬〔コラム〕…………………………72
　⑺　火食 ……………………………………………73
　　　料理の三角形（レヴィ＝ストロースの第 1 の三角形）………74
　　　《燻製にしたもの》と《焼いたもの》と《煮たもの》（火食の三角形）………………………………………………75
　　　火食の日本語 ……………………………………79
　　　《水分を含んだもの（湿ったもの）》と《水分を除いたもの（乾いたもの）》………………………………83

vi

　　　　　　　　　　　　　　　　　　　　　　　　目　　次

　　　　HY系列以外の火食の言葉 …………………………………89
　　　　蒲鉾（かまぼこ）と蒲焼（かばやき）〔コラム〕 …………………………………90
　　　　煮る …………………………………………………………93
　　　　日と火 ……………………………………………………102
　　　　火は「肉を焼く」ばかりでなく「草木も焼く」 ………102
⑻　石器の製作 ………………………………………………106
⑼　経済 ………………………………………………………107
　　　　食糧の経済＝配分 ………………………………………108
　　　　食糧の経済＝保存 ………………………………………109
⑽　法 …………………………………………………………110
　　　　掟＝個人と集団の関係 …………………………………110
　　　　集団と個人の責任 ………………………………………110
　　　　契約と罰 …………………………………………………111
⑾　発酵 ………………………………………………………112
⑿　神と君 ……………………………………………………112
⒀　結合、解離 ………………………………………………116
⒁　肉体と魂の結合、解離 …………………………………119
⒂　人の一生 …………………………………………………121
　　　　婚約（ゆいなづけ）と結納（ゆいいれ） …………………………………………127
　　　　「へこ祝い」と「鉄漿（かね）祝い」 ………………………………131
　　　　厄年 ………………………………………………………134
⒃　蛇 …………………………………………………………138
⒄　稔 …………………………………………………………140
⒅　天 …………………………………………………………141
⒆　「難かしい」と「睦ましい」、物事の「乱れ」と「纏まり」 …141
⒇　地 …………………………………………………………142
(21)　海 …………………………………………………………143

　　　　　　　　　　　　　　　　　　　　　　　　　　　　vii

　　　　麻続王（をみのおおきみ）……………………………………………………145
　　　　麻続王（をみのおおきみ）の歌〔コラム〕………………………………151

Ⅳ　"iuoae の法則" の法則性 ……………………………………………153
　　(1)　i、u、o、a、e それぞれの意味 …………………………………153
　　　　i 音の言葉 ……………………………………………………155
　　　　u 音の言葉 ……………………………………………………156
　　　　o 音の言葉 ……………………………………………………157
　　　　a 音の言葉 ……………………………………………………157
　　　　e 音の言葉 ……………………………………………………158
　　(2)　接頭辞 i、u、o、a、e …………………………………………160
　　(3)　子音および子音交換に認められる法則性 ……………………162
　　(4)　"iuoae の法則" と音義説 ………………………………………163

Ⅴ　ルーツ …………………………………………………………………169
　　　　宗像三女神と住吉三男神 …………………………………………169

Ⅵ　"iuoae の法則" が日本文化、日本人の自然観にもたらしたもの
　　………………………………………………………………………175

第 2 部　MN 考

Ⅰ　日本語における子音間の関係 ………………………………………183

Ⅱ　M と N …………………………………………………………………188
　　(1)　天と地 ………………………………………………………188
　　　　日本人の天地開闢思想 ……………………………………………190
　　　　虹 ……………………………………………………………191

目　次

　　　　ねぶた祭と七夕祭 …………………………………194

　　　　虹のもう１つの言葉「みょーじ」………………197

　　　　鍋 ……………………………………………………200

　　　　縄文土器 ……………………………………………202

　　　　雷と稲荷＝ＮとＫの相補的関係…………………203

　⑵　外と内、顕在と潜在、有と無 ………………………205

　⑶　実と根 …………………………………………………206

　　　　豆まき ………………………………………………208

　　　　鵺 ……………………………………………………209

　⑷　肉体と精神 ……………………………………………210

　⑸　正と邪 …………………………………………………213

　⑹　「もの」という言葉 …………………………………214

　⑺　古き神々 ………………………………………………215

Ⅲ　ＫとＴとＨ（Ｐ）………………………………………218

　⑴　「こと」という言葉 …………………………………219

　⑵　「ぢゃんーけんーぽん」に現れたるＴ―Ｋ―Ｈ（Ｐ）の三すくみ
　　　の関係 …………………………………………………220

　⑶　猿蟹合戦 ………………………………………………221

Ⅳ　ＹとＷ …………………………………………………226

あとがき ……………………………………………………229

凡例：

〇言葉（語）の表記について
　本書において、言葉（語）の表記は原則として漢字と平がな、および、ローマ字によった。
　例えば、「うつくしい」という言葉は、漢字とひらがなによって「美しい」と表記した。この言葉を子音と母音に分けて表記するために、かつ、語幹と接辞とに分けて表記するためにローマ字を用いた。ローマ字表記においては、「美しい」は、「しい」の部分を省略し、「u-Tu-k」と表記した。この表記によって「美しい」という言葉は、接頭辞 u（う）と語幹 Tu（つ）と接尾辞 k（く）から成っていることを示した。語幹の子音は大文字によって表記した。接頭辞、接尾辞はハイフンによって語幹部分と結んだ。ある言葉に2つの語幹があることを強調したい場合には、例えば「悩み」は、「Na・Ya-m」とローマ字表記した。この表記によって「悩み」という語は、2つの語幹 Na と Ya の結合によっていることを示した。これらの漢字・ひらがな表記とローマ字表記は、それぞれが単独に記されることは少なく、多くの場合、「美しい（u-Tu-k）」や「悩み（Na・Ya-m）」や「焼（Ya）く」のように記された。
　他の書からの引用による場合には上の原則によらず、原典に従って片かなによる表記も用いた。

〇言葉（語）の特殊な表記について
　本書において、言葉（語）に対して特殊な表記を用いた。
　　＊現行の50音表にない音を必要に応じて用いた。その場合にはローマ字表記によった。例えば Wi、Wu、Yi などである。
　　＊通常は用いられない濁音を用いた。例えば、「な゛に゛ぬ゛ね゛の゛」や「ま゛み゛む゛め゛も゛」などである。

xi

＊ローマ字表記においても濁点を用いた。例えば、Si゛（じ）、Na゛（な゛）などである。また、「ざじずぜぞ」をまとめてローマ字表記したい場合にはS゛などを用いた。

〇「注書き」、「但し書き」、「ことわり書き」について
　本書において、「注書き」や「但書き」や「ことわり書き」であるとする部分については、文字サイズを落とし、段落を付けて記し、その旨を示した。

〇コラムについて
　本書には、いくつかの「コラム」がある。コラムは本文に関連しているが、本文から半ば独立させたものとして扱い、囲みを付けて、関連した本文の近くに置いた。

第1部

数 詞 考

Ⅰ. 日本語数詞とその研究の歴史

　日本語数詞の特異性は古くから指摘されている。1から10までの日本語数詞は、「ひと」、「ふた」、「みつ」、「よつ」、「いつ」、「むつ」、「ななつ」、「やつ」、「ここのつ」、「と」である。ローマ字で表記すれば、Hi-t（ひと）、Hu-t（ふた）、Mi-t（みつ）、Yo-t（よつ）、i-Tu（いつ）、Mu-t（むつ）、Nana-Tu（ななつ）、Ya-t（やつ）、Koko-no-Tu（ここのつ）、To（と）である。ここで、各数詞の語尾"-t"は「数」を表す接尾辞であろう。例えばHu-t（ふた）は「Huの数」の意である。またi-Tuの"i-"は、この数が特別なものであるために付いている接頭辞であろう。また、「ななつ」と「ここのつ」の「つ（Tu）」は、以下に述べるように"-t"とは別の語であるから、これらを除き語幹部分をローマ字表記すれば、日本語数詞の1から10は、Hi、Hu、Mi、Yo、Tu、Mu、Nana、Ya、Koko、Toである。NanaとKokoを除く8つの数詞は単音節語で、それに接頭辞"i-"と接尾辞"-t"を伴ったものである。i-TuとToは片手の指全部、両手の指全部であり、おそらく特別の数であるため、接頭辞"i-"を伴い、接尾辞"-t"を伴わない。「ななつ」と「ここのつ」の「つ（Tu）」は、「一本の鉛筆」や「一冊のノート」というときの「本」や「冊」と同じ助数詞と考えることができるであろう。この「つ（Tu）」は、Toを除くすべての数詞につくことができるが、両手の指全部であるToにつくことはない。このTuは、i-Tu（5）、To（10）とともにTe（手）と同根の語であると思われる。これは、英語のFiveがFingerと同根であるのと同じであろう。このことは、ものを数えるとき指を立てて、あるいは折って数えたことに関係しており、助数詞Tuの本義は指の意であろう。すなわち「ひとつ（Hi-t-

Tu)」は「1の数の指」即ち「1本の指」の意である。NanaとKokoを除く8つの数詞を分解し表-1にまとめた。

[表-1] Nana(7)とKoko(9)を除く1から10までの8つの数詞

	数 詞		語 幹	接頭辞・接尾辞	助数詞(指)
1	ひとつ	〔Hi-t (o) -Tu〕	ひ Hi	と-t	つ Tu
2	ふたつ	〔Hu-t (a) -Tu〕	ふ Hu	た-t	つ Tu
3	みっつ	〔Mi-t (u) -Tu〕	み Mi	つ-t	つ Tu
4	よっつ	〔Yo-t (u) -Tu〕	よ Yo	つ-t	つ Tu
5	いつつ	〔i-Tu -Tu〕	つ Tu	い i-	つ Tu
6	むっつ	〔Mu-t (u) -Tu〕	む Mu	つ-t	つ Tu
8	やっつ	〔Ya-t (u) -Tu〕	や Ya	つ-t	つ Tu
10	と	〔To 〕	と To	—	—

　数詞の語幹については異論もある。"-t"を含めて語幹とする説、また5をあらわす「いつ」の語幹は「い」であるとする説がある。5の語幹を「い」であるとするのは、東洋史学者白鳥庫吉(1869〜1942)の説でもあるが、「いつ」の語幹は「つ」であるとする説も東西の多くの言語学者の採るところである。また、Hi、HuがHi、FuまたはFi、Fuと表記されることもある。あるいは、さらに古形に復元したものとしてPi、Puと表記されることもある。いま、これらの議論を承知の上で語幹を上記のように扱ったことについては、ここでは、そう述べるにとどめたい。このこと自体が以後に展開する本稿の議論と結論そのものであるからである。

(1)　日本語数詞の法則性

　日本語の1から10までの基本数詞の語幹は他の言語には見られない不思議な法則性を持っている。HiとHuは、子音Hを同じくするこの2つの数詞は、倍数関係にある1と2であり、1を表すHiの母音iをu

に変化させることにより1の倍数2を表わすHuがつくられている。同様の関係がMiとMuの間にもある。倍数関係にある3と6は、子音Mを同じくし、Miのiをuに変化させることにより、その倍数Muがつくられている。類似した関係が4（Yo）と8（Ya）の間にもある。子音Yを同じくし倍数関係にあるこの二つの数詞はしかし、母音oをaに変化させることにより倍数化を表現している。また5（Tu）と10（To）は子音Tを同じくし、uをoに変化させることにより倍数化を表現している。数の倍加を表わすに当たり、子音を変化させたり、あるいは接中辞を置くことによって表現する言語はいくつか認められるというが、日本語のように母音変化によって倍数をつくり出すという特異な、そして明瞭な原則を持った数詞は日本列島周辺の言語にも見当らず、類似した法則性の痕跡をもつ言語は、アメリカ・インディアンのハイダ族（カナダのクイーン・シャーロット諸島とアラスカのプリンス・オブ・ウェールズ島南部に住む）に見出されるのみであると言われているが（西岡秀雄『民俗考古学』ニュー・サイエンス社、1989）、このアメリカ・インディアンのそれは日本語数詞ほど明瞭ではない。『民俗考古学』より借用し表−2に掲げておく。

[表−2] 日本の数詞とハイダ族の数詞（西岡秀雄著『民俗考古学』より）

	日 本		ハ イ ダ （Haida族）	
1	ヒ	[HI]	スゴアンシン	sgoansiñ
2	フ	[HU]	スティン	stîñ
3	ミ	[MI]	ルグヌル	tgúnut
4	ヨ	[YO]	スタンシン	stánsiñ
5	(イ)ツ	[(i)TU]	レィール	Leït
6	ム	[MU]	ルガヌル	Lganut
7	ナナ	NANA	ジグアガ	djiguagá'
8	ヤ	[YA]	スタンサンハ	sta'nsañxa
9	ココ	KOKO	ラアーリンギスゴアンシンゴ	LaAtiñgisgoānsiñgo
10	ト	[TO]	ラアール	Lā'At

日本語数詞の持つ特異な法則は、1891年にゲオルク゠フォン゠デア・ガーベレンツの著わした『言語学－その課題、方法および今日までの成果』によりヨーロッパの言語学界に紹介されているという（田中克彦『言語学とは何か』岩波書店、1993）。日本語数詞の持つ特異性が日本人自身によって分析され、周辺言語と比較、検討されたことも古く、白鳥庫吉（『史学雑誌』1909、『東洋思想』1936）によってなされている。白鳥により韓国語・アイヌ語等と比較され、その特異性がこれらの周辺言語の数詞のなかに見出されないことが確かめられている。その後、新村出は、白鳥の3と6、4と8の間の倍加法（倍数法または倍進法と呼ばれることもある）を確認し、日本語数詞は、1から5までの五進法と6以上の一対計算法によっていると述べている。さらに新村は、古代高句麗語の3、5、7、10の数詞が日本語数詞と類似することを、朝鮮の古地名を分析することによって指摘している。近年、語頭音を統計的に比較する方法によって日本語数詞と諸言語のそれとの類縁関係を調べることが行なわれ（安本美典、本田正久『日本語の誕生』数理科学 No107〜112、1972）、また最近、倍加法がモンゴロイドに特有のものであるとする論考が岩田重雄によって発表されている（日本計量史学会、2002）。しかし、日本語数詞の法則である倍加法そのものが、白鳥、新村後、本格的に研究されたことはない。一方、日本語数詞に倍加法があることそのものを否定する立場もある。

　そもそも日本語数詞の特異性はいつ誰によって発見、記載されたのであろうか。白鳥は先に挙げた2つの論文の中で「和洋の言語学者は早くも之を看破している」また「既に内外の言語学者の考察せる所」としながら出典を示していないが、村山七郎はその著『日本語の研究方法』の中で新村出の論文を引用して、江戸中期の儒学者、荻生徂徠（1666－1728）が随筆『南留別志（なるべし）』の中で、ヒト（一）とフタ（二）、ミ（三）とム（六）、ヨ（四）とヤ（八）を挙げて、二倍の数の方がもとの数と同じ子音をもつことを指摘していることを述べ、さらに

Ⅰ．日本語数詞とその研究の歴史

明治の以後の言語学者がイツ（五）とト（十）との間にも同じ関係があるらしいことを認めてきたと述べている。また村山は、同じく新村出を引用して西洋の学者ではポット（1868）が日本語数詞の1と2、3と6、4と8の関係において倍加法をみとめ、ガーベレンツ（1901）は5と10においても倍加法をみとめていると述べている。村山七郎は自説を展開するにあたって、上のように日本語数詞の母音交替（母音変化）による倍加法説を紹介しているが、村山自身は日本語数詞において母音交替（母音変化）による倍加法を認めない立場であり、本稿の立場とは異なる。

日本語数詞の特徴を荻生徂徠がすでに指摘していることは驚きであるが、五十音図が作られたのは古く、平安中期にはすでに現在のものとほとんど変わらないものが日本人の手によって作られていたのであるから、ローマ字表記を借りなくとも日本人自身が気付いていても当然と考えるべきなのであろう。しかし、日本語数詞に母音交替（母音変化）による倍加法が存在することが近代的に指摘されたのは、日本語をローマ字で表記した外国人によっているのではなかろうか。それが、外国に学んだ日本人言語学者によって再輸入されたということではなかろうかと、私は推量する。（例えば日本語数詞の特異性をヨーロッパに紹介したガーベレンツに師事した上田万年等の日本人言語学者によって。）以上の日本語数詞の倍加法に関する歴史を年代を追って、一覧表にしておく。

研究者	年代	倍加関係	備考・関連事項
？	平安中期	———	＊50音表の作成
荻生徂徠	1736（江戸中期）	1と2、3と6、4と8	＊徂徠没後弟子によって刊行された随想『南留別志』による
ポット	1868	1と2、3と6、4と8（5と10）	

7

ガーベレンツ ミューラー	1871	1と2、3と6、 4と8、5と10	
白鳥庫吉	1909	3と6、4と8	＊日・韓・アイヌ語を比較 ＊7（ナナ）と9（ココ）を論考
新村出	1916	3と6、4と8	＊古代高句麗地名中に残る数詞（3・5・7・10）と日本語数詞の比較 ＊7（ナナ）と9（ココ）を論考 ＊1から5までは各独特の語根（5までは5進法）、6以上に倍加法 ＊5進法と一対計算法の併用
村山七郎		倍加関係は存在しない	＊日本語数詞は南島系とアルタイ系の混合
西岡秀雄	1986	1と2、3と6、4と8、5と10	＊北米ハイダ語の数詞の倍加法を紹介

　山田孝雄は『数詞には「かぞえ」「はかる」という「思想上の作用」が根底にある』として、数詞を独立した品詞とした（山田孝雄『日本文法学概論』宝文館、1936）。確かに、数詞にはその他の基本語、例えば身体語や親族を表わす語とは異なった思想性が在るとまず考えるべきであろう。

　数詞が本来的に持っている思想性と、日本語数詞が他の言語には無い特異性を持っていることとを併せ考えれば、この特異な数詞を造りだし

Ⅰ．日本語数詞とその研究の歴史

た原日本人は「特異な思想」の持ち主であり、そして、その特異な思想は、今日でも使われている数詞のなかに「化石」となって残っているということになる。この「化石」の調査を行なえば日本語の発生時の、原初の思想の一端に触れることができるということである。そしてまた、その民族の言語は、その民族が創り出した文化であると同時に、その民族の一員として生まれた者が否応なしに与えられる所のもの、所与のものでもある。言葉は親から子へ、子から孫へと伝えられ、その民族の文化的特徴を形づくる。人の身体的な特徴が代々遺伝し、そこに生まれる者に否応無しに与えられ、その民族の身体的特徴を形づくるのと同様に、言葉はその民族の文化的特徴を形づくるのである。従って、この化石の調査は、今でもこの「特異な数詞」を用いている現日本民族の思想を探る上でも恰好の資料を与えることになるであろう。ここに、日本語数詞の法則性についての分析・検討を試みた。

　分析の結果は、日本語数詞の持つ法則は、数詞にのみ当てはまるものではなく、日本語全体を貫く構造的な法則であるということ、さらに、言語の持っているこの構造は、当然のこととして、その言語を話す人々の思想や精神文化と深く結びついている、ということであった。日本語の構造と日本人の世界観そして自然観は相互に関係し合っているのである。さらに、日本人において特殊であるといわれる脳における言語処理のメカニズムとも、この構造は関連しているのではなかろうかと思われる。即ち、中国人や欧米人が母音を単独に聞かされた時、母音を単なる音として聞くのとは異なり、日本人は、母音を言語として聞き、言語脳において処理しているということ（角田忠信『日本人の脳』大修館書店、1978）と関連しているであろうということである。

Ⅱ. 日本語数詞における"iuoa の法則"

　日本語数詞は、前章に述べた様に、Hi と Hu、Mi と Mu、Yo と Ya、Tu と To の 4 対の倍加関係が、i から u、o から a、u から o への 3 つの母音変化によって表現されている。しかし、何故に 3 つの母音変化により倍加が表現されるのであろうか。3 種類の母音変化が用意されなくとも上の 4 対は o→a の変化のもとで Ho→Ha、Mo→Ma、Yo→Ya、To→Ta でもよいのではないか、あるいは i→u の変化のもとで Hi→Hu、Mi→Mu、Yi→Yu、Ti→Tu でもよいのではないか、何故に 3 種類の母音変化が用意されねばならないのか。言語は音素を無作為に取り出し、組み合わせた単なる記号ではない。数を表す数詞であればなおのこと、その中には、何らかの必然的な論理がなければならないだろう。すでに 4 組の倍数関係を同一子音のもとで母音を変化させて表現するということが存在しているのであるから、3 つの母音変化が用意されていることにも何らかの理由があるのではなかろうか。日本語の数詞において、3 つの母音変化によって 2 〜 3 対の倍加が表現されていることが知られて以来、荻生徂徠から数えれば270年の間、なぜ 3 つの母音変化が用意されているのかが、問題にされたことはなかった。しかし、この疑問、3 つの母音変化を解く鍵は、この数詞自身の中に内臓されていたのである。

(1)　Hi→Hu と Yo→Ya（HY 系列）
　今、Hi→Hu→Yo→Ya を一つの系列として取り出してみよう、この倍々関係にある等比数列 1 → 2 → 4 → 8 は、i→u→o→a の母音変化を伴っている。そしてこの一連の母音変化の中に、先の 3 つの母音変化、i→u、u→o、o→a が含まれている。日本語数詞は、3 つの独立した母

Ⅱ．日本語数詞における"iuoa の法則"

音変化によって数の倍加関係を表現しているのではなく、i→u→o→a という１つの連続した母音変化により倍々関係を表現しているのではなかろうか。Mi→Mu における i→u、Tu→To における u→o も、i→u→o→a という一連の母音変化の一部なのではないだろうか。倍々関係が i→u→o→a という母音変化を持つのは、Hi→Hu→Yo→Ya の系列（以後、HY 系列と呼ぶ）だけで見られる現象ではなく日本語数詞全体の中に存在する法則ではないだろうか。今仮に、これを"iuoa の法則（イウオアの法則）"と呼ぶことにするが、i→u→o→a の母音変化がより広く日本語数詞を支配する法則であるかどうかは、Mi→Mu、Tu→To において確かめられねばならない。

　一連の母音変化によって数を倍加する法則が日本語数詞の中に確かに存在するのであれば、日本語数詞のこの法則性は「母音文化圏」に生まれ育った我々にとっては、「不思議な法則」ではなく、「整合的な法則」あるいは「生理的な法則」であると、自らの脳の命ずるところに従い言い換えねばならないだろう。「母音文化圏」というのは、先にも述べたように日本人の脳の母音処理の仕方が西洋人や中国人と較べると特異であるという大脳生理学的事実に基づいている。すなわち、日本人は母音だけを単独に聞かされると、言語として言語脳において処理するが、西洋人や中国人は母音を単独で聞かされた時には言語としては聞かず単なる音として処理する、ということによっている（角田忠信『日本人の脳』大修館書店、1978）。角田忠信は日本人の脳の言語処理のメカニズムの特殊性から出発し、日本文化論を展開し、日本人の精神構造に対して「精神構造母音説」を提唱し、「日本人の精神構造は日本語の続く限り、過去・未来も含めて共通した基本的特徴を持続するものと考えられる」と述べている。

　また、i→u→o→a の母音変化は、音声学でいうところの母音四角形にそったものである。母音四角形というのは母音を発音する際、調音する舌の位置によって母音の音色がきまり、その舌の位置を口の開き具合

に応じて画くと四角形に配置されるという言語の種類とは無関係の音声学上の法則である（図-1）。

これらのことを合わせ考えると、日本語数詞においては、人による

[図-1] 母音四角形

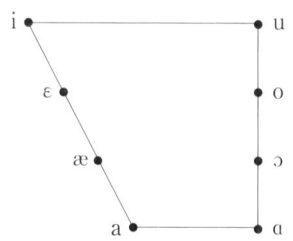

「数の認識」と「言語の獲得」が「生理的な音声の法則」によって統一されていることになる。即ち、人がいまだ人とはいえない、あるいはすでに確かに人であった太古の昔に、人は数を等比数列的に認識した。そしてそれをいまだ言葉とはいえない、あるいはすでに確かに言葉であった声によって表現した。しかしその声は無作為に音素を取り出したものではなく、人が母音を発音する時、調音点が口先から順次喉の奥に移行していく順に従っている。そして、それぞれの等比数列によって子音が選ばれているということである。

また、"iuoaの法則"が確かなものであれば、Hi→Hu→Yo→Yaの系列から判るように、倍加を表現する場合に必ずしも子音を同じくするとは限らないということになる。2から4、Hu→Yoにおいて子音はHからYに変化している。あるいは、Hi→Hu→Yo→Ya系列はもともと子音も同じくしていたのかも知れない。Phyi→Phyu→Phyo→Phyaのような同一子音の系列がまず日本語の祖語の中にあり、永い年月の間に系列の前半においてP、Yが欠落し、後半においてP、Hが欠落してHi→Hu→Yo→Ya系列が生まれたのであろうか。あるいは、もともと、Hi→HuとYo→Yaは現在表記発音されるように別の子音であったのであろう

か。あるいは、Ho が 4 を表し、Ha が 8 を表すことがあったのかもしれない。He が16を表しているであろうことについては後に述べる。

いま、子音についての疑問はおくとして、日本語数詞全体に "iuoa の法則" と呼べるものが存在するかどうかを確かめなければならない。

(2)　Mi→Mu（M 系列）

Mi（3）→Mu（6）における i→u が、i→u→o→a の母音変化の一部であるとすれば、Mi-Mu の倍加関係の延長上に Mo、Ma という語が存在し、それぞれ12、24を表わしていなければならない。このような語が存在するであろうか。現代の日本語の中にないとしても古語の中に、あるいは、地名、人名等の中にその痕跡が存在するのではなかろうか、と、まず考えてみた。しかし、Mo、Ma という数詞がかつては存在したが、いまは失われてしまったという痕跡を古語、地名、人名の中に見出すことは出来なかった。ところが、Mi→Mu→Mo→Ma 系列は、古語、地名、人名等にその証拠を求めるまでもなく、現代日本語の中に厳然と存在しているのである。Mo-t、Ma-t という日本語の存在である。「もっと（Mo-t）欲しい」、「もう（Mo）十分」、「もって（Mo-t）のほか」という時の Mo-t や Mo、また「全うする（Ma-t）」、「全く（Ma-t）」、「全い（Ma-t）」という時の Ma-t という日本語は何であろうか。これらの副詞（あるいは形容詞）は数詞として用いられることはないが、数量的意味を持つ言葉である。おそらく Mo-t や Ma-t は、10進法のもとで、数を表現することはなく、10を越える量、すなわち十二分（Mo-t）を、また十二分よりさらに多量のもの「全く（Ma-t）」（ほとんど全て）を表現する語として数詞としてではなく使われている。しかし、Mo-t、Ma-t の語幹、Mo、Ma は数詞 Mi、Mu の延長上にあるに違いない。

Mo-t、Ma-t がなかなか発見できなかったのは、数詞を10進法の上に位置付けて12という数を表す Mo-t を、24を表す Ma-t を探していたか

らである。"iuoaの法則"に則った日本語数詞は10進法に拠っていないのである。

　このように、HY系列の数詞だけでなく、M系列数詞においても、程度副詞を含んだMi→Mu→Mo→Ma系列が存在し、"iuoaの法則"が成立している。

　上記のような論法に対しては論理的な矛盾があると指摘されるかもしれない。すなわち、Mi→Muの延長上に"iuoaの法則"が成立していることを証明するために"iuoaの法則"がすでに成立していることを前提として、Mo、Maという数詞でもない言葉を恣意的に選んで並べたにすぎず、自家撞着的矛盾があると。しかし、ここでは、単純な三段論法的な証明を行おうとしているのではない。ここでは、Mi→Muの延長上に極めて数詞に近い程度副詞Mo、Maがあり、それを含めて1つの数詞系列と考えれば"iuoaの法則"が成立し、同時にMo、Maという語が持っている意味も合理的に説明されるということである。逆にいえば、Mo、Maという言葉そのものを説明するためには、この2つの語を"iuoaの法則"上に位置付けることが合理的であるということである。1つ1つの語は孤立して存在しているのではなく、全体的、法則的な構造の中に位置づけられて存在しており、その法則性の発見によってはじめて、1つ1つの語の合理的な説明が可能であるということである。さらにいえば、"iuoaの法則"に基づいてM系列数詞が存在することは、この系列内のMo、Maを説明可能にしたばかりではなく、M系列の発見を誘発せしめたHY系列の確かさも同時に補完、証明することになる。1つ1つの現象の合理的な説明と、1つ1つの現象を貫く法則の発見は不可分の関係にある。元素の周期律の発見が個々の元素そのものをよりよく説明し、未だ発見されていない元素の存在さえも予測したのと同じであろう。

　小学館の『日本国語大辞典』によって「もっと」、「全い（またい）」

II．日本語数詞における"iuoa の法則"

を引いてみると、「もっと」については語源説明が無く、「全い」について次の9つの言語説が挙げられている。①ミナータダ（直）の反、②マイタク（真痛）の義、③マツラナリ（真連）の義、④マカタク（真堅）の義、⑤マタリシ（真足）の義、⑥マテシキ（真手如）の義、⑦マドカ（円）の意、⑧マロ（円）の転、⑨ミツ（満）の転、である。

　①から⑥まではすべて説得力の無い語源説といわねばならないであろう。⑦、⑧の語源説には、肯けるところがある。今、円周を3等分（円に内接する正三角形を描く）する。ついで3等分された3つの弧を2等分すれば円周は6等分される。この作業を繰り返せば12等分、24等分される。このとき、円に内接した正24角形は円に近いものになるからである。「まどか（円）」、「まる（円）」の Ma が M 系列の Ma である可能性はある。

　ここに、「めった」という語がある。「めったやたら」、「めったぎり」の「めった」である。「滅多」の漢字が与えられているが漢語ではないだろう。「めった」という物事の程度を示す語も M 系列上で、i→u→o→a がさらに e にまで進んだ「Me-t」であろう。

　Mo、Ma、Me のように数詞系列上にありながら、必ずしも数そのものを意味していない例は他にもある。ここでは、「やっと（Ya-t）」を挙げておく。「Ya-t」は数としての8「やっつ（Ya-t）」を示すばかりでなく、「やっと（Ya-t）」という程度副詞でもある。「やっと」という副詞は「かろうじて」、「ようやく」の意を持ち、物事の八分という程度を示す語である。また、「i-Ya さか（弥栄）」の「i-Ya」が数詞 Ya（8）に同じであろうことはすでに指摘されている。しかしそれは、巷間言われているような、「i-Ya」（弥栄）が数詞の Ya（8）に由来するのは漢字の八の字が末広がりで縁起がよいからではない。「i-Ya」（弥栄）という語は、8という数が、1→2→4→8という4段階の倍々関係を経て発展的に到達した数であることから、物事が着実に益々繁栄することを表

15

す語として、接頭辞"i-"を伴って生まれたものであろう。

このように、日本語の数詞が、i→u→o→aの母音変化に基づいて分析されることによって、数詞とは無関係だと思われていた語を、また数詞との関係が推定されていたが判然としなかった語を数詞系列上に位置づけて、その意味をより明解に説明することができる。このような例は、後述するように、Mo-t、Ma-t、Ya-t以外にも多数ある。

Mo-t、Ma-t、Ya-tの例からわかるように、接尾辞"-t"は数を表す接尾辞というより、もっと広く物事の程度、数量を表す接尾辞であると考えるべきであろう。また、この"-t"は、Hi-to（1）、Hu-ta（2）、Mi-tu（3）のように"-to"、"-ta"、"-tu"の形をとる（表－1）。このことは、この接尾辞が本来、閉節音"t"であることを示しているのかも知れない。

(3) Tu→To（T系列）

Tu（5）→To（10）のT系列においても"iuoaの法則"は成立している。5→10→20という等比数列上の3つの数詞がu→o→aの母音変化に従って、Tu（5）→To（10）→Ha（20）の系列を成している。20は、二十日（Ha-t・Ka、はつか）、二十歳（Ha-t・Ti、はたち）、十重二十重（To-h、Ha-t-h、とえはたえ）の語から判るようにその語幹は、Ha-tさらにHaであろう。この系列は、途中で子音交換を伴なうTu（5）→To（10）→Ha（20）である。あるいは、10は、「みそひと文字（31文字）」や「よそ路（40路）」の語からわかるように、「そ」でもある。従って、この系列の子音は、本来Th（θ）であるのかも知れない。いずれにしてもu→o→aの母音変化によって倍々関係を表現している数詞系列がここにもある。

前項で見たように、3→6の倍加関係であるMi→Muを、i→u→o→a→（e）の母音変化にそって外挿すると、そこには、Mo、Ma、(Me)という程度副詞が存在しており、これらの副詞を含めて、"iuoa（e）の

法則"に従ったM系列数詞が成立していた。T系列においては、M系列の場合とは逆に、Tu→To→Haの系列を内挿することによりTiという語が得られる。「ち（Ti、Thi）」という数詞はないが、「ちと」または「ちっと」（Ti-t）という語がある。これらの程度副詞Tiは、おそらく指を折って数えることが出来ないほど些少のもの、数に入らないものの意である。「小（ちひさい）」（Ti-h）や「ちっくり、ちっこい」（Ti-k）という語もこの系列の一員であろう。Tu→To→Ha系列を内挿して得られたTiは、Mi→Mu系列を外挿して得られたMo、Maと同様、数詞として使われることはないが、T系列数詞の中に位置づけられることは明らかであろう。このように数詞と程度副詞が1つの系列の中に位置付けられていることは、これらの数詞系列が、数詞によって表現される具体的な数というものと抽象的な漠然とした大小関係の表現とが分化していない時代にそのルーツを持つことを示しているのであろうか。

「ちっとやそっと」、「ちっともそっとも」、「ちっくりそっと」という言葉がある。これらの言葉は、『広辞苑』や『日本国語大辞典』によれば、「わずかの程度」を表す言葉であり「ちっと」、「ちっくり」と同じ意味であるという。あるいは、「ちっと」、「ちっくり」を強めた言い方であるという。しかし、これらの言葉を「わずかの程度」と解釈するのでは「ちっと」、「ちっくり」を説明しているが「そっと」を説明していない。あるいは、「そっと」が付くと「ちっと」、「ちっくり」がなぜ強められるのかについては説明していない。

これらの言葉、「ちっとやそっと」、「ちっともそっとも」、「ちっくりそっと」は「Ti-t」と「Tho-t」が組み合わさっていることに本来の意味がある。「ちっと」は越えているが、「そっと（10）」は越えていない程度、即ち「些少」～「10」の程度という意味である。この3つの慣用句はT系列数詞によって成り立っている言葉である。

HY系列、T系列、M系列に属している程度副詞「やっと」・「ちっと」・「そっと」・「もっと」・「まっと」を使って文章をつくれば、例えば

次のようである。『「やっと」ここまで来たが、さらに進むためには「ちっと」や「そっと」のことでは駄目だ。「もっと」努力することによってはじめて、目的を「まっと」うすることが出来る。』

　数詞系列上にあるこれらの程度副詞は、10進法上の具体的な数を表わしていないが、単に漠然とした程度を示すものではなく、そこには数的な程度を背景にした大小関係が含まれているのである。これらは半数詞とでも呼ばれるべきものである。上の文章に示した5つの半数詞を使うとき我々は、その言葉の数詞系列上の位置から、その言葉本来のニュアンスするところを無意識下に意識しているであろう。

　Ti→Tu→To→Ha（Thi→Thu→Tho→Tha）系列は、Ti 以外にもいくつかの程度副詞を含んでいる。また、多くの語がこの系列から派生している。あるいは、多くの同根語がある。しかも、この系列の数、5・10・20は片手の指全部、両手の指全部、両手足の指全部であるため、派生した多くの語は、「明瞭な」、「確然とした」、「敢然とした」等の意を持っている。表－3に、この数詞系列の語幹 Tu、To、Ha または、Thu、Tho、Tha が接尾辞 "－t" を伴って派生したものと思われる語（副詞）と、その副詞からさらに派生したと思われる語で、接尾辞 "－kVr"、"－pVr"（V＝母音）を伴うものをまとめてみた。

　表－3の第2列の副詞「Tu-t（つと）」、「To-t（とっと）」、「Ha-t（はった）」はいずれも「つと立ちあがる」「とっとと立ち去る」「はったと手を打つ」のように用いられ、敢然・確然・明瞭な様を示す副詞である。Mo-t、Ma-t、Ya-t が一定の数量的意味を持った程度副詞であったのに対して、T系列数詞上のこれらの語の核心にある共通概念は「完全さ」であろう。これらの語が手足の指全部を示す数詞に由来するからである。表の3・4列の6つの副詞、T系列数詞＋kVr、T系列数詞＋pVr も「明瞭さ」、「完全さ」を核心に持つ語である。

　表－3に挙げた以外にも、この系列から生まれたと思われる多くの語

Ⅱ．日本語数詞における"iuoaの法則"

[表－3] T系列数詞5（Tu、Thu）、10（To、Tho）、20（Ha、Tha）と同根と思われる副詞

	副詞	T系列数詞 + kVr	T系列数詞 + pVr
5	Tu-t （つと）	Thu-t-kir （すっきり）	Thu-t-par （すっぱり）
10	To-t （とっと）	Tho-t-kur （そっくり）	To-t-pur （とっぷり）
20	Ha-t （はった）	Ha-t-kir （はっきり）	Tha-t-par （さっぱり）

がある。「とっても」という語や「たってのお願い」という表現の「To-t」、「Ta-t」もこの系列中の語であろう。「果て、果す」（Ha-t）という言葉も手指、足指すべてを使い果たす数 Ha-t（20）と同根であろう。両手足をさかんに活動させること「働く」も同根の語であろう。

「足す（Ta-s）」、「足る（Ta-r）」という語も、T系列数詞に属する語であろう。「足す」は本来、「足の指も加える」という意味であり、漢字の「足」の字が使われるのはそのためであろう。漢語においても「不足」や「充足」のように「足」を日本語と同様に「たす」の意で使っている。これらの語が和製漢語でないならば、漢語の世界においても「足」は身体語であると同時に、「数」あるいは「物事の程度」を表わす語として存在していることになる。

この3つの数（5、10、20）は手足の指の数であり特別な数であり、それ故に、神聖な数、聖数と考えられたであろう。Tu（5）に神聖の意を示す接頭辞"i-"（斎）を冠して数詞としているのもそのためであろう。このような事情から、この系列の数詞は、神聖性や清浄性を表す多くの言葉を派生している。「i-Tu」は数詞の5であるとともに「いつく（i-Tu-k）しきもの」の意を持つ。「いつく」には「厳」の字が当てられ厳（おごそか）なもの、厳然たるものの意である。また、接頭辞"u-"を伴って「美（u-Tu-k）しきもの」の意を持つ。また、接頭辞

19

"o-"を伴って「おつ（o-Tu-k、畏）かないもの」の意を持つ。

数詞 To（10）は、尊（To-t）きもの、愛（i-To-h）しきものの意を持つ。また、副詞「いとおかし」の「いと（i-To）」、「いとも簡単」の「いとも（i-To-m）」も接頭辞"i-"を伴った To であろう。

Ta（20）は、尊（たっと、Ta-t）きもの、貴（Ta-k）きもの、労（いたは、i-Ta-h）しきものの意を持つ。また水を湛（Ta-t）える、功績を讃（Ta-t）える、の語も数詞 Ta と同根語であろう。従ってこの系列は子音交換を伴わない Ti→Tu→To→Ta、でもある。この数詞系列は Ti、Tu、To、Ha、または Thi、Thu、Tho、Tha、または、Ti、Tu、To、Ta である。

「i-Ti じるし（著）」、「i-Ti はやく（いち早く）」の語は、この系列の Ti に由来するものであろう。Ti は先に述べたように「数にはいらない些少のもの」である、そして同時に、Tu、To、Ta に発展する「端緒のもの」という意を持つであろう。Ti は子音 T のもとで"iuoa の法則"によって「厳然たるもの」「聖なるもの」への発展性を運命づけられているのである。「著しい」、「いち早く」という語の持つ動的、発展的語感は、これらの「いち」がこの系列の Ti に由来するからであろう。「ち（Ti）」はゼロではないし、5 の半分の2.5というような具体的な数値でもない。Ti は、その占める位置から、Tu、To、Ta という「厳然とした聖なる数そして物」に発展する、原初のものという語意を持っている。「著しい」、「いち早く」の「i-Ti」は接頭辞"i-"を伴うことによってさらにそのことが強調されているであろう。

表－4に T 系列数詞が持つ聖数性ゆえに生ずる派生語または同根語をまとめた。

⑷ **指数関数数詞（等比数列数詞）**

"iuoa の法則"は HY 系列の数詞に特殊に認められるものではなく、M 系列、T 系列の数詞においても認められ、日本語の基礎数詞の中に

Ⅱ．日本語数詞における"iuoa の法則"

[表－4] T系列数詞の聖数性から派生する語

数詞または半数詞	派生語または同根語
一　Ti-t	i-Ti（著）、　i-Ti（逸早く）
5　i-Tu-t	i-Tu-k（厳）、u-Tu-k（美）、o-Tu-k（畏）
10　To	i-To-h（愛）、To-h（尊）、i-To（最）
20　Ta-t	Ta-t（尊）、　i-Ta（甚）

　一般化されて存在する法則であることを、ここまでに見てきた。HY、M、Tの3系列の数詞は、表－5および図－2のように書きあらわすことができる。日本語数詞は、指数関数数詞（等比数列数詞）とでも呼ぶべきもので、その言語上の特徴から十進法とは全く異なる原理に立っている。この数詞を発明、使用した原日本人は指数関数的数概念の持ち主であった。また、これらの数詞と同根と思える多くの語が存在することを考えると、日本語は数詞言語または母音変化言語と呼んでもよいと思えるほどである。しかし一方、世界の数詞の中には母音変化によらないが倍加構造を持つものがある。先に挙げた白鳥庫吉の論文には、エスキモー語では、語尾に一定の語を付け加えることによって3→6、4→8、5→10の三対に倍加法があることが述べられている。また、村山七郎によれば、台湾語の中のアヤタル系言語、ワイワン系言語では、接頭辞によって、3→6、4→8の倍加が表現されているという（『日本語の研究方法』弘文堂、1974）。最近、岩田重雄は倍加法数詞はモンゴロイドの移動の中に位置付けることが出来ると述べている（日本計量史学会、1999、日本計量新報、2006）。しかしながら、1から20、（24）までの数の中に3つの指数関数を置き、いずれも同一の母音変化によって支配させているのは日本語数詞の他に類を見ない特異性であろう。

　日本語数詞がその発生以来不変のものでないことは当然であり、その祖語は現在のままの姿でなかったことは確かであろう、しかし現在、このような、一定の母音変化によって数量やものの程度を表わすという整

合的なルールを持っている以上、この数詞の発生の段階において母音変化によってものの程度を表わすという基本的な関係はすでに在った、と考えるべきであろう。同時に、後に具体的に見るように、この関係は数詞や数量を表わす言葉に限られたものではなく、その他の多くの事象においてもても認められるルールである。これらのことから想像されるのは、このようなルールをもたらす何らかの本質的な関係が日本語の中に在るに違いない、ということである。そしてその本質的な関係が、数詞やその他の事象の中に現れている、ということである。日本語の動詞・形容詞の活用が母音変化によって行われることや、母音接頭辞の存在もその本質的関係の中で起こっていることではなかろうか。すなわち、日本語は、母音変化によって子音を活用する言語であり、その法則が数詞の中にも取り入れられている、ということである。そして、その母音変化は、数詞において明瞭に示されるように指数関数的（倍加的）である、と言えるであろう。

[表－5] 3系列の日本語数詞

HY系列	Hi	Hu	Yo	Ya
	1 1×2^0	2 1×2^1	4 1×2^2	8 1×2^3
M系列	Mi	Mu	Mo	Ma
	3 3×2^0	6 3×2^1	(12) 3×2^2	(24) 3×2^3
T系列	Ti	Tu	To	Ha
	（1） ―	5 5×2^0	10 5×2^1	20 5×2^2

　　　日本語数詞はaを底とする指数関数（$y=ka^x$）で表される（x＝0、
　　　1、2、3、4）。HY系列は1を基数（k）とし2を底とする指数
　　　関数であり、M系列、T系列はそれぞれ3と5を基数とし2を底
　　　とする指数関数である。

Ⅱ．日本語数詞における"iuoa の法則"

[図－2] 3系列の日本語数詞のグラフ

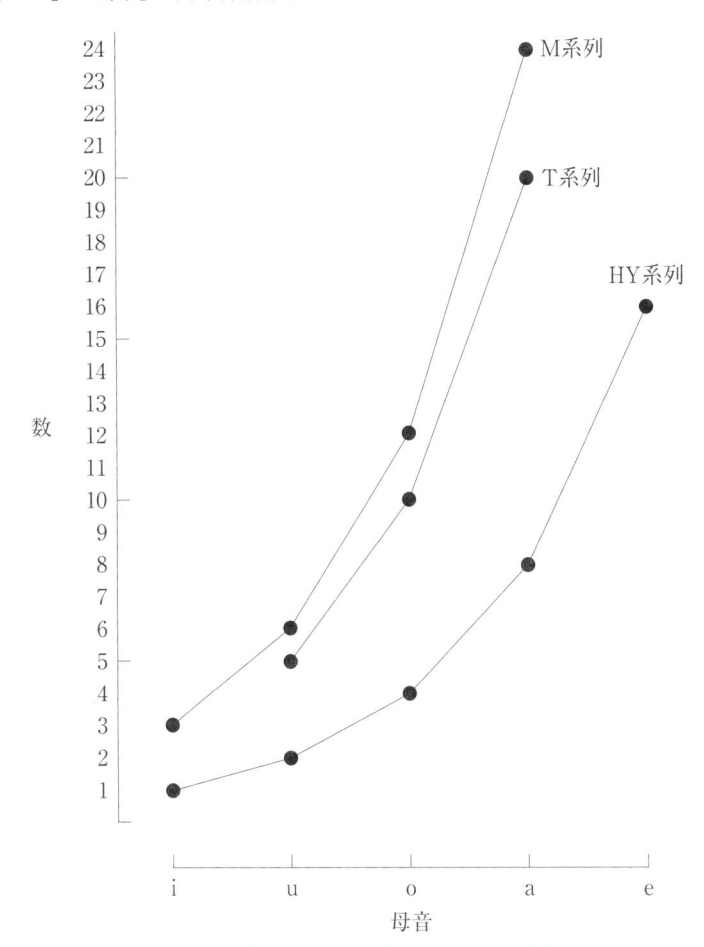

表－5に示した3系列の日本語数詞をi,u,o,a,eを横軸としてグラフ化した。3系列は決して交わることのない3つの指数曲線である。(厳密には、横軸の設定には問題がある。HY系列、M系列においてはx＝0が横軸のiに相当するがT系列においてはx＝0はuに相当する。以下順に1音づつづれてくる。)

23

(5) 日本語数詞そのものに対する考察―数(かづ)という言葉は？―

　ここまでに論じてきたように、日本語の1から10までの基礎数詞のうち7と9を除く1、2、3、4、5、6、8、10は、子音 HY、M、および T（Th）のもとで母音を i→u→o→a の順に変化させることによって、数を倍加させるという構造を持っている。このような数詞が地球上の多くの言語の中で他に例を見ない特殊なものであるならば、何故にこのような数詞が生まれたのであろうか。その出生の解明は、人類史上でおそらくたった1回起ったであろう言語の獲得の解明に他ならず、そのことに直接迫ることは不可能である。しかし、その周辺について幾つかの考察を試みることは可能であろう。

　そもそも、人が数を認識したのは、人類史上あるいは猿類史上いつの頃であろうか。そして、数を表す言葉、数詞を用い始めたのはいつの頃からであろうか。トビヤス＝ダンツィク著、河野伊三郎訳『科学の言葉＝数』（岩波書店）によれば、『人はまず「数の感じ」を認めたのであり、「数える」ことはもっとずっと後のことであった』という。しかし一方、『「数える」という技巧を借りずに、論理的な、輪郭のはっきりした数概念に達することも可能である』という。それは一対一対応という手続きであり、「多くの未開人は、家畜や軍隊の数を樹木に刻み目を付けたり、あるいは小石を積み上げたりして記録にとる」、「Tally（符合させる）と Caluculate（計算する）という語は、それぞれラテン語の Tales（切ること）および Calculus（小石）から来ている」という。

　原始時代から存在する「数える」ことなしに物の過不足を知ることができるという、この一対一対応の手続きと類似した作業による数の認識が日本語数詞上には表現されているということであろう。日本語数詞において、対応しているのは数と数である。2つの同じ数を対応させて数の対を作る、4と4を対応させて8という数を作るのであるから、物と物とを対応させて過不足を知る一対一対応とは異なることかも知れない。しかし、羊1匹と小石1つを対等のものとして「対にする」ことに

Ⅱ．日本語数詞における"iuoaの法則"

より「輪郭のはっきりした数概念に達する」という作業と、「4という数」と「4という数」とを「対にする」ことにより「8という数」を認識する作業との間にはそれほど大きな隔たりは無いかもしれない。

　一対一対応的手続きによって数と数を対応させて倍数を作り、数に対する認識を拡大して行くということは、日本語数詞の話者にとっては、数は抽象的な概念としてではなく、おそらく具体的な「形」として認識されていた、と言えるのではなかろうか。2という数は、物が対になって存在する「形」として認識されていた。「4」は「対になった2」として、「6」は「対になった3」として、おそらく賽の目の4と6の「形」として認識されていた。そして、8と12はそれぞれ4と6が対になった「形」として、5は片手の「形」として、10は両手の「形」として認識された。このように、日本語数詞の中に含まれる倍々の法則は、数というものが抽象的、代数学的に捉えられておらず、具体的、幾何学的な「形」として捉えられていることを示しているであろう。計算するという英語 Calculate がラテン語の小石 Calculus と同じ語であるように、日本語の Ka-tu゛（数）と Ka-ta（形）は同じ語であろう。Ka-sa（量）や Ka-to゛（角）もまた同源の語であろう。これらの言葉はすべて「Ka-t (s)」であり、その語幹は「Ka」である。日本語においては、物の「数」や「量」は、「形」として認識されているのである。

　Ka-tu゛（数）と Ka-ta（形）から派生した同源の言葉として、母音接頭辞を伴なった「i-Ka（いか程）」、「i-Ka-g（いかが）」等の Ka、「i-Ku-t（幾つ）」、「i-Ku-r（幾ら）」の Ku が挙げられるであろう。日本語数詞に認められる数概念は、現在我々が10進法のもとで日常使っているような等差数列的、代数的序列を持ったものではなく、等比数列的、幾何学的、指数関数的なものである。6は、5の次にくる数ではなく、また、7の1つ前の数でもない。6は3の次にくる「数（Ka-t゛）」そして「形（Ka-t）」なのである。日本語数詞の中に込められた日本人の数の認識はこのようなものであろう。

ここにローマ字表記した文字に濁点を打ったのは、その方が本来の姿を示すために、より有効と考えるからである。「数」は「かず」ではなく「かづ」または「Ka-ď」と表記した方がよいと考えるからである。その他、凡例にも記したように、必要に応じて「だぢずでど」に対して「な に ぬ ね の」を「ば び ぶ べ ぼ」に対しては「ま み む め も」を、その方が本来であると考える場合には用いる。

(6) 等比数列数詞の獲得

　日本語の数詞はそもそも、物を1つ1つ数えるために獲得されたものではないであろう。

　羊の数や人の集団（戦士）の数を一対一対応によって小石や刻み目の数として把握しておくという作業は、多数の羊の飼育や人間の大きな集団の出現によって初めて必要になったことであろう。しかしむしろ、それより遙か以前、人間が数家族単位で狩猟と採集を行って暮らしていた時代には、狩猟を成功させるために、各「持ち場」に必要な人間を適切に配置することが必要であった。中でも極めて集団的な行動が要求されるマンモス等の大型獣の狩猟、ビッグ・ハンティングでは、——この時代にこそ、人は人間的言語を獲得したと言われている——単に大人数で行動すればよいということではない。その時々の地形に応じて設定される幾つかの「持ち場」に人間を正しく配置しなければならない。例えば、獣の群れを3方向から追い出さなければならない場合には、その3つの「持ち場」に必要な人数の勢子を、次に、追い出された獣を2ヶ所で待ち伏せして狩り込んで行く場合には、その2つの「持ち場」に必要な人数を、最後に、狩り出された獣を石槍で仕留める場にも必要な人数を配置しなければならない。最初の3方向からの「持ち場」に勢子を1人ずつ配置すれば3人であるが、2人ずつ配置すれば6人である。次の、待ち伏せして狩り込む場である2ヶ所に1人ずつ配置すれば2人であるが、2人ずつ配置すれば4人である。このように、狩猟に必要な「持ち場」の数と各「持ち場」に必要な「人間」の数、数に対する数の

Ⅱ．日本語数詞における"iuoa の法則"

対応は、自分達の集団の総人数の把握のもとに、可能な狩猟の「形」として、瞬時に狩人達の頭の中にシミュレートされたであろう。このような、決められた人数を決められた数の「持ち場」に、その重要さに応じて按分する作業は、多数の羊を石に対応させてその過不足を把握する一対一対応より複雑なもののように思えるが、人が農耕や牧畜を開始するよりはるかに早い人類史の段階で獲得された「感覚的な数概念」ではなかろうか。「狩り（Ka-r）」という言葉も「数」や「形」と同根の言葉であるかも知れない（後に別の可能性も述べるが）。

坂本百大（『言語起源論の新展開』大修館書店、1991）によれば、人は共同作業によりマンモスを狩る等の、ビッグ・ハンティングの開始とともに複雑なコミュニケーションのための「言語」を獲得し、同時に共同の狩りが成功的に行われるための「法」を獲得したという。ビッグ・ハンティングでは１人のミスが群全体を危険と飢餓にさらすことになるからである。ミスを犯したものには罰が与えられ、繰り返し犯したものには死罪さえもが与えられたであろうという。そして同時に、獲物の分配・貯蔵のための「経済学」を獲得したという。これらのことを獲得したことがビッグ・ハンティングを可能にした。あるいは逆に、この３つのうちのどれが欠けてもビッグ・ハンティングは不可能であり、これらが同時に閃光的に獲得されたからこそビッグ・ハンティングは可能であったという。

しかしながら、ビッグ・ハンティングを成功的に行うためには、ミスに対する「法」的規制や、獲物を分配・貯蔵するための「経済学」等の事後の知恵が獲得される前に、勿論ほとんど同時的ではあろうが、狩そのものがまず成功しなければならない。成功的な狩の形が人の頭の中に描かれなければならない。それは、一定の人数を適切に配置するという極めて数学的作業であるが一対一対応的なものではなく、等差数列的なものでもなく、数と数とを対応させる幾何学的、等比数列的なものでなければならないだろう。人が最初に「数の感じ」を認めたのは二次元的

な「形の感じ」として認めたということである。人は、世界を等差数列的秩序ではなく等比数列的秩序として認識した。そして、その時期、ビッグ・ハンティングの時代に、音声器官の進化が同期し、その他諸々のこととともに閃光的に、言語とともに倍加法の数詞が生み出された。日本語の数詞にはこのような古い時代の感覚が極めて明瞭に残されている、と言えるのではなかろうか。

　言い換えれば、日本語数詞は1と2から始まって、次に3が、次に4が、次に5がというように順次獲得されていったものではない。言語がビッグ・ハンティングに伴って法や経済と共に獲得されたものであるならば、倍加法の数詞は言語の獲得と同時に一気に閃光的に獲得されたもの、と思えてならない。このように思えるのは自分自身がこのような数詞の話者であるからに過ぎないのであろうか。

　人類史が全てビッグ・ハンティングの時代を通過したものであり、上のような考察が可能であるならば、数詞というものは、原初的段階においては、すべて等比数列的であり、その中に倍加法を含んでいる可能性が高いことになる。トビヤス＝ダンツィクは『科学の言葉＝数』の中で西欧語の数詞の起源が不明であるとしているが、西欧語の数詞の中にも日本語数詞に似た倍加構造が潜んでいるかも知れない。

(7)　日本語数詞は諸言語の混合または混入によって生まれたのか

　村山七郎は、その著『日本語の研究方法』の中に「日本語数詞の起源について」という一章を設け論じている。そしてその結論は、日本語数詞は雑多な起源を持つとし、日本語そのものの混合性を端的に示している、としている。村山はまず表－6のような4つの倍加関係をあげて、4つの中で、ⅠとⅡの場合だけ同じ母音関係i-uである。Ⅲの4と8の関係では倍数がaであるのに、Ⅳの5と10の関係では倍数がöでありすっきりしない。さらにⅠは母音交替ではなく、pitöはp/itöでありp－

[表－6] 村山七郎による数詞の4つのペア

	倍数関係にある数詞の対	母音交替（変化）
Ⅰ	pitö（1）－ puta（2）	i-u
Ⅱ	mi（3）－ mu（6）	i-u
Ⅲ	yö（4）－ ya（8）	ö-a
Ⅳ	itu（5）－ töwo（10）	u-ö

村山七郎はこの4つのペアすべてが母音交替による倍加関係ではないとしている。

は接頭辞であってステム（語幹）に属さず、両者は同一の語頭子音のもとでの母音交替によって結ばれていないとしている。Ⅱのmiとmuはそれぞれ別系統に遡ることができ、同一語頭子音（m）を持つとしても倍加法とは無関係であり、偶然にすぎないとしている。Ⅲについてはyöはdöであり、yaはzapであり語頭音の起源が異なるとしている。Ⅳについてはイツがその祖形においてtuであるのか、またはi-tuであるのか不明としながら、tuであればツングース語と同根であるという説を紹介し、またi-tuであれば南島祖語に対応する可能性があるという説を引用している。towoは原始オセアニア祖形に対応するとしている。nana（7）kokono（9）に対する村山説は、いまここには省略する。

[表－7] 村山七郎による日本語数詞の起源

	数　詞
南島系の数詞	ヒト（1）、フタ（2）、？イツ（5）、ム（6）、トヲ（10）
アルタイ系の数詞	？ミ（3）、ヨ（4）、ナナ（7）、ヤ（8）、ココノ（9）？チ（千）
朝鮮語からの借用語	ヨロズ（万）
不明のもの	モモ、ホ（100）

村山は基本数詞に対する以上のような考察から、日本語数詞は雑多な起源を持つとして、表－7のように分類している。

しかしながら、この結論は、1つ1つの語を周辺言語またその祖形と思われるものと比較、比定するという方法によって得られたものであり、数詞全体を1つの構造体として比較したものではない。その細緻な考察に敬意を表するとしても、そのような手法自体の妥当性も問われなければならないであろう。1から10までの基本数詞は1つのセットをなしているものとまず考えるべきであり、種々雑多な数詞が混じり合って日本語数詞ができ上がったというのは考えにくいように思える。数詞というものは、例えば、新しい食文化が伝わったことによってカレーやコーヒーという言葉がその物とともに入ってくるのとは自ずから違うはずである。1つ1つの数詞がそれぞれ別の系統の数詞から借用され混合したとは極めて考えにくい。もし仮に、雑多な系統からの混合により新たな数詞体系が出来たのであれば、混合する以前のそれぞれの系統が持っていたが混合によって失われてしまった数詞の痕跡が何らかの形で残らなければならないであろう。それらはまた個々の数詞と同様の手法によって精緻に追跡されているのであろうか。

村山は表－7に示したように日本語数詞のヨ（4）、ナナ（7）、ヤ（8）、ミ（3）、ココノ（9）はアルタイ系の数詞としている。このうち、ミ（3）とナナ（7）は、新村出の説に依っている。それによれば、新村は古代北朝鮮の高句麗語の地名から高句麗語の数詞が日本語数詞のミ（3）、イツ（5）、ナナ（7）、トヲ（10）に類似していることを指摘している。新村出の論文『国語及び朝鮮語の数詞について』（芸文、1916、『新村出全集第1巻』筑摩書房）の概要は以下のようである。

新村は、『三国史記』の高句麗地理史の地名表の中から、下記の4つの数詞を含む郡県名と附載されている各々の別名に注目して古代高句麗方言の3、5、7、10が国語の数詞に酷似していると述べている。以

Ⅱ．日本語数詞における"iuoaの法則"

下にその概略を示す。

　　三峴県　一云　密波兮
　　五谷郡　一云　弖次云忽
　　七重県　一云　難隠別
　　十谷県　一云　徳頓忽

　「三峴県」は、同一地名が「密（mir）波兮」と表わされている。峴＝波兮と考証することができるので、「三」は「密」と同訓と考えて差し支えない。「密」の今音はミル（mir）であるが古音ではミツ（mit）とも考えられ、またミチの音もあったらしい。即ち、古代北朝鮮の高句麗方言では三は日本語と同じミツ、ミチであった。

　「五谷郡」は、同一地名が「弖次云忽」と表わされており、「弖次云忽」は「于次（uchha）呑忽」でもある。忽＝郡であることは確かであり、谷は呑に同訓であるから、「于次（uchha）」は「五」を表わすと見なければならない。即ち、日本語の「五（イツ）」に頗る近似する。

　「七重県」は同一地名が「難隠（nanun）別」と表わされている。「難隠（nanun）」は「七」に当り、日本語のナナに著しく似かよっている。難の1字でナヌを表わすとも見られる。

　「十谷県」は同一地名が「徳頓忽」と表わされている。「徳（トク（ト））」は「十」に当り、頓は谷に当ると考えられる。

　以上が新村説の概略である。

　これらの中から村山は、「于次（ucha）」・（五）と「徳（トク（ト））」・（十）は確実性が劣るとして、三と七をアルタイ系の数詞として採用している。また、「密（mir）」・（三）については語源が不明であるが、「難隠（nanun）」・（七）についてはツングース・満州語のnadan〈*nadan（七）に対応することは確かと見られる、としている。村山はココノをアルタイ系数詞としているがその根拠は示していない。

31

小林功長はその著『数詞その誕生と変遷』（星林社、1998）の中で世界の諸言語の数詞を分析している。以下にその中の「数詞のあけぼの」の章を要約する。

　『人類原始の時代には数詞は1と2であった。そして、1と2は対であり1だけの時代はない。この時代には3は「たくさん」であった。このことはオーストラリア原住民の数詞に明らかであり、世界の諸言語の数詞にもその痕跡は残されている。すなわち原始の数詞体系は、「1・2・たくさん」の体系である。その後3と4の数詞が出現するが、3と4は、それぞれ2＋1と2＋2という形の数詞であった。例えば、オーストラリア原住民のある種族の数詞は1＝boor、2＝warkolala、3＝warkolala boor（2＋1）、4＝warkolata-warkolata（2＋2）である。このように数詞1から4までが「1、2、2＋1、2＋2」として表現される時代は人類史上長く続いた。その後、4までとは異なる過程で5以上の数詞が生まれたため、4と5の数詞の間に不連続がある。4までの数詞には指との関連は見られないが、5以上の数詞には指との関連がはっきり認められる。ついで、物をまとめて数えることが始まり、その主なものは10進法、20進法であり、指の数を単位にしている。』

　数詞の発達や諸言語の数詞の構成を日本語数詞に当てはめたらどうなるのであろうか。小林は日本語数詞の構成を確かめることは非常に難しいとし、その第1の理由として日本語には近縁の言葉が少ないこと、第2の理由として日本語数詞が単音節で短いことを挙げている。そして、日本語数詞が短いのは、もとの言葉の短縮型であり、もとの言葉の痕跡が消えかかっているためとしている。このような立場からいくつかの原則のもとに日本語数詞の再構成を試みている。その結果、1・2・3・4・5・6については日本語で構成され、7・8・9・10はチベット・ビルマ語群の中のhimalaya語群に共通する複合数詞であるという。小林による日本語数詞の再構成と数詞の類縁語の結果を表－8にまとめておく。

Ⅱ．日本語数詞における "iuoaの法則"

[表－8] 小林功長による日本語数詞の再構成とその類縁語

数詞	数詞の構成、類縁語
1：hito	ひいず（秀）、はつ（初）、はし（端）に同じ。ひいず＝ひと（人）
2：huta	ふつ（完全な（ふつと思いきる））、ふさ（相応しい）に同じ。
3：mi	みつ（満つ）、ます（増す）、むれ（群れ）等多数を表す言葉に由来。
4：yo	ひ・おつ（1つ・落ち：5に1不足）、hiots→iot→yo
5：itu	いぬ（去ぬ）、うす（失す）、うつる（移る）に同じ。1つの手が去った、指を折り曲げて見えなくなった、次ぎの手に移るの意。inu→itu、usu→itu、uturu→itu
6：mu	6＝3×2、3（み）・2（ふ）　mihu→miu→mu
7：nana	7＝2と5、himalaya語群の中にnasi（2）とnga（5）、nai（2）とna（5）が複合数詞7を作り、その短縮型がそれぞれnhaya（7）、nhu（7）になったと考えられる数詞7がある。これらは日本語のna-naによく似ている。
8：ya	8＝4×2、himalaya語群では8の表現が4の表現を含んでいる。日本数詞のyaも4×2である。
9：kokono	9＝10－1の可能性がある。himalaya語群では9は1を含んでいる。

　小林は、1・2・3・4・5・6は、日本語固有の数詞であると考えており、日本語の中の類縁語を挙げている。一部には倍加によって数詞が作られることも認めているようである。一方、7・8・9・10の語源はhimalaya語群の中に求められており、これらに関しては、日本語の類縁語は挙げられていない。しかし、8に関しては倍加法を認め8(Ya)の中に4(Yo)が含まれていると考えられている。また、4は5－1

33

であり、9は10－1であるという。これらは、5進法と10進法の痕跡と捉えているのであろう。しかし先にも述べたように基本数詞が混入によって構成されていることは考えにくいことである。もし、himalaya語群の中の7・8・9・10の数詞が日本語祖語中に混入し、混合数詞ができたのであれば、himalaya語群の中の1・2・3・4・5・6の数詞も同時に混入し、混合したであろう。1・2・3・4・5・6の数詞の中にhimalaya語群の痕跡が認められなければならないだろう。あるいは、himalaya語群からの影響を受ける以前の日本語祖語では、数詞は1～6までであり、7～10の数詞はなかったのであろうか。

　崎山理は『言語人類学を学ぶ人のために』(宮岡伯人編、世界思想社、1996)の中で、「数詞は言語における体系の一部をなすから、系統的に異なる言語の数詞が単発的に混入するということは、通常起こりにくいことも知っておくべきであろう。」と述べているが、全くその通りであろうと思う。村山七郎説や小林巧長説のような単発的混入で説明するためにはどのような事情によってそのような特殊な混合が起ったのかが述べられ、そして何より日本語数詞は、統一的・整合的に説明することができない、ということが条件であろう。しかるに、日本語数詞には極めて明瞭な法則性、"iuoaの法則"が存在している。しかも、後述するように、この法則は数詞を越えてこの言語全体の中に普遍的に存在しているのである。このような日本語数詞の極めて理論的な、そして普遍的な体系の中に、別の言語の理論的な体系である数詞の中の一部が単発的に混入したとは考えられない。日本語数詞の構造は、Hi（1）は等比数列1→2→4→8として必然的にYa（8）にまで延長され、Mi（3）は、同じ原理で必然的にMu（6）、Mo（もっと）、Ma（まっと）を生じ、Tuもまた同じ原理で必然的にTo（10）、Ta（20）を生じている。即ち日本語数詞はまず小さな数が発見され、ついでより大きな数が発見さたということではない。3つの系列が一気に殆ど同時的に発見された

Ⅱ．日本語数詞における"iuoa の法則"

と考えなければならないだろう。小林が人類の数詞の獲得の歴史にまとめるように、1と2が単独に存在したことはなく、同時に存在していたのであれば、日本語では、Hi と Hu の存在は同時に同一の母音変化のもとに Mi と Mu を存在させていた、また Ti と Tu を同時に存在させていた、と考えるのが自然であろう。また、Yo（4）は日本語であり、Ya（8）は himalaya 語群であるにもかかわらず、その2つの間に倍加法の存在を認めるということであれば不自然であろう。

　言語間の親縁関係を調べるために、また、その起源を探るために、基礎語を比較すること、個々の言葉の祖語を復元して比較すること、また統計的に比較することは有効な手段であろう。例えば、数詞や身体語や親族語等の基礎単語の語頭音を統計的に比較することは有効な方法であろう。しかしこの方法は、ややもすると、個々の単語をその属している言語全体の中から分離してしまい、その単語がその言語の中で他の単語と有機的に結びついていることを考慮に入れない比較になってしまう惧れがある。このような統計的比較の中に、その言語が持っている言葉の法則も含めて比較することが有効であろう。数詞は1つのセットになっているものであるから、セットとセットとして比較し、さらに程度副詞や形容詞を含んだ数詞群セットとして、構造的に比較することが必要であろう。例えば、「5」を表わす「i-Tu」という言葉が、「厳」の「i-Tu」や「美」の「u-Tu」とが同根であることを考慮に入れて、一群の同根語が持っている「思想」として比較することが求められるのではなかろうか。

　言語同士の比較の1つの基準として数詞を使い、さらに数詞の中に倍加法があるかどうかで比較することは、従来から行なわれている。しかし、従来、日本語と周辺言語との比較がアジア大陸そして太平洋言語との比較に片寄っていたように思える。日本列島弧内ではアイヌ語と比較されているが、さらに北上、東漸し、そしてさらに南下してアメリカ大陸、特に北米大陸諸言語との比較が重要ではなかろうか。この大陸では

16世紀に入ってからヨーロッパ大陸から来た白人によって多くの言語が亡んでしまったと言うが（藤永茂『アメリカインディアン悲史』朝日新聞社、1974）、日本語と血の繋がった言語が存在していたのではなかろうか。1911年にイシ氏が出現した時、その言葉が断片的に、おそらく非科学的に比較されたようであるが（シオドーラ・クローバー、行方昭夫訳『イシ』岩波書店、1991）、北米諸言語と日本語が全体的、系統的、構造的に、僅かの情報ではあっても、比較の技術の進歩のもとで、比較・研究することが求められるように思える。（勿論、進められているに違いないと思うが）。

(8) 数詞にはなぜ子音H、Y、M、Tが使われたか？

数詞にH、Y、M、Tの子音がなぜ選ばれているのかは勿論わからない。しかし、1・2・4・8を表わすHとYはそれぞれ、左のH、弓手（左手）のYに対応し、3・6を表わすMは、右のM、馬手（右手）または女手（右手）のMに対応している。このことは、これらの数詞は音声によって表現されるばかりでなく、また、自らが指折り数えるだけでなく、指を折り、また立てて相手に伝えなければならないという必要性から生まれたのではなかろうか。左手はHY系列の数を示す手であり、右手はM系列の数を示す手ということであろう。また、先にも述べたように5・10・20系列の子音Tは手（Te）と無関係ではなかろう。左のHY、右のM、手のTと、数詞の3つの系列HY、M、Tの一致は偶然とは思えない。

(9) "iuoaの法則"から"iuoaeの法則"へ

T系列は手足の指の数である。そして手（Te）そのものが数詞のT系列上に位置するとすれば、M系列数詞上に位置付けられるであろう「滅多（Me-t）」とともに"iuoaの法則"は"e"まで含んだ"iuoaeの法則（イウオアエの法則）"であるかもしれない。Me-tは「滅多切

り」、「目茶目茶」、「滅茶苦茶」また「滅多に無い」等に使われる。「滅多切り」は"iuoaeの法則"にそって言えば48に切ることであるが、具体的な数の意は薄れ「数が解からなくなるくらいに切り刻む」の意であろう。「目茶目茶」、「滅茶苦茶」のMe-tも「数が多い」と言う意を含んだ「収拾がつかない様」を指す言葉であり、半数詞と呼べるであろう。またHeという語が16を示しているであろう事例については後に述べる。これは、Hi（1）→Hu（2）→Ho→Ha→He（16）の数詞系列の存在を示していると思われ、"iuoaの法則"は"e"を含んだ"iuoaeの法則"にまで延長されることを示しているであろう。ここでMe-tについて付け加えておけばMe-tは「数が多い」という意味ばかりではない。「滅多に無い」の「滅多に」は僅少の意である。いま数量的に表わせばMe-tは48という意味と48分の1（1/48）の意を併せ持っていることになる。

⑽ Nana と Koko

　日本語数詞において、数は形として幾何数列（等比数列）的に捉えられている。しかし、物は1つ1つ「数え」られなければならない。従って、倍々の等比数列に現れない数である7と9を含んだ等差数列によって、そしておそらく10進法によって物を数えることも同時に行われたに違いない。日本語数詞の中で、7を表わすNanaと9を表わすKokoはどのような数詞であろうか。

Nana

　7の「数」と「形」はいかに認識されているのであろうか。7（Nana）は、いずれの数とも倍数関係を持たない。その因数は1と自分自身である7である。すなわち7＝1×7であり、素数である。1から10までの数の中で7は最大の素数である。7を分割しようとすれば、1＋6、2＋5、3＋4、4＋3、5＋2、6＋1であり、どのように組み合わせても同じ数の対にはならず、その形は「斜め」になる。また、

9 = 3 + 3 + 3のように3等分も出来ない。しかり、Nana は Nana-me の数である。この何（Nani）者の範疇にも入らない斜め（Nana-me）の数が7（Nana）である。「何」、「汝」、「何故（なぜ）」等の語は「7（Nana）」と同根であろう、また「なだれ（傾）」「なだむ（宥）」「なだらか」はいずれも傾斜を示す言葉であるが、これらの「なだ」は「なな」であり、「ななめ（斜）」と同根であろう。白鳥庫吉によれば、「なな」は、「並（Na）び無（Na）き数」の意であるとするが、Nana の語幹は Nan そして Nan゛（Nad）であり、その本義は傾斜したの意である、と考えたい。Nana-Tu は斜めの形の数である。

Koko

次に Koko（9）である。同じく白鳥によれば、「ここの」は「ここな」であり指を屈めることのできない数、「屈め無し」の意であるとする。そして「ここな」は転じて「ここの」であるという。しかし、ここに「ここだ」「ここだく」「ここら」「ここば」「ここばく」という語があり、いずれも「幾許」の漢字が当てられているが、その意味は「はなはだしく多い」という意味である。これらの程度副詞の語幹は Koko であり、数詞の「ここのつ」と同根であろう。「ここ」はまた、「凝る（こごる）」、「凍ゆ」、「険し（けわしいの意）」、「屈む」等であり、これらの語に共通する概念は「凝集した、濃縮した（concentrate）」である。「心」、「ここり（心の上代東国方言）」、「心地」等の「ここ」は精神作用の究極（concentrate したもの）の意であろう。すなわち、「九つ」は「はなはだしく多い」数であり、同時に究極の数、最終の数の意であり、「ここのつ」は「Koko の Tu」の意であろう。日本語数詞を話す人々は、指数関数的数概念を持つとともに実用上はおそらく10進法を用いており、10 の直前の数を大きな最終の数と位置づけているのである。

(11) **聖数**

多くの民族がある特定の数を神聖視する習慣を持っており、このよう

Ⅱ．日本語数詞における"iuoa の法則"

な数は聖数と呼ばれる。例えば西欧社会では7を聖数またはラッキーナンバーとする。7を神聖視する思想は西欧社会に限ったものではなく、人類社会の古層に普遍的に存在するものであるともいわれている。これらの思想は7という数が持っている特性である何をもってしても割り切れない数であることに由来しているのであろう。13という数を特別視する思想もある。西洋における13は、聖数というよりむしろ鬼数または魔数と呼ぶべきものとして扱われているが、7と13、この2つの数は2等分することも3等分することも出来ないという共通の性質（素数）によって特別な数と考えられているのであろう。

　日本語族における聖数は何であろうか。前節で見てきたように、T系列の数詞、特に5（i-Tu）が聖数と呼ぶべきものであろう。1から10までの数の中で唯一、特別な数として扱われ、接頭辞"i-"を冠されている。先にも述べたようにこの接頭辞"i-"は"斎"であり、"斎"は清浄な、神聖なという意味である（『日本国語大辞典』）。そして、古代、聖なるものは同時に危険なものでもある（吉田禎吾、『宗教人類学』東京大学出版会、1984）。厳御魂は聖なるそして畏ろしい神のことである。この厳は5（i-Tu）のことであろう。

　一方、八咫烏、八咫鏡、八坂瓊勾玉など霊力を持った物や神宝の名などには八が冠され、八千代、八百萬、八千矛等、大きな数を示す時にも八が使われる。また、神事の中などで物事を言祝ぐ際に用いられる言葉に「いよよ」、「いよやか」、「いや」、「いややか」等があるが、これらの副詞「i-Yo」や「i-Ya」あるいは「u-Ya、i-Ya（礼、恭、敬）」という語は、Y系列の数詞であるYo（4）やYa（8）に接頭辞"i-"、"u-"を冠したものである。これらの「4」や「8」はそれ自身は聖数とは呼べないまでも、神聖なるものを形容し、敬い、そのますすの発展を願う言葉として使われている。このような使用法は、この数詞系列が持っている発展性によるのであろう。HY数詞系列は、1から10までの中に1、2、4、8の4つの数を含んでおり、T系列、M系列には見られ

39

ない指数関数的発展を1から10までの中に完成させている。その中でも8（八、Ya）は、最大に発展したものである。このことが、Yaが発展を示す形容詞や副詞として使われる由縁であろう。T系列とM系列においては、Tiのような半数詞とも呼ばれるべきものを除けば1から10までの中に2つの数、3と6また5と10を含むのみである。

　以上を纏めれば、日本人の中で特別な数と考えられているものには2種類ある。聖なる数、そしてそれ故に畏しい数と考えられているのは、手足の指の数であるT系列上の数、なかでも5（i-Tu）である。発展する数、めでたい数と考えられているのは、完成度の高い等比数列上の数であるHY系列上の数、なかでも8（Ya）である。

　数というものは不思議なものである。数は1つだけでは成立しない。いくつもの数があって初めて数である。しかし、1つ1つの数がまた固有の性格を持っている。これらの性格の中でも、割れない数（素数）と手足の指の数が特別なものと捉えられ、多くの民族文化の中で7や13が、また5や10が、聖なる数や鬼なる数と考えられている。日本においてはこれらに加えて、等比数列的に倍々の増加する系が子孫や物事の弥栄（いやさか）を現わすものとして捉えられている。これらの数は聖なる数そのものではないが、その数が位置付けられている系列が持っている固有の性格によって準聖数とも呼ばれるべきものであろう。

Ⅲ．数詞以外に認められる "iuoae の法則"

　前章に見てきたように、日本語の1から10までの基本数詞から、Nana（7）と Koko（9）を除き、Ha（20）を加えた9つの数詞が、表－5、図－2に示したようにi→u→o→a→(e) の母音変化のもとで、3つの指数関数（$y=ka^x$、$a=2$、$k=1$、3、5）、即ち公比2の等比数列を成している。そしてこれらの関数上には、Mo、Ma、Me、Ti、(He) のような半数詞とも呼ばれるべきものが位置付けられている。さらに、物事の程度を表す多くの語（程度副詞や形容詞）が、この関数上に数詞と同根の語として位置づけられている。

　この章では、"iuoae の法則" が数詞・半数詞・数詞と同根の程度副詞や形容詞にのみ当てはまるものではなく、物事が進行、変化する現象、あるいは階層をなした事象を広く支配する法則であることを述べる。これらの現象・事象を代表的な言葉とともに下に列挙する。

○日周変化　　　　　：昼(Hi) － 夕(Yu) － 夜(Yo) － 闇(Ya)
○時間　　　　　　　：月(Tu) － 年(To)
○距離・生活空間　　：近(Ti) － 遠(To)、内(u-Ti) － 辻(Tu) － (外)To
○血縁の遠近　　　　：血(Ti) － 父(To) － はとこ(Ha)
○堅果加工工程（薬）：生(Ki) － 薬(Ku) － 粉(Ko) － 糧(Ka)
○火食　　　　　　　：火(Hi) － 蒸(Hu) － 茹(Yu) － 焼(Ya)
○発酵　　　　　　　：酢(Su) － 酒(Sa)
○神と君　　　　　　：君(Ki) － 神(Ka)
○結合、解離　　　　：閉・締(Si) － 隙(Su) － 削(So) － 裂(Sa)
○肉体と魂　　　　　：苛め(i-Si) － 忙し(i-So) － 勇(i-Sa)

○人の一生　　　　：姫(Hi)－娘(Mu)－嫁(Yo)・親(o-Ya)－寡(Ya)
○人の一生　　　　：彦(Hi)－息子(Mu)
○蛇　　　　　　　：輝(Hi)－ハブ(Ha)－蛇(He)
○稔　　　　　　　：実(Mi)－籾(Mo)－豆(Ma)－恵(Me)
○天　　　　　　　：水(Mi)－天(a-Ma)
○乱・纏　　　　　：乱(Mi)－難(Mu)－尤(Mo)－纏(Ma)
○地　　　　　　　：丹(Ni)－瓊(Nu)－地(Na)－根(Ne)
○海　　　　　　　：潮(Wi)－海(Wu)－海神(Wa)
○石器の制作　　　：力(Ti)－打(Tu)－尖(To)－宝(Ta)
○経済／保存　　　：積(Tu)－富(To)－貯(Ta)
○経済／配分　　　：受(Wu)－分(Wa)－飢(We)
○法／掟　　　　　：決(Ki)－組(Ku)－行(Ko)－買(Ka)
○法／契約　　　　：誓(Ti)－務(Tu)－咎(To)－たが(Ta)
○法／責任　　　　：領(Si)－統(Su)－治(Sa)－責(Se)

(1) 音義説

　ここに挙げた各項目について、順次論じて行くが、その前に、江戸中期から明治の初めにかけて行なわれた国学における国語論の中の、いわ

> この概観は大部分、野口武彦の著書『江戸思想史の地形』(ぺりかん社、1993) に依っている。『江戸思想史の地形』以外の書を引用した部分については、そのことを特に記した。後段には本稿と音義説との関連において自説を述べた。

ゆる音義説・言霊説について概観しておきたい。
　江戸時代、18世紀末から19世紀初めにかけて、国学という学問が成立・発展した。国学は、それまでの漢籍や仏典に基づいて儒学や仏教を研究する学問ではなく、日本の古典に基づいて、仏教や儒教が渡来する以前の日本を明らかにしようとする学問であった。この時期、賀茂真淵 (1697〜1769)、本居宣長 (1730〜1801) 等の国学者が、『万葉集』・『古

Ⅲ．数詞以外に認められる"iuoae の法則"

事記』・『日本書紀』などの中に現れる日本固有の文化（道）を探究し、日本語（国語）の文法や五十音図を研究した。音義説はその１つである。

　これらの国学者による日本古典に対する実証的な研究は、日本語研究の上に画期的な成果をもたらした。時枝誠記はその著『国語学史』（岩波書店、1940）の中で、「日本の学術史・思想史の遠い歴史を顧みても、日本民族はともすれば自ら思索することの労を厭うて、外来の理論によって、一応の理屈を付けることを以って満足して居った。『古事記』・『日本書紀』に対するシナ的解釈の如きその適例であるが、国学の排斥したものは、まさしく右のような学問研究の態度に外ならなかったのであり、そこから文献それ自らに、虚心に、赤裸々に取組む態度が生まれて来たのである。国語研究がその著しい業績を築いたのは、この国学の精神の中においてである。」と述べている。

　しかし同時に、国学は、仏典の研究がサンスクリット哲学を、漢籍の研究が朱子学や易学をその背景に持っていたように、日本の古典を通して古人の心と言葉を実証的に研究するばかりでなく、神皇をたたえ、古神道を崇拝する思想を含んでいた。

　音義説というのは、１つの音声そのものに、あるいは、五十音図の各段に、すでに一定の意味が付帯していると考えるもので、国学の基礎を築いたといわれる真言宗の僧、契沖（1640〜1701）の著した『和字正濫鈔』に言語哲学的なものとして、賀茂真淵の『語意考』（1769）には、五十音図に対する音義的解釈である「初体用令助」の説として述べられている。

　ここに、真淵の『語意考』の中の「五十聯（伊鬥良乃古恵と訓）」の図を載せておく。

五十聯　伊門良乃古恵と訓

初	はじめのことば	和	良	也	麻	波	奈	多	佐	加	阿
体	うごかぬことば	為	利	伊	美	比	仁	知	志	幾	伊
用	うごくことば	宇	留	由	武	不	奴	門	須	久	宇
令	おふすることば	恵	例	衣	米	反	祢	天	世	計	延
助	たすくることば	於	呂	由	母	保	乃	登	曽	己	袁

　　　　　　　　　　清音　半濁　同　清音　清濁　清音　同　同　清濁　本音
　　　　　　　　　　　　　　　　　　　　二音　　　　　　　　二音

　後期の国学、そして国語研究では、古神道崇拝思想が著しく肥大し、日本以外の国の文物、言語を蔑視する思想に到達し、平田篤胤（1776〜1843）の『古史本辞経』（別題：『五十音義訣』）から大国隆正（1792〜1871）の時期には、偏狭な排外思想や五十音図を金科玉条とする言霊信仰に陥ってしまった。野口武彦は先の『江戸思想史の地形』（ぺりかん社、1993）の中で、『篤胤国語学では、五十音図は天地剖判とともに生成したとされてきた。ところが大国隆正は、天地剖判以前から「五十音図」はあらかじめ存在していたと主張するのである。つまり言語先在説である。』と述べている。すなわち、五十音図上の1つ1つの音声は、すでに宇宙的に本有のものであり、それが小宇宙である人間の言語となっているという五十音図を宇宙創生と関連づけた五十音図信仰とも言うべきものを生み出したのである。漢籍・仏典研究の伝統を引継ぎつつ、日本の古典を客観的・実証的に研究する学問として登場した国学は、国語研究の分野においても多くの成果を挙げながら、後期国学においては、五十音図信仰ともいうべき主観的・観念的なものになってしまい、日本の古典から得られる日本語、そしてそれを話す日本民族は世界の頂点にあるという極端な言語ナショナリズムの思想に陥ってしまった。

　平田篤胤派国学のナショナリズム思想が幕末から維新の王政復古運動

Ⅲ．数詞以外に認められる"iuoae の法則"

という動きの中で民衆の精神的な力となったことは確かなことでありながら、しかし同時に、明治維新の改革の基調は実は、日本古神道軽視の、西洋文明を志向した「文明開化」であった。このような明治維新の政治的基調の中で国学自体が、その根底にある思想的背景を含めて、政治的に退けられ、五十音図上の１つ１つの音声がその位置する所に従って意義を持つという音義説が、また神掛かった言霊説や荒唐無稽の語源説が、近代言語学の移入の中で学問的な影響力を失っていった。

　音義説・言霊説に対して、近代の国文学者や国語学者からも当然、批判的意見が出されている。しかし、それは、必ずしも全面的な否定ばかりではない。折口信夫（1887～1953）は『言語情調論』（1910）の中で「この説の欠陥は、言語以前にある神秘的な冥約があって、それからその事象の性質に応じた声音を付与せられたものと考へるのが誤り」であると述べている。しかし続けて折口は「これを唯々言語成立後付隨して生じたものと考へれば差支はないので、演繹的研究は不可能であるが、帰納的事実として見れば大いに意味のあるものといはねばならぬ。」とも述べている。折口信夫はまた『國語學』（1949）の中で、「（音義説、即ち一音一義説は）言語を構成する一音の中に、既に一意義又は一感情が這入ってゐて、その音が組み合わせられて、意義ある一感情を組み立てるものという風な推測から出てゐる学説である。これは主として日本の古代宗教、神道信仰の上に出てきた学説で、心理的事実として考えれば相当意味があるが、一語一語の語源の説明に用ゐようしたことが多いので、常に失敗してきた。」と述べている。時枝誠記もまた、「音義説の如き、一見無稽の説のように考えられるものであっても、かかる説が生み出されるのは、その根底に国語の語詞の構造がまま単音の複合から成立する合成語であることが多いという事実が存在するためであることを認め得るのである。」と述べ、音義説の背後にある日本語の構造に言及している。

梅原猛は、最近、シンポジウム「日本語の祖語をさぐる」(『アイヌ学の夜明け』小学館1990に収録)の中で、日本語とアイヌ語がともに語素に分けやすいこと、また、意味上にも共通点があることをあげて、1音節(音声)に、共通の意味があるのではないかと述べている。それによれば、日本語とアイヌ語に共通して、「か」という音声には「上に」という意味があり、「も」という音声には「静かな」という意味があるという。梅原は、1つの音声にすでに意味があるということが、アイヌ語と同様に、日本語においてもあるのではないかと述べているのである。そして、これらの語の語源分析について問うている。

　これに対して日本語学者、吉田金彦は、音声に意味があるという議論は、音義説に陥る危険性があるとして現代の国語学者には非常に嫌われるとした上で、母音交替でできている多くの語が共通の意味を持っているであろうことを挙げている。そしてこれらを解くのに、実例なり実証でもって論じないと、今の国語学界では見向きされないと答えている。

　数詞について見てきたように、また、以後にその他の実例で述べるように、日本語の子音と母音からなる1つの音声にはすでに意味がある。その意味は、子音が一定の事象の範疇を決定し、その子音が"iuoaeの法則"によって"活用"され、その範疇の中で固有の意味を持った言葉になるということである。そして、それらの、すでにそれぞれ意味を持った音声は、複合することによって多くの言葉を生み出しているのである。このことを本稿では実例をもって論ずることができたと思う。これは、江戸中期から明治初めにかけて唱えられた音義説や言霊説とは異なるものであるが、1音声が1意義を持つという点において、"新たな音義説"と呼ぶことができるかも知れない。

　荒唐無稽な語源説や言語ナショナリズムは廃されなければならないが、多くの日本語の単語の中にある法則的な構造は、文法と同様に科学的に論じられるものである。そして、そのような日本語の構造は、文学

の世界においても有用な道具であり、手引きであるかも知れない。日本の詩歌の持っている構造が、音義論的な音楽性として、あるいは、音楽的な音義論として、すなわち、使われている詩語が、意味上の構造と音色（韻）とが連関・統一されたものとして解釈されるかもしれない。

（2） 日周変化

　数詞以外に現われて"iuoaeの法則"に合致しているものとして、数詞のHY系列と同様、子音H、Yによっているものがある。それは日周変化を表す言葉である。1日は昼・日（Hi-r・Hi-h）から夕（Yu-h）を経て、夜・宵（Yo-r・Yo-h）から闇（Ya-m）へと進行する。この日周変化系列は、i→u→o→aの母音変化を持ち、しかも途中でHからYへの子音交換が行われている。語幹の変化はHi→Yu→Yo→Yaである。光（Hi-k）、夜半（Ya-h）、黄泉（Yo-m）もこの系列上に位置づけられる語であろう。語幹Hi、Yu、Yo、Yaに付く"-r"、"-h"、"-k"、"-m"は数詞における"-t"と同様、これらの語幹を活用させるための語尾（接尾辞）であろう。「夢（Yu-m）」、「病（Ya-m）」、「悩み（Na・Ya-mのYa-m）」もおそらく日周変化の言葉と同根のものであり、Yu-Yo-Yaという変化の中に位置付けることができるであろう。「悩み（Na・Ya-m）」の「Na」は第2部MN考に論ずるが、精神を表わす語である。「悩み」という語は「精神の闇」の意である。「宵闇せまれば悩みははてなし」という詩句には、日周変化系列の語が巧みに取り込まれている。

　日（Hi-h）は西に傾き、昼でもない夜でもない薄暗い時間帯は夕（Yu-h）である。やがて日（Hi-h）は完全に沈み、昼（Hi-r）は消え、宵（Yo-h）、夜（Yo-r）が訪れる。宵（Yo-h）、夜（Yo-r）はさらに深化し闇（Ya-m）を迎える。1日のこの時間的進行は、Hi（陽、光）が沈んだ後、Y（夕、夜）はu→o→aの母音変化によって進行する。日周変化におけるこれらの語を、HY系列数詞と重ね合わせて考えるとき、日周

変化は、HY系列数詞（等比数列1→2→4→8）と同様、倍々的に進行する現象として捉えられているのではないかと思える。夜は夕の2倍の暗さを持ち、闇は夜の2倍の暗さを持つと意識されているのではなかろうか。日周変化において、HからYへの変化は日没による必然的な変化であり、自然現象である。昼夜の変化は、今日の科学的言葉でいえば地球の自転によるものである。しかし、古代、人はこの変化の中に異質なものへの転化を見ていたであろう。昼（H）から夜（Y）へ、光（H）から闇（Y）への異質なものへの転化である。異質なものへの転化に伴って子音は交換されるのではなかろうか。数詞1、2、4、8系列において、H（Hi、Hu）は倍加が進みHi、Huとは異質な段階に到り、すなわち転化し、子音が交換され、Y（Yo、Ya）へ進むのではなかろうか。Hi→Hu→Yo→Yaは1→2→4→8という連続的倍々関係であるが、1、2と4、8の関係は、昼から夜への変化のように連続してはいるが異質な状態（数）への転化として認識されているのではなかろうか。異質なものとして認識されながらしかし、この数詞系列において明らかなように、Hi（1）とHu（2）は、Yo（4）、Ya（8）の因数である。Yo＝Hi×Hu×Hu（4＝1×2×2）、Ya＝Hi×Hu×Yo（8＝1×2×4）である。子音は交換され異質なものへ転化したのではあるが、Yの中にHはその因数として含まれている。

　日周変化の系列においても、Hi（1）、Hu（2）、Yo（4）、Ya（8）の系列と同じ意識が働いているのであろう。光り輝いていた太陽は西に傾き夕日となり、その明るさは急速に衰え、暗さはますます進行する。昼（H）は消滅し、夜（Y）の闇（Y）に転化したように見える。しかし、光（H）は闇（Y）の中にその因子として含まれるのであろう。日本人の自然観において、光は転化し、そして深化し、闇になるのであるが、闇の中にこそ光があるのであろう。闇夜（Y）にこそきらめく星（H）もこの関係であろう。対立物への転化は、同時に連続的深化である。そして、互に矛盾するかの如く存在するもの（光と闇）も実はその

Ⅲ. 数詞以外に認められる "iuoae の法則"

素子は同一である。闇を構成する量子は光である。1→2→4→8の数詞系列と日周変化系列、HとYという共通の子音を持ち "iuoae の法則" にそったこの2つの系列から帰納されるのは以上のようであろう。

李 男徳はその著書『韓国語と日本語の起原』(学生社、1988) のなかで『日本語の「よる(夜)」「よひ(宵)」「ゆふ(夕)」「やみ(闇)」「よみ～よも(黄泉)」はおのおの分化した意味をもっていても、それらはともに「くらさ(暗)」を核心概念としてもっている同根語群であって、その語形に yVm-~yVF-(~yV-)の共通性をもっているのである。』と述べている(V は母音)。そしていま、これらの同根語群は "iuoae の法則" にそって母音 V を u→o→a の順に変化させ、核心概念である「暗さ」を深化させていることがわかった。そしてさらに、「日、昼」さえも "iuoae の法則" 上に位置付けられた同根語群であり、これらの語群に共通する核心概念は「暗さ」であり、そして、「光の量子」であろう。

(3) 時間と空間

時間の長短を表す語は子音 T のもとで、"iuoae の法則" に従っている。

時間を表わす日本語は To-k (時) である。また、To は単独でも「時」の意を持つ (広辞苑)。To はまた、永遠(To-h)、永久(To-k)、常世(To-k)、常夏(To-k)、常盤(To-k) 等の語をつくり、これらの To には「永」や「常」の漢字が当てられている。これらのことから、To、To-k は、過去・現在・未来に渡って "とどまることなく流れる時間" という抽象的時間観念を一般的に示す語であることがわかる。

しかし同時に、To という語は、抽象的時間を示すばかりでなく、具体的な時間を指す語でもある。To-s(年) という語がそれである。To-s(年) という時間は、太陽の周期という極めて具体的なものである。そして誰にでも共通する客観的なものである。それ故、To-s は年齢を表

す語でもある。Toという語が本来の持っている意味は、太陽の周期、1年という具体的・客観的なものであろう。先に述べた抽象的時間観念や永遠を表わすToは、この語に具体的、客観的な意味を与えている元である太陽が、沈んでもまた昇り、永遠に欠けることなく光り輝くものであるために、抽象的時間の意味を、さらに永遠という概念を派生的に与えられたものではなかろうか。そのことは次に述べるTu、Tiと並べて、そこに"iuoaeの法則"を適用することにより、より良く理解される。

Tuは、Toが太陽の周期による時間を表わしていたのと異なり、月の満ち欠けに基づく時間である。月は天体を指す語であると同時に、その満ち欠けの周期によるTu-k（1ヶ月）を意味している。Tu-k（1ヶ月）は太陽の周期であるTo-s（年）より短い時間であり、月の周期12回（12ヶ月）が太陽の周期1回（1年）である。

日本語において、時間は天体の運行による周期現象としてとらえられており、太陽の周期はToであり、月の周期はTuである。

最小時間単位はTiである。Ti-k（近）は短い距離を示す語であるとともに短い時間を示す語でもある。「近々」や「近いうちに」等の表現がそれである。痛み等の表現に用いられるTi-k・Ti-k（ちくちく）、光りが点滅する様などを示すTi-k・Ti-k（ちかちか）、Ti-r・Ti-r（ちらちら）もこれであろう。Tiは、極く短い時間（周期）を示す語である。

Ti、Tu、Toに続き、Toより長い時間を表わす語はTaであるはずである。「秋Ta-kなわ」のTa-kがそれであろうか。十分な時間、時が十分に熟したのニュアンスを持つ語ではある。しかし、このTa-kは、物事に「長け（Ta-k）た」のTa-kとともに、数詞Ta（20）に由来するものかも知れない。

時間の長短、周期の大小に"iuo（a）の法則"が成立しているが、Taについては判然としない。

Ⅲ．数詞以外に認められる"iuoaeの法則"

　この系列には、数詞のT系列と同じ子音Tが使われているが、数詞の場合と異なる語尾あるいは接尾辞（-k、-h、-s）を伴い別の語として現れてくる。

　Toが一般的時間を表わしたように、Tuが一般的時間を表す語として用いられる場合がある。その場合には接頭辞"i-"を伴いi-Tu（何時）の形で不定称の時の代名詞として用いられている。

　To-kに漢字の「季」が当てられ1年のなかの特定の季節を表すことがある。また、Tu-kが、1ヶ月の中の特定の日を示すこともある。三日月、二十日月等の表現によって、その月のなかの特定の1日を示す。これらの表現はToやTuが一定の周期的時間を示すとともにその周期の中の特定の時間を表現することがあることを示している。

非時と無花果

　非時の香葉実は、橘（または橙）の実であるといわれている。この実の名称について万葉集（巻第十八）の大伴家持の長歌（4111）には、等伎自久能　可久能木実と表記され、橘という常緑樹の実であり、熟してから長い時間香りを失わない実であることが歌われ、「之可礼許曾　神乃御世欲理　与呂之奈倍　此橘乎　等伎自久能　可久能木実等　名附家良之母」と詠まれている。また、小学館の『日本古典文学全集萬葉集四』（1975）の解説には、「時ジクは定まった時がないの意。橘の実は夏から早春までその枝にある」のがこの名の由来であるという。橘の実は確かに日持ちのする実であり、「ときじく」の「とき」が時であることは確かであろう。しかし、「ときじく」の語義を「定まった時が非」と解釈するのは、「非時」の漢字が当てられ、「じ（く）」に打消しの意味があったとしても、「ときじく」という語全体の説明として釈然としない。

　非時（To-k・jik）は、無花果（i-Ti・jik）と対比することによってその意味はより鮮明になるであろう。無花果は非時と対照的に、熟したらすぐに朽ちてしまう果実である。この２つの果実の名称は時間を示す Ti、Tu、To、Ta 系列の中に位置付けられるものではなかろうか。非時の To-k は一年間、あるいは長時間を表わし、無花果の「いち」は短い時間を表す語である Ti に接頭辞 "i-" が付いたものではなかろうか。

　イチジクの語源に対して、幾つかの説があるが、いずれも説得力は無い。『和漢三才図会』（江戸時代の百科辞典、正徳２年（1712））によれば、イチジクという呼び名は、1月に熟するから「一熟」であるという。また、一説には、イチジクを表わす中世ペルシャ語［anjir］がヒンズー語［injir］に転じ、それを音訳したシナ語［映日、インジー］がさらに転化して和名イチジクになったと言われ、植物学者、牧野富太郎はこれを支持している（『植物随筆集』誠文堂、1935）。

　日本のイチジクの今日の在来種は寛永年間（1624〜1644年）にポル

Ⅲ．数詞以外に認められる"iuoae の法則"

トガル人によって伝えられたもので、伝えられた当時は蓬莱柿また唐柿などと呼ばれていたという。一方、イチジクという語は、今日のイチジクが伝えられる前に、イヌビワ（犬枇杷）の古名としてすでに日本にあったのである。イヌビワの実はイチジクと同じ壺状をなし、食用でもある。ポルトガル人によって今日のイチジクが持ち込まれたとき、その実は、初めは蓬莱柿または唐柿などと呼ばれたが、日本に自生する同じクワ科植物であるイヌビワの、同じ形の実の名称イチジクが、この実の名称として与えられることになったのであろう。『図説草木辞苑』（木村陽二郎監、柏書房、1988）の中で、また、『牧野新日本植物図鑑』（牧野富太郎、北隆館、1989）の中で一説として述べられているこの説明が、正解であろう。すなわち、イチジクという語は、「一熟」という漢語や、遠く中世ペルシャ語の［anjir］に起源を求めなければならないというものではない。イチジクは、トキジクとともに我等の祖先が昔から使っている日本語であろう。

　イチジクとトキジクが、時間の長短を示す Ti-Tu-To-Ta 系列上で対を成すものと考えるのは、その果実の性質にも合致して十分説得力のあるものである。しかし一方、イチジクとトキジクは、それぞれ落葉樹と常緑樹である。この違いが、Ti、To で表わされ、その果実の名になったとも考えられる。しかし、次に挙げる苺と土筆の例が、イチジクとトキジクの名が落葉樹と常緑樹の違いからくるものはなく、実の性質によっていることを示しているであろう。

　苺（i-Ti-k）は無花果と同様にその語幹は i-Ti、さらに Ti であろう。土筆は、源氏物語（早蕨）にはツクヅクシと記されているが、その語幹は Tu-k さらに Tu であろう。スギナの胞子茎である土筆もまた食用になるものであるが、摘めるのは短い期間である。

　イチジク、イチゴ、ツクシ、トキジクは野山に自生する草木の実であり、人の空腹を満たす程の収穫は得られなくとも、食用（または薬用）に供するものとして同一の範疇に属している。そしてこれらの草木の実が山野に熟した時、その実の日持ちの程度に合わせて採集しな

ければならない。その順は「いTiご」、「いTiじく」→「Tu-kし（Tu-kずくし）」→「To-kじく」である。これらの中の3つが語尾に「じく」または「ずく（し）」という語を持っている。この語は、古代我等の祖先が採集によって糧を得ていた時代の草木の実に対する言葉であり、英語のberryに近い語ではなかろうか。

(4) 距離および生活空間の内と外

　距離・空間を表わす語においても、時間を表わす語と同じ子音Tが使われる。距離の大小を表す代表的な言葉は、近い（Ti-k）と遠い（To-h）である。このTi、ToにTu、Taが加わり"iuoaeの法則"が成立している。

　時間と距離・空間が同じ子音Tによって表現され、その大小が"iuoaeの法則"によっていること、即ち時間と距離・空間が同じ言葉で表わされるのは、距離の大小（遠近）が、その距離を移動するのに要する時間の長短として捉えられているからであろうか。あるいは、季節ごとに食を求めて移動する生活の時代には、この2つのことは同一のことなのであろうか。いずれにしても、人が周囲の世界を認識するために必要であるところの2つの軸、「時間」と「空間」が同一的に捉えられているということである。それ故に、時間的長短と空間的遠近が同一子音Tの母音変化によって表現されているということであろう。時・空を統一的に捉え同一の語で表現しているということは、この言語を話す人々の持っている時間観が、月の満ち欠けや太陽の運行による周期的・螺旋的なものであったように、空間もまた周期的・重層的なものとしてとらえられている、と考えることが出来るであろう。すなわち、T子音のもとで"iuoaeの法則"に従ってとらえられている空間は、始点と終点のある直線的な遠近ではない。一定の広がりを持ち、互いに重なり合った、おそらく同心円的な、あるいは同心球的な空間を、人は自身が生活・居

Ⅲ．数詞以外に認められる"iuoae の法則"

住している世界として描いている。

　距離・空間を表す Ti、Tu、To、Ta、(Te) について以下に見ていく。

Ti

　人々の日常生活に密接した近い空間は Ti（近い）である。この空間には、u-Ti（家）が集まり、家々の間は短い Ti（ち、道の古語）によって結ばれている。人々は皆、同じ u-Ti゛（氏）の一族である。ここでは i-Ti（市）も開かれる。この空間の中には水場は勿論、畑、狩場などがあり、氏神を祀る祠もあったであろう。先祖を葬った墓地も含まれていたかも知れない。Ti-mat（巷）の Ti や Ti゛（路）等も同根の語であろう。

Tu

　Ti の外の世界が Tu である。太古、人口が少なく生活の場が狭い時代にあっては、家々が集った集落のすぐ外側は Tu であった。それが「つじ」または「つし」(Tu) という語であろう。「つじ（つし）」は、生活圏である Ti の外側の地帯である。この地帯をさらに進めば異郷（To、外）に到るのである。異郷は、全く違う人達の住む異界、時には敵地である場合もある。Tu は、日常生活を営む場である Ti と異郷 To との中間に広がる地帯である。同時に異郷 To に住む人々から見れば、自分の住む場所が Ti であり、Tu を挟んで異郷 To があることになり、Ti と To は、Tu を挟んで相対的な関係でもある。「つじ」は、2つの Ti の間に広がる境界地帯であり、共有する地帯でもある。おそらく「つじ」は人気の無いさびしい所である。

　「つじ」には漢字の「辻」が当てられ、この漢字のイメージから、「つじ」は道が十字に交差する所であると解されているが、「つじ」の本来の意味は、そうではない。山や峠のことを「つじ」という地方もある。

55

「つじ（つし）」の本来の意味は十字路ではなくTiとToの間の境界地帯のことであろう。また、「つし」という語は高所、山頂、天井の意でもある。このことは「つじ」または「つし」という語は水平的な空間の区分ばかりでなく、垂直的な区分、天との境界を意味しているのかも知れない。

　2つの集落の間や国と国の間に広がる地帯であるTuには、その間を往き来する道が形成されている。しかし、古代の道は、計画的に設計されたものではない。近代の、そして現在、我々が見ている道は、離れた地を直線的に結んだことによって出来る十字路の連続であり、車馬も通行できるような広い街道である。しかしこれらは遥か後世のことである。十字路は、大規模な灌漑工事による水田農耕が開始された後の区画された田の畦道や、奈良や京都やの計画された都市の街路にだけあったものである。古代、村々や国々を結ぶ道は、2つの方向へ分岐するいくつもの「分かれ道」から成っている。古代の道は、平地であっても川や沼やの地形によってさえ切られ、迂回したくねくね曲った踏み跡であり、分かれ道（Y字路）の連続である。

　村の外のTuにある幾つもの分かれ道には、木や藁で作った人形や丸石が神として置かれていた。近年には、石造りの道祖神や馬頭観音や青面龍王が置かれ、これらは道標を兼ねている。最近、このような石造物を1箇所に集めてしまうことが行われているが、田舎では、道祖神のある三叉路やその名残を今でも目にすることができる。このようにTuの地帯は、道が分岐する所であり、神々が坐す所である。ここに、この地帯の本質的な姿がある。Tuは、日常の生活圏である村（Ti）からその先の異郷（To）に到る境界地帯である。それ故に、この地帯には道の神や、分かれ道を司る神が坐し、通行する人の安全を守っている。また、境界を司る神が坐し、村へ邪神が侵入することを遮っている。即ち、日本語の「つじ」の本来の意味は、当てられた漢字から来る2本の道の十字の交叉のイメージや、近代的な道路のイメージとは全く別のも

のである。「つじ（Tu）」は異郷へ通ずる所である。そして同時に、異郷・異界（Ta）からの来訪者・侵入者がTiへ入る通路でもある。「つじ」が賑やかな人通りの多い道路のような意味を持つようになったのは、隣接するTiの人口が増え、町や都市が形成されるようになり、「つじ」がその間を結ぶ往来として発達してからのことである。

　獣道は「うぢ（u-Ti゛）」といい、また「うつ（u-Tu）」ともいう。これは、獣の通路は人間のつくった境界とは無関係であり、獣道はTiであり、また、Tuでもあったからであろう。

津

　「つじ、つし（辻）」は、語幹Tuに接尾辞"-s"または"-s゛"を伴っているが、Tuは接尾辞を伴わずに単独（あるいは無声化された接尾辞"-h"を伴っているのかも知れないが）でも用いられている。それが「津」であろう。津（Tu）は、道（Ti）が海岸、湖岸、山中に到り、行き止まった所であり、大津、今津、津、興津、草津、沼津など地名に多く残っている。これらのTuには「津」の字が当てられ、この漢字の意味は「船着場・渡し場」である。道が湖岸や海岸で行き止まり、そこが船着場であることが多いため、上に挙げた地名の大部分も湖岸、海岸の地名である。しかし、「津」は山中の地名にも用いられている。このことは、当てられた漢字は「津」であっても、漢字の意味とは関係無く、これらの「津」は道（Ti）の行き止まった所と考えられているからであろう。津（Tu）は、Tu-s（つし）、Tu-s゛（辻）と同じことを意味しているに違いなかろう。津（Tu）の先は、遠い（To）異国である。

Tu の通過儀礼

　人が、Tiを離れてTuの地帯を通過する時にはTuの神々に柴や幣（ぬさ）を手向けて祈らなければならない。Tuに坐（ま）す神々の名は道神（みちのかみ）、衢神（ちまたのかみ）、岐神（くなどのかみ）、塞神（さえのかみ）である。これらの神々は一まとめに道祖神と呼ばれるこ

ともあるが、本来は、それぞれ別の役割を持った神々であろう。Tu の地帯は Ti にも To にも属さない日常（褻）の生活の場を超えた聖（晴）なる場であり、それ故にまた、恐ろしい場でもある。おそらく人は、自分が住んでいる Ti を離れて異郷に赴く時には、Tu への入り口、すなわち村からこの出口で、道神に Ti を離れることを伝え、道中の安全を願ってからこの地帯 Tu に足を踏み入れたであろう。Tu の中で分かれ道に到れば人は、衢神、岐神に祈り、これから歩む道の神ばかりでなく、離れて行く道の神にも祈ったであろう。目的地である異郷 To に近づけば、人は、その入り口に坐します塞神に祈り、部外者である自分が入ることに許しを乞わねばならない。Tu の地帯は過渡的な場であるからこそ多くの神があり、幾つもの儀礼を伴ったであろう。Tu の地帯に坐す神々は、人がそこを無事に通過するためには必要不可欠なものであった。

　Tu の地帯を論ずるに当たっては通過儀礼の視点が必要である。

　アルノルト・ファン・ヘネップの『通過儀礼』（綾部恒雄・綾部裕子訳、弘文堂、1977）によれば、人は、誕生・命名・成人・結婚・還暦・死などの人生の節目において様々な儀礼を行い、それによって、それらの節目を通過して行く。そして、節目を通過するための通過儀礼の多くは、一連の３つの過程（下位儀礼）から成っている。それは、人がそれまでにあった状態から「離れ」る過程、ついで、中間的状態を「過ぎ」る過程、最後に、新しい状態へ「統合され」る過程である。例えば、成人式であれば、人はまず、子供の集団から分離され、ついで、不安定な、時には恐ろしい試練に耐えるなどの中間的な状態を経て、その後にはじめて、成人の集団に加入・統合される。第１段階は「分離儀礼」、第２段階は「過渡儀礼」、第３段階は、「統合儀礼」である。この３つの段階の中で、第２段階の「過渡儀礼」は複雑である。過渡の状態の中にさらに過渡の状態があり、そのために「過渡儀礼」の中にさらに「過渡儀礼」が挿入されていることさえある。

Ⅲ. 数詞以外に認められる"iuoae の法則"

　通過儀礼は、人が人生における節目を通過する時ばかりでなく、人が空間的に移動（場所の通過）する場合にも行われる。空間的通過においても、人は、それまでの地を離れて、過渡地帯を過ぎて、新しい地に入るのである。ここにも、分離儀礼、過渡儀礼、統合儀礼の３つの過程が求められる。空間的過渡地帯である Tu に多くの神々が坐（ま）すのはそのためであろう。

　アルノルト・ファン・ヘネップはまた、「通過の儀礼の範疇には年、季節、月々のかわり目に行われ、時には移り変わりを保障する儀式も入る」、また、「天界における推移に関する儀式つまりある月から次の月への推移（例えば満月の祭り）とか、季節の移り変わり（冬至・夏至・春分・秋分などの祭り）や年のかわり目の祭り、新年の祭りなども人間の通過儀礼に含めるべきである。」と述べ、「月が欠けていく時には、これが決定的なものではなく、一時的なものであるようにすることである。復活の観念、定期的な死と再生のドラマが、これらの儀式にみられるのも、また月の満ち欠けを、あるいは満月だけを期して行われる諸儀式が、分離儀礼、どこかに入る際の儀礼、過渡の儀礼、および出立の儀礼などの性格を持っているのもこのためである。」と述べている。

　この様な視点から見ると、十五夜の月（Tu-k）に薄（すすき）を供えて祭ることと、辻（Tu-sﾞ）に祀られる神々に柴を手向けて通行するのは同じ構造を持った通過の儀礼であると言えよう。月と辻における我々の古くからの習俗、すなわち、Tu に対して植物を供えて通過するという儀礼は、時間と空間が、同一の語、T 音の語のもとで統一的に認識されていることを儀礼の面からも裏付けているであろう。同様の例がもう１つある。年（To-s）のかわり目に年越し蕎麦を食べ、所（To-k）の変わり目に引越し蕎麦を食べるのも、蕎麦を食べるという同一の儀礼によって時間と空間が統一的に捉えられていることを示しているであろう。前の２者はおそらく過渡儀礼であり、後者はおそらく統合儀礼であろう。この２つの共通する通過儀礼において、前の２者において手向けるのは Si

59

-b（柴）と Su-s（薄
すすき
）であり、後者においては、食べるのは So-b（蕎麦）である。柴と薄
すすき
と蕎麦、語頭に Si・Su・So を持つこれらの語には、T との間に何らかの関連があることが隠されているのではなかろうか、と疑わせるものがある。

　このように、我々日本人は、言葉と通過儀礼を密接に関連させているのである。ここでは、月や太陽の運行によって規定されている時間と、生活圏の内外や遠近によって規定されている空間とが、儀礼を背景としながら、共通する子音 T のもとに"iuoae の法則"によって統一的に捉えられていることを見てきたが、後に論ずるように人生儀礼とその言葉においても同様の、しかし、より複雑な関係を見ることができる。

To

　Tu の向こう側の世界は To である。To（外）は自分自身の生活圏外を指す語である。To は、自分の氏（u-Ti˘）とは異なる者、一門以外の者「To 様」の住む所である。峠という語の語頭の To も、Tu の向こう側の世界を示す To であろう。峠（To）は、古代においては、多く国境であった。峠という語は通行者が道祖神に柴を手向けたことによる「たむけ」の転ともいわれているが、そうではないだろう。峠は境界であるから分離儀礼、過渡儀礼、統合儀礼のための神が坐
ま
し、柴を「手向け」ることも行われたであろうが、「手向け」が転じて「峠」になったのではなく、「とうげ」という語の語頭の To は、空間を表す Ti-Tu-To-Ta の To であろう。

　To-h（遠
とほ
）は一般的遠方を指す語であり、To-k（所）は場所一般を指す語である。この To の使われ方は、To-h（永遠）が一般的長時間を示し、To-k（時
とき
）が時間一般を指すのと同じである。

Ta

　To の世界のさらに向こうは Ta である。Ti を旅立ち、Tu を通過し、

Ⅲ．数詞以外に認められる "iuoae の法則"

To の世界に到り、更にその To に留まらず、再び Tu を越えて次の To を尋行くことは旅（Ta-h゛）である。この旅（Ta-h゛）という語は、空間を示す Ti-Tu-To-Ta 系列上に位置付けられるであろう。旅（Ta）は、尋（To）行くことと泊（To）の連続である。定住生活と移動生活の繰り返しを余儀なくされていた時代や、半定住の時代においては、あるいは定住した後でも、交易の旅（Ta-h゛）はすなわち食べることであろう。食べる（Ta-h゛）という語は旅と同根の語であろう。聖地への巡礼や歌枕への旅行を「たずねる（尋ねる、訊ねる、訪ねる）」（Ta-s゛）というが、この語も同根であろう。「旅」と「食」が同一の語であるとすれば、このような関係を持っている日本語は、定住生活をしている人間の言葉ではなく、旅する動物である人間の言葉としての祖形を留めているということであろう。時間と空間を表わす言葉が同じ T 音によって言語的に統一されていることの原点は食であり、時と空は食として一元化されているということではなかろうか。

空間を示す T 系列上に位置付けられる同根語

　距離・空間を示す Ti-Tu-To-Ta 系列は、人の生活圏の内外、遠近を示しているために、関連した多くの語を派生、あるいは同根としている。Tu は、2 つの Ti を「繋ぐ」地帯であり、また日常的な生活圏の限界を示す語であるということから、「繋ぐ」「告ぐ」「継ぐ」「綱」「拙い」「詰め」「尽く」等の語を派生、あるいは同根としているであろう。To は、「泊」「隣」等の語を、Ta は、「度」「再」等の語を派生、あるいは同根としているであろう。また、この系列は T 系列数詞と同様、Ti-Tu-To-Ha でもあろう。これらの空間を示す T 系列の派生語・同根語を時間を示す T 系列の派生語・同根語とともに表－7 にまとめた。

　また、Ki-h（際、極）という語がある。この語は、Ki-h（極）めて短い時間や距離を示し、Ki゛-r・Ki゛-r（ぎりぎり）の時間や距離を示す。Ki-t（きつい、きつきつ、きっちり）は空間的、時間的に余裕のな

い状態を示す。これらの擬態語と呼ばれるものも同系の語であろう。時間、距離を示すiuoaの系列は、Ti- Tu- To- Ta または Ki- Tu- To- Ta であろう。

　「ちぢむ・ちぢれ」、「つつむ・つづむ・つづら」、「とどむ・とどろく」、「たたむ・たたみ・ただれ・たたら」等の語も時間や距離の大小を表す Ti- Tu- To- Ta 系列上の語ではなかろうか。

[表－9] 時間・空間を示すＴ系列の同根語・派生語

	Ti（Ki）	Tu	To	Ta（Ha）
空間	近い、道、市、巷、内、家、氏、際、極、ぎりぎりきつい	津、辻、褄、爪、詰め、集る、着く、付く、尽く、継ぐ、告ぐ、繋ぐ、綱、拙い、紡、連なる	遠い、止まり、泊、跡、隣、所	旅、再、食、遥か、旅
時間	近い、ちくちく、際、極、ぎりぎり	月、継ぐ、常、何時（いつ）、次	年、時、永久、常、遂げる	遥か

Ⅲ．数詞以外に認められる"iuoae の法則"

鶴

　鶴（Tu）は特別の鳥である。鶴は、いずことも知れぬ遠い異郷から季節に応じて飛来し、人里の周囲に広がる境界地帯（Tu）である原野や湿地に集まる。そしてまた季節が変われば鳴き交わしつつ去って行く。この白い鳥は神であり、人の霊であるに違いない。鶴は、人に多くの恩恵をもたらすものである。鶴が持ってきた稲穂から稲作が始まったという伝承は日本各地にある。昔話の「鶴女房」や「笛吹き婿」では、鶴は人とともに生活し、時には夫婦にもなる。鶴は人のために布を織り、人を災難から救う。これらの昔話の中の鶴は、人の住む世界（Ti）に在る時には、その正体を隠している。正体が明かされれば人の世界を離れなければならない。このことは、鶴というものは、人を助け、人と夫婦になっていても、Ti に在るのは異常な状態であることを物語っている。人と動物が夫婦になるという動物婚姻譚は勿論、鶴に限ったものではない。狐や蛇その他の動物についても同様のモチーフの話は多い。しかし、鶴は人里の近くに周期的に、Tu の地帯にのみ現れる。この動物に与えられた鶴という呼び名がこのような事情と無関係とは思えない。鶴（Tu）は人里の周辺である Tu と、遠い世界との間を行き来する白い鳥である。鶴の別名は田鶴（たづ）であるが、この田鶴（Ta）という呼び名の中に、この鳥の住む遠い世界が Ta の世界であり、その地から Tu への来訪者であることが込められているのではなかろうか。人が自身の生活や距離や空間や季節に対して持っている思想が、鶴という言葉の中に込められているであろう。Tu に来訪する厳（i-Tu）くしくも美（u-Tu）くしき鳥は、鶴であり「田鶴（たづ）」である。「鶴」、「田鶴（たづ）」という語に秘められた思想はこのようなものであろう。鶴や白鳥の来訪がいまだに日本語人の心の琴線に触れるのはこのような事情によるであろう。

　梅原　猛は、その著書『さまよえる歌集＝赤人の世界＝』（集英社、1974）の中で次のように述べている。「鳥は古代日本人にとっ

て、単に二本足の、羽のある動物ではなかった。それは同時に、霊の使いであった。人間は死ぬと、鳥になって黄泉の国へ行く。鳥は、古代人にとって死者の再生を意味していた。特に水鳥はそのような霊力を持った鳥である。千鳥もまた水鳥の一種である」と。確かに鳥は、地を這うもの蛇と同様、空を飛ぶものとして尋常のものではない、特別の生き物である。特に、ある季節に人里近くに訪れ、そしてまた人の生活圏を遙かに越えて去ってゆく白い大きな鳥が、人の脳裏に特別に位置づけられていたと考えることは出来るのではなかろうか。

　梅原は「特に水鳥はそのような霊力を持った鳥である。」というが、その水鳥は、鴨や雁のことではなく白い鳥のことであろう。梅原はまた、「千鳥もまた水鳥の一種である」と言っている。「千鳥」の「千」は何であろうか。ここに、千鳥（Ti）→鶴（Tu）→鳥（To）→田鶴（Ta）という系列があるのではなかろうか。この系列は、数詞系列のように明瞭に段階的、数量的ではないが、白い水鳥の霊力の系列を示しているのではなかろうか。谷川健一が『白鳥伝説』（集英社、1986）中で述べるように、白鳥が大きな霊力を持つことは、日本各地に伝わる白鳥伝説に明らかであるが、この伝説は、鳥類の中の特定のグループであるハクチョウ類を指すものではなく、渡りによって来訪してくる白い大きな水鳥を指しているのであろう。

　鳥がこの系列の中に位置付けられるとすれば、「とり（To-r(i)）」という語は鳥類一般を指す語ではなく、もとは白い水鳥を指すものであったということになる。

(5) 血縁の遠近

　空間的距離、時間的距離を示す子音Tは、同時に、血縁の距離を示す子音でもある。

　父はTiまたはTiTiである。祖父はTi゛（ぢ、爺）またはTi゛Ti゛（ぢぢ、爺）であり、接頭辞"o-"を伴ったo-Ti゛（老爺）も祖父の呼

Ⅲ. 数詞以外に認められる"iuoaeの法則"

称である。o-Ti゛はまた伯父・叔父の呼び名でもある。このように、1～3親等の男はTiおよびその濁音Ti゛で表されている。4親等は男女の別なく接頭辞"i-"を伴ったi-To子（従兄弟または従姉妹）である。i-To子の子、またはi-To子同士は男女の別なくHa-t子（はとこ）である。血縁の遠近には、T系列数詞・時間の長短・空間の遠近と同様のTi-（Tu）-To-Haの系列がある（図－3）。

[図－3] 親族名称

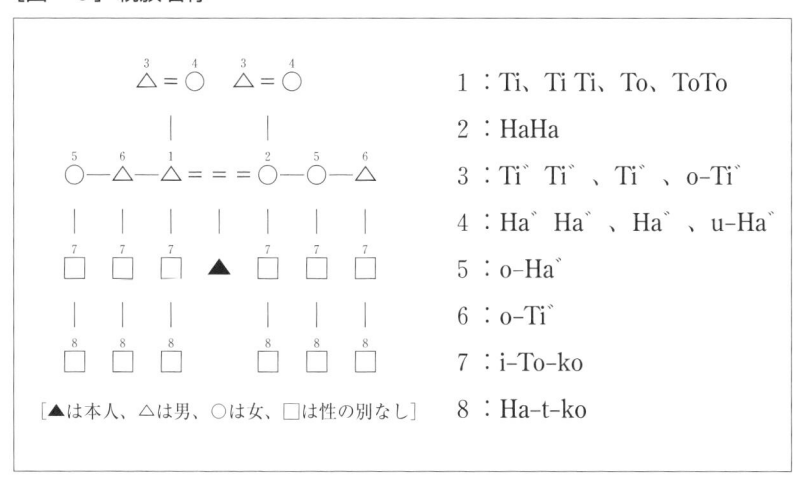

```
    △=○  △=○         1：Ti、Ti Ti、To、ToTo
    │    │            2：HaHa
  ○─△─△==○─○─△    3：Ti゛Ti゛、Ti゛、o-Ti゛
  │ │ │  │ │ │      4：Ha゛Ha゛、Ha゛、u-Ha゛
  □ □ □ ▲ □ □ □      5：o-Ha゛
    │ │    │ │        6：o-Ti゛
    □ □    □ □        7：i-To-ko
[▲は本人、△は男、○は女、□は性の別なし]  8：Ha-t-ko
```

　父はTiであり、父方と母方の祖父、伯父・叔父は区別なくTi゛である。そして、血縁の集団の呼び名が接頭辞"u-"を伴ったu-Ti（家）またu-Ti゛（氏）である。u-Ti（家）、u-Ti゛（氏）は距離・空間を表すTi、Tu、To、Taの中のTiにも通じている。これらを考えあわせると、我々日本人の親族集団は、父系を基本とした人の集団を単位として構成されていたということではなかろうか。すなわち、本人から見て、父（Ti）と祖父（Ti゛）と父の男兄弟（o-Ti゛）が1つの家に、あるいはすぐ近くの家に住み、氏（u-Ti゛）を形成している。しかし、母方の叔父・伯父も父方の叔父・伯父と同じ、おじ（o-Ti゛）の呼称を持ち、呼

65

称の上からは父方と同等であり、単なる外戚として以上の関係で結ばれていたであろうことうかがえるが、父方とともに同じ氏を形成していたかどうかは疑問である。おそらく、氏の単位は父方だけで形成されていたのではなかろうか。

一方、女性の親族は、HaHa（母）とその濁音化した Haﾞ Haﾞ（祖母）および接頭辞"o-"、"u-"を伴った o-Haﾞ（伯母・叔母）、u-Haﾞ（姥・媼・乳母）であるが、母音変化を伴った系列を成していない。すべて Ha または Haﾞ で呼称されている。敢えて先の系列上に乗せれば、Ha-t子と同じ位置であり、ここに、何らかの意味が込められている可能性もあるが、母や祖母は他の氏から嫁いできた者であり、父方の系列である Ti-（Tu）-To-Ha の系列上置くべきではないだろう。女は他の氏から嫁いで来るものであり他の氏へ嫁いで行くものである。嫁いだ後、女は HaHa になり Haﾞ Haﾞ になる。

ここで、「嫁ぐ」という語は、To・Tuk と分解されて「血縁を継いでゆく」という意であろう。先に述べたように、To は、時間の系列上では、時間の長短を示すばかりでなく「時（To-k）」という語として時間一般を指し、空間の系列上では、距離の遠近を示すばかりでなく、「所（To-k）」という語として空間一般を指している。「嫁ぐ（To・Tuk）」という語の中に現れる To は、時間と空間を示す To と同様に、血縁一般を指しているのではなかろうか。父親のことを「と（To）」あるいは「とと（ToTo）」と呼ぶが、この To も血縁一般を指す語なのではなかろうか。あるいは、接頭辞"o-"を伴った「夫（o-To）」という語や「刀自（To-sﾞ）」という語の中にも血縁一般が含意されている様に思える（夫は「をっと」であるとされているが）。また、「釣書き」というのは系図のことであるが、釣「Tu-r」の Tu は血縁を示す語であるかも知れない。

甥（をひ）と姪（めひ）は親族名ではなく、単に男（を）、女（め）の意であろう。

Ⅲ．数詞以外に認められる "iuoaeの法則"

　血（Ti）また乳（Ti）という語も、血縁関係を示す語の範疇であろう。この2つの語は、血液や乳液や乳房という肉体の一部を指す身体語でもあるが、同時に、あるいはそれ以上に、氏族を代々引き継いで行く実体そのものであり、それ故にまた氏族を象徴する語でもある。「氏（u-Tiﾞ）」は父の血（Ti）と母の乳（Ti）によって引き継がれて行くのである。この2つの語、「血」と「乳」は、「父」や「氏」等と同根の親族語と考えてもよいだろう。また、肉体語であり同時に成長の証であり、おそらく、それ故に儀礼の対象でもあるものに「歯（Ha）」がある。歯はおそらく母方のものと考えられているのであろう。また、身体語であり同時に母が子を宿す場である「腹（Ha-r）」という語にも母あるいは子という意味が含意された親族語であるかもしれない。「はらから（同胞）」という語は同母の兄弟姉妹のことである。

　「骨（Ho）」という語も身体語であると同時に親族語であるかもしれない。

　血縁関係のTi-（Tu）-To-Haの系列は、T系列数詞とは逆の現象をその中に含んでいる。数詞におけるTi- Tu- To- Ta（Ha）は、Tiを除けば5－10－20の倍々関係を内包しているが、血縁関係のTi-（Tu）-To-Haにおいては、進行するに従って、本人からみれば血縁は希薄になるという現象である。血の濃さという関係から見れば、むしろ半減して行く過程である。

数詞・時間・空間・血縁の関係の中の類似語

　数詞・時間・空間・血縁関係を示す語が、いずれも子音Tによって表わされ、"iuoaeの法則"に従っていることから、全く違う事象によく似た言葉が生まれる。子音Tと母音aからなるTaがT系列数詞Ti-Tu-To-Ta上にある時には「足袋（Ta-hﾞ）」という語を作りだし、空間系列Ti-Tu-To-Ta上にある時には「旅（Ta-hﾞ）」という語を作りだす。また、子音Hと母音aからなるHaがT系列数詞Ti-Tu-To-Ha上にあ

る時には「二十歳（Ha-t-Ti）」という語を作りだし、血縁系列 Ti-Tu-To-Ha 上にある時には、「はとこ（Ha-t-Ko）」という語を作りだす。「i-To し子」といえば、愛しい我が子のことであり、この To は数詞の10と同根の語であるが、「i-To 子」といえば、両親の兄弟姉妹の子のことであり、この To は血縁の距離を示している。

(6) 　堅果加工工程そして薬

　野生の植物の根や木の実、特に堅果（ナッツ）の類の多くは、そのままでは食用にならない。一定の手順を経て実の中に含まれるタンニンやサポニンを除き食用澱粉にまで加工しなければならない。現在、飽食の時代にカシ、ナラ、トチの実が食用にされることはあまりないが、比較的最近、戦前戦中の食糧事情のもとでは、山村では食べられていた。堅果の加工工程と、その工程上の言葉について見てみよう。

　採集された木の実は生（Ki）である。生（Ki）はいくつかの工程を経て最終的に食事（Ke）になる。図－4に示すのは、渡辺　誠（『縄文時代の植物食』雄山閣、1975）が裏日本の山村で採録した堅果の加工工程であるが、最近まで実際に行われていたものである。この図は、堅果の種類によってそれぞれ収録された異なるいくつかの工程を1つにまとめて簡略化したものである。このような工程を経て木の実の中のタンニンやサポニンは除かれるのである。まず、生（Ki）の木の実を採集する、次に、水に晒したり、灰汁に浸すことによって「あく（a-Ku）抜き」処理を行ない、「粉（Ko）」にひき、「糧、糅（Ka-t）」とする。Ka-t は調理、味付けされて「食物、食事（Ke）」になる。

[図－4] 堅果の加工工程

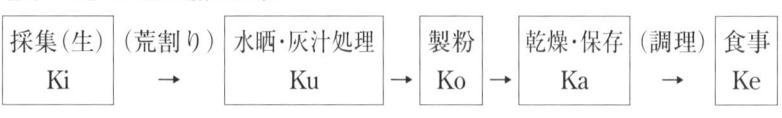

| 採集(生)
Ki | (荒割り)
→ | 水晒・灰汁処理
Ku | → | 製粉
Ko | → | 乾燥・保存
Ka | (調理)
→ | 食事
Ke |

渡辺誠著『縄文時代の植物食』より、改変簡略化した

Ⅲ．数詞以外に認められる "iuoae の法則"

　堅果の種類によっては、「あく抜き」の効果を上げるために荒割りの後に製粉が加わったり、または「あく抜き」（Ku）と製粉（Ko）が逆転するケースも認められる。またトチノミのようにタンニンと共に毒性の強いサポニンを含むものでは、あく抜きは単なる水晒しだけではなく灰汁で処理され、しかも灰汁処理は複雑である。またトチノミでは製粉（Ko）は行われず、その代りに水切りという工程（濾す Ko-s）が加わることがある。しかし、堅果の加工工程の全体は、Ki→（a）Ku→Ko→Ka→Ke である。この系列では、母音変化は e 音まで進行する。古代、いわゆる狩猟採集時代においては主要な澱粉源であった堅果を加工し、保存・食用にするための工程は、子音 K のもとで "iuoae の法則" に従って進行している。この系列中に位置づけられる同根語群として、粕（Ka-s）、粥（Ka-y）、かて（ち）栗（Ka-t）、そばかき（Ka-k）、かきもち（Ka-k）、濾す（Ko-s）等があげられるだろう。

　この系列の中の Ku については幾つかの疑問がある。Ki から Ko、Ka に進行する堅果加工工程の中の中間的なもの、いまだ渋味を持ち食物として精製されていないものとして位置づけられているなら、なぜ、単に Ku と呼ばれずに「a-Ku」と呼ばれるのか、また、「あく抜き」によって抜き取られてしまう物、食物としての実体のない無用のものを堅果加工の系列の中に位置づけてよいのか、という疑問である。いま、a-Ku と記し、"a-" を接頭辞として扱ったのは、『広辞苑』の第一版に、接頭辞「あ」は、他の語の上につく意味のない言葉（例－あくどい）、とあることによっている。（『広辞苑』の第二版以降には接頭辞「あ」は収載されていない。）しかしまた、「あく抜き」の際に用いられる灰（あく）という言葉との関係はどう考えるべきなのであろうか。灰（あく）を用いて処理するから「あく抜き」なのであって、堅果加工工程、Ki、Ku、Ko、Ka、Ke 系列中に Ku を置くのは筋違いではないのか、という疑問である。堅果中から抜かねばならない渋味である a-Ku と灰（あく）の利用とは、言葉が偶然一致しただけなのであろうか。いずれであ

るにしても、そのままでは食べられない生の堅果を食料にまで加工するKiからKeへの工程中に「無用のもの」を、あるいは「無用のものを除去するために用いられるもの」の名をなぜ位置づけねばならないのか、という疑問はなかなか解決されなかった。

薬そして日本料理

　ここにKu-s（薬）という語がある。薬（くす）の語源は「奇しきことを起こす物」に由来すると言われるが、この語源解釈はこじつけであるとしか思えない。薬（Ku-s）こそが堅果加工工程中のKuではなかろうか。先の渡辺　誠著『縄文の植物食』中に、ジザイの実を薬として用いようとする時、また薬用として貯蔵しようとする時にはあく抜きを行わないと言う例がいくつか収録されている。そしてこの薬を実際に使用した者の話として、下痢止めに極めて有効であることが語られている。すなわち、Ki→Ku→Ko→Ka→Ke系列中のKuは無用のものではなく植物中に含まれる有効成分「薬」として位置づけられているのである。従って堅果の加工は食用澱粉を精製、保存するばかりではなく、堅果を薬用として加工し貯蔵することでもあったのである。このような工程とその言葉から、薬食同源の思想も生まれ育まれているであろう。佐原真は、その著『食の考古学』（東京大学出版会、1996）の中で、ツルゲーネフの『猟人日記』に登場するフランス料理のコックの言葉を引用している、曰く「（フランス料理の）こつは材料の味をいかに変えてしまうか」であると。これとは対照的に、日本料理のこつは、材料の持ち味を生かし、その特徴を消さないようにすることにある。Ka（糧）やKe（食）の中にKi（生）が、またKu（薬）さえもがその因子として必然的に含まれており、また含まれねばならない。日本料理のこの思想は日本語数詞の構造と同じである。人間の食は、人間以外の動物が自然の物をそのまま食べるのとは違い、食材を加工調理することにあり、ここに文化（食）の自然からの最初の分岐があるといわれている。しかし、い

Ⅲ．数詞以外に認められる"iuoaeの法則"

ま見てきたように、日本語においては、堅果の加工工程の言葉の中に、自然から文化にわたって指数関数的"iuoaeの法則"が成立している。このことは、日本人は、自然と文化を対立物としてとらえておらず、文化は自然の指数関数的発展であるととらえていることを示しているであろう。光と闇が同根語であるのと同様、自然である Ki は消されることなく、文化である Ka（糧）や Ke（食事）に含まれているのである。文化は自然と対置されるものであると同時に、両者は互いに内包しつつ連続的に存在しているのである。堅果加工工程の言葉の中に、日本人の自然観と文化観が特徴的に示されているであろう。日本人の自然観は、西洋において Nature と Culture が対立する概念として捉えられ、文化は自然を改変することであると捉えらえているのとは対照的であるといわれているが、ここに、そのことが言語として構造化されているのを見ることができる。

最近の、青森県の山内丸山遺跡の発掘調査によれば、縄文中期、ここではブナ林が伐採され、その後に栗が植林され大量の栗の実が採集・消費されていたという。この地でこの時代に"iuoaeの法則"に則った堅果加工工程、Ki、Ku、Ko、Ka、Ke の言葉が話されていた証拠はないが、自然を少しずつ改変しながらしかし、自然と文化を峻別しない思想のもとで、それにそった言語が使われていたのではなかろうか。

接頭辞"a-"について

堅果の加工工程、Ki→(a)Ku→Ko→Ka→Ke の系列の中で Ku だけに意味不明の接頭辞"a-"が付くのはなぜであろうか。それはおそらく、Ku だけが食ではなく薬であるという事情によるのであろう。Ku は薬（Ku-s）であり、植物の中の有効な成分ではあるが、食料加工工程の中では、その大部分は除かれるべきものとして扱われているのであろう。そのために、この工程中では、接頭辞"a-"が冠されているのであろう。接頭辞"a-"を冠した時、芥（a-Ku）、灰（a-Ku）、垢（a-Ka）と

71

同様に、不用、無用のものの意になるのではなかろうか。即ち a-Ku は、堅果を食料とする際には「不用、無用の Ku」として、抜かれねばならないもの、という意味なのであろう。a-Ku と同根語と思われるものに、接頭辞"e-"を伴った「えぐい（e-Kư）」という語がある（広辞苑では「ゑぐい」であるというが）。野草などのあくの強いものにはえぐ味があり食用に供するためには、あく抜きをしなければならない。しかし同時に、えぐ味は苦味とともに自然食の持つ風味として日本人の好むものでもある。このように、食用澱粉加工工程の中では、また野草を食用に供するためには、Ku は主に除かれるべきものとして位置付けられている。このような事情が Ku に対して接頭辞"a-"、"e-"を冠している理由ではないかと思われる。これらのことをヒントにすれば、これらの接頭辞の本来の意味が、より本質的に解読されるかもしれない。

アイヌの薬

　日本語の「くすり」という語は、もとはアイヌ語であるという説がある。梅原猛は『アイヌと古代日本』（小学館、1982）の中で吉田巌の研究を引用して「くすり」はアイヌ語であると考えるのは正しいであろうと述べている。初期のアイヌ研究者は、アイヌ人が「くすり」という言葉を用いるのを聞いて、アイヌのような未開の者が「くすり」について知るはずはなく、文明人である和人からの借用語であるとした。そして、そのような理解は今でも行われている。しかしながら、最近のアイヌ学の進展の中で、アイヌ語の中の和人からの借用語と考えられていたものの多くは、「未開人」アイヌという偏見によっていたことが明らかになってきており、日本語の「くすり」は、アイヌ語の「くすり」に起源を持つ可能性もある。少なくとも、アイヌ人は実に多くの薬用植物を自然界に所有しているのであるから（更科源蔵・更科光『コタン生物記Ⅰ樹木・雑草篇』法政大学出版

局、1976)、彼等自身が植物の有効成分、薬という概念と言葉を持っていたことは確かであろう。しかしながら、日本語の薬(くす)が、植物の根や実、特に堅果類の中の有効成分として、そして同時に不用のものとして、Ki→Ku→Ko→Ka→Ke という構造の中に位置づけられたいま、このような位置づけを含めて比較されなければならないであろう。すなわち、「くすり」という語を単独に比較するだけでなく、「くすり」が何故「くすり」と呼ばれるかを含めて日本語とアイヌ語は比較されなければならないということである。さらにいえば、民族言語同士の比較は言語以外の文化要素を含めて行われなければならないであろう。

(7) 火食

　人間が、料理に火を使うこと、火食を始めたのはいつの頃からであろうか。40万〜50万年前の北京原人が火を使って生活していたことは確実であるという。北京原人が我々人間の直接の祖先ではないとしても、我々の祖先の火の使用は40〜50万年を大きく降ることはないだろう。我々の祖先は火を使うことによって食料を増やし、寄生虫や病原菌の害から逃れ、さらに、これも火を使うことによって作った土器を用いて「煮る」ことを始め、食物の消化・吸収を格段に好転させ、あわせて味覚を発達させたといわれている。

　フランスの文化人類学者クロード・レヴィ＝ストロースは、1965年に論文『料理の三角形』を著した。その中で、レヴィ＝ストロースは、「料理」は人類の文化的所産として言語とともに古いものであり、料理の文化には、人類全体に共通する普遍的構造があると述べている。さらに、レヴィ＝ストロースは、自然の食材を文化の側に媒介するものである火を使った料理、火食について論じ、火食にも人類共通の普遍的構造

があることを述べている。

  レヴィ＝ストロースの論文『料理の三角形』の日本語訳は西江雅之により『レヴィ＝ストロースの世界』という書名でみすず書房（1968）から、また、エドマンド・リーチ著『レヴィ＝ストロース』（1970）の吉田禎吾による日本語訳（筑摩書房、1971）で出版されている。この 2 冊の本のうち、前者はレヴィ＝ストロースの『料理の三角形』をそのまま和訳したものである。後者はレヴィ＝ストロースの人と業績をエドマンド・リーチが紹介したものであり、その中に『料理の三角形』が解説されている。ここでは両書を参考、引用した。

　レヴィ＝ストロースが述べている人類に共通した料理の構造とはどんなものであろうか。また人類に共通した火食の構造とはどんなものであろうか。そしてこれらの構造が言語とともに古いものであれば、これらの構造の上に位置付けられる日本語はどのような構造を持っているのであろうか。

料理の三角形（レヴィ＝ストロースの第 1 の三角形）

　レヴィ＝ストロースの論文『料理の三角形』によれば、世界中どこでも、食卓にのぼる料理の基本は 3 つのものである。それは《生のもの》と《火にかけたもの》と《腐ったもの》である。

　「食卓にのぼる《腐ったもの》」という表現は気がかりかもしれないが、レヴィ＝ストロースがいう《腐ったもの》というのは、微生物や酵素によって処理された各種の発酵食品やチーズであり、日本食では納豆やくさやや塩辛や、もっと広く捉えれば漬物や味噌や醤油も含まれるであろう。東アジアや東南アジアには《腐った》食品は多い。

　そしてこの 3 つの料理は、図－5 に示すような三角形を形づくっている。三角形になるのはこの 3 つの料理の間に 2 つの対立軸が在るからである。1 つの軸は、（手を加えてないもの）と（手を加えたもの）の軸（図中の上下の軸：軸 1）であり、もう 1 つの軸は「文化」と「自然」の軸（図中の左右の軸：軸 2）である。《生のもの》はそのまま食卓に並べられることもあるが、多くの場合、手を加えられて変形された料理

になる。《生のもの》が火によって文化的変形を受けた場合には、文化の側である左方にシフトし、自然（微生物や酵素）の力によって変形を受けた場合には、右方にシフトする。自然（微生物や酵素）の力による変形は自然に放置して起る場合もあり、人工的に起こされる場合もある。

　《生のもの》は文化の力（火）と自然の力（微生物や酵素）によって手を加えられ、その状態が変形されて、左右へそして下方に移行することになる。この図はレヴィ＝ストロースの原論文『料理の三角形』には示されていないが、エドマン・リーチが原論文の記述をもとにして原初的形態の「料理の三角形」として描いたものである。ここでは、レヴィ＝ストロースの第1の三角形と呼ぶ。

[図－5] レヴィ＝ストロースの第1の三角形

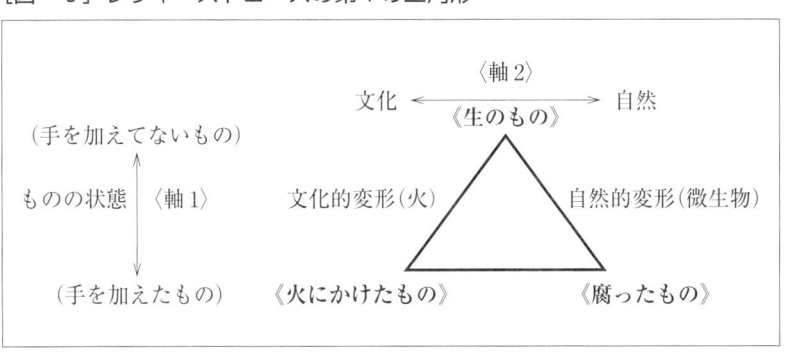

```
                        〈軸2〉
              文化 ←――――――――→ 自然
                     《生のもの》
 （手を加えてないもの）
                        △
 ものの状態 ↕〈軸1〉  文化的変形(火)    自然的変形(微生物)
                       ／ ＼
                      ／   ＼
                     ／＿＿＿＼
 （手を加えたもの）  《火にかけたもの》  《腐ったもの》
```

　　エドマン・リーチ著、吉田禎吉訳：『レヴィ＝ストロース』より
　　（一部改変）。

《燻製にしたもの》と《焼いたもの》と《煮たもの》（火食の三角形）

　レヴィ＝ストロースは論文『料理の三角形』の中で、火によって文化の側に移された料理であっても、実は、同時に自然の側にも属しており、料理というものはすべて自然と文化の両方の領域に属していると述べている。《火にかけたもの》の中でもっとも基本的な3つの料理、《燻

製にしたもの》、《焼いたもの》、《煮たもの》について、この関係を次のように論じている。《燻製にしたもの》と《焼いたもの》は、料理される過程で《煮たもの》のように水が介在することはない。《燻製にしたもの》と《焼いたもの》は、火によって水分が除かれるという点で共通している。しかし、《焼いたもの》は「血も滴る焼肉」の表現にあるように水分は完全には除かれず、《生のもの》と《火にかけたもの》の両方の性質を持っている。一方、《燻製にしたもの》は長い時間、火や煙にかざされ水分を完全に近いまでに除かれている。また、燻製を作るためには道具や設備（木を組んだ棚等）が使われる。このように《燻製にしたもの》は水分の除去が徹底しているという点で、《焼いたもの》より自然から離れたものであり、道具や設備が使用されるという点でも、より文化的なものであるということになる。他方《煮たもの》は、《燻製にしたもの》と同様に火と道具が使われ、その道具である容器（土器や金属器）は、洗えば何度でも使うことが出来るもので、燻製を作るときの木製の棚等の道具に比べれば、はるかに文化的道具である。従って、《煮たもの》は料理の手段においては《燻製にしたもの》より文化の側にある。しかしながら《煮たもの》は、水分を含むという点では《腐ったもの》の側にあり、《燻製にしたもの》の対極にあるといえる。

　レヴィ＝ストロースは、このような考察にもとづいて、3つの火を使った料理、《燻製にしたもの》、《焼いたもの》、《煮たもの》を先の第1の三角形に重ね書きした三角形（ここでは第2の三角形と呼ぶ）を描いている。この三角形の1つの軸は、変形を受けたものとそうでないものの軸（上下の軸）であり、もう1つの軸は水分を含んだものとそうでないものの軸（左右の軸）である。《煮たもの》は、火と最高に文化的な道具である土器によって水を介在させて変形を受けたものであるが、出来上がった結果は、食材はとろけて原型をとどめておらず、第1の三角形で自然の側にあった《腐ったもの》に類似したものである。このようにレヴィ＝ストロースは、自然と文化の間にある料理というものは、

Ⅲ．数詞以外に認められる"iuoae の法則"

自然と文化の両義性を持っており、その両義性は料理自身が持っている「血も滴る焼肉」というようなことばかりでなく、使われる道具や現れた結果の類似などから隠喩や換喩を含んだ複雑な構造を持っていると述べている。

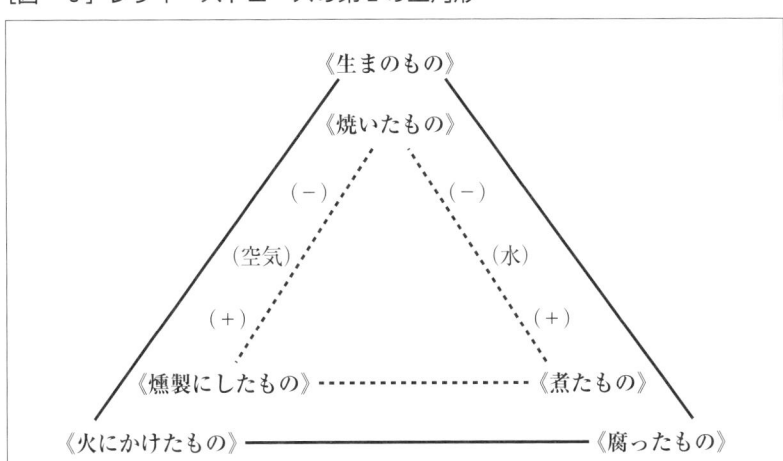

[図－6] レヴィ＝ストロースの第2の三角形

```
                  《生まのもの》
                《焼いたもの》
              (－)        (－)
           (空気)          (水)
              (＋)        (＋)
     《燻製にしたもの》------《煮たもの》
《火にかけたもの》────────《腐ったもの》
```

レヴィ＝ストロースは、《焼いたもの》と《煮たもの》の違いについて、「焼いた食物は火に直接かざされ、火と媒介のない結合を実現しているのに対し、煮た食物は二重の媒介を受けている。すなわち、それは食物を浸す水によってであり、また水と食物がそれぞれ入っている容器によってである。」という。また、《焼いたもの》と《煮たもの》の違いは数多くの社会で神話と儀礼によって引き立たされていることを指摘している。

我々日本人も、《焼いたもの》と《煮たもの》を儀礼の中で区別している。我々は、正月や祭りなどの晴の日には「豆を入れて炊いた飯」や「煮豆」を食べ、節分には鬼を追い払うために「炒豆」を撒く。しかし、正月に炒り豆を食べ、節分に煮豆を撒くことはない。同じ食材、豆

77

を料理したものであっても料理の仕方によって、それが使われる儀礼は違っている。このことは第2部MN考において論ずるが、この日本の習俗も、料理というものが料理以外の文化と関連した複雑な構造を持っていることを示しているであろう。

　レヴィ＝ストロースは、《煮たもの》と《腐ったもの》との類似性の証明としてヨーロッパ語の中から次のような例を挙げている。味つけされて野菜と一緒に料理された肉料理は、フランス語では pot pourri であり、スペイン語では olla podrida であり、いずれも「ごたまぜ煮」の意味であるという。また、ドイツ語には「料理して腐らせた肉、zu Brei zerkochtes Fleisch」という言いまわしがあり、北米インディアンのダコタ語では、同じ語幹が「腐敗」という意味と「肉片を添え物とともに煮る」という意味を持っているという。

　日本語においても、「腐る」または「朽ちる」は「Ku-s」「Ku-t」であるが、「くつくつ煮る」、「くたくたに煮る」等の表現の中に「腐る」、「朽ちる」と「煮る」ことが類似したことであることが示されており、レヴィ＝ストロースが挙げたフランス語、スペイン語、ドイツ語の例と同じである。また、日本語の「果物（Ku-tもの）」は「良く熟した水分を含んだ食べ物である果実」のことであるが、果物の「くだ」の語幹 Ku-t は「腐る」、「朽ちる」の語幹と同じであり、ダコタ語の例、「煮ること（水分を含んだ食べ物（煮物））」と「腐敗」の語幹が一致することと類似している。

　「くさ（Ku-s）やの干物」は、《煮たもの》ではないが、魚肉を薄い塩水中で発酵させ、そして腐らせ、その後に日干しした食品である。食品であるが同時に腐った（Ku-s）臭い（Ku-s）ものであると呼ばれている。

　このように、「文化＝煮ること＝水分を含んだとろけた状態＝腐ること＝自然」というレヴィ＝ストロースが指摘する関係は、料理の言葉の

Ⅲ．数詞以外に認められる"iuoae の法則"

上からも説明され、日本の料理と言葉にも当てはまるということである。このことは、日本の料理文化が、人類の普遍的な料理文化と同じように思想されていることを示しているであろう。

次に、日本語の火食の言葉について調べ、料理の構造との関係を分析してみたい。結論を先に言えば、日本語の火食の言葉は、「煮る」を除けば、火（Hi）を原点とした HY 系列として"iuoae の法則"上にハーモニィされている。

火食の日本語

日本語の火を使った料理法を表す代表的な言葉には、Y を子音とした 2 つの語、Yu と Ya がある。Yu は、熱した湯（Yu）を使って食材を熱処理すること、「湯（Yu）がく」または「茹（Yu）でる」である。Ya は、食材を直接、炎や熾火にかざし「焼（Ya）く」ことであり、金属器がなかった時代には、焼石の上に食材を置くことも「焼（Ya）く」ことだったであろう。

Yu（湯・茹）と Ya（焼）は、料理の際に使われる Hi（火）を原点とした Hi→Yu→Ya の HY の系列であろう。この火食の言葉の HY 系列は、HY 系列数詞と同じ構造を持っているであろう。即ち、数詞 HY 系列と同様に"iuoae の法則"に従いながら、系列の途中で H から Y に子音が交換されている。

HY 系列数詞において、Yo（4）と Ya（8）が、Hi（1）と Hu（2）を因数としていたように、Yu（湯・茹）、Ya（焼）は、その中に Hi（火）を因子として持っている。火を使って料理する際に食材中に取り込まれる火の量は、数詞のように厳密に指数関数的でないとしても、「Ya（焼）いたもの」は「Yu（湯・茹）でたもの」より多量の Hi（火）を食材の中に取り込んでいるものと捉えられているであろう。即ち《生のもの》を火で料理して食べる「火食」は、火（Hi）そのものを直接食べることではないが、火を食材の中に取り入れて食べることと

79

捉えられている。

　レヴィ＝ストロースが述べるように、《生のもの》は火によって料理され「文化的変形を受けた食物」である《火にかけたもの》になる。そして、《生のもの》と《火にかけたもの》との関係は、これに《腐ったもの》を加えた3者によって互いに対立的な関係を持っており、この関係はレヴィ＝ストロースがいうように人類全体に共通する普遍的構造であろう。しかし、我々の言葉の構造からみると、《火にかけたもの》は《生のもの》とは対立的な軸を挟んで存在していると同時に、個々の《火にかけたもの》は、火を単位とした連続した座標軸に並んでいるということである。即ち、日本語の火食の言葉の構造からみれば、火というものは、自然の食材を文化の側に移すための媒介の役を果たすのみならず、火そのものが料理されたものの中に、その施される程度に従って、因子として取り込まれるということである。火を使って料理することを我々は、食材に「火を入れる」というが、まさに火は、食材の中に入れられ食べられるものなのである。ここに日本人の火食の思想がある。日本人の火食の言葉からは、自然と文化を峻別しない思想、文化を自然の連続として捉える思想が窺える。

　このような思想は、料理の構造が人類全体に共通のものであるならば、日本人に特異なものではないかも知れない。他の民族の火食の言葉の中にも日本語と類似した思想の表現、すなわち、火は、自然と文化と、両者の象徴であり、料理となって食べられるものであるとする構造的な表現が認められるのではなかろうか。

　ここで「茹でる」、「湯がく」という料理法について考えて置かなければならない。我々の現在の生活習慣からみると、疑問があり得るからである。現在の我々の生活では、「茹でる」、「湯がく」という料理法は、土器や金属器やの耐火性の容器によって行うものである。しかしながら、金属器はいうまでもなく、人類が土器を発明したのは、火を使った料理の開始、及び、言語の獲得からみれば、遥かに後世のことである。

Ⅲ．数詞以外に認められる"iuoae の法則"

しからば、何故に、耐火性の土器が存在せず、従って行うことが不可能であったかも知れない「茹でる」という料理法が「火（Hi）」や「焼く（Ya）」等の、最古層に属するであろう火食の言葉の中に系列をなしているのであろうか。将来獲得されるであろう料理法のために、言語の法則は空席を用意しておいたのであろうか。否、そうではない。茹でるという料理法は土器の発明以前から行われていたものである。木器に水を入れ焼石を投げ入れて湯をつくり、その中で茹でることが広く行われていた。小林達雄著『縄文土器の研究』（学生社、1994年）によれば、北アメリカ北西海岸の無土器文化社会において、木箱や編籠に水と焼き石を入れて食材を煮ることが述べられている。それらが実際どのように行われているかは『海と川のインディアン』（ヒラリー・スチュアート著、1977年、木村英昭・木村アヤ子訳、雄山閣、1987年）に詳しく記述されている。また、土器を持たない狩猟民であった北米カリフォルニアの丘陵インディアン、ヤナ族の最後の生き残りであるイシ（1861？～1916年）は植物性のバスケットの内側に松脂を塗った容器を携帯しており、その中に水を入れ、焼石を投げ込み湯を作り、野菜を茹でている（シオドーラ・クローバー『－北米最後の野生インディアン－イシ』1960。日本語訳行方昭夫、岩波書店、1970）。土器の発明によって、高熱による長時間の煮炊きが、さらに、金属器の発明によって油で揚げるなどの料理が可能になったのであるが、「茹でる（Yu）」ことは、土器発明以前から植物性の容器と焼石によって、食材に火を入れる方法として行われていたのである。

　「茹でる」、「湯がく」という料理法とその言葉は、「焼く」や、後に述べる「燻す（i-Huﾞ-s）」等の言葉とともに、また、これも後に述べる「蒸かす（Hu-ka-s）」とともに、土器発明以前の、しかし人は火を自由に使い、かつ、水の漏らない木製の容器を使用していた時代にすでに獲得されていたに違いない。従って、Hi（火）、Yu（茹）、Ya（焼）が1つの系列の中に位置付けられていることは当然のことであるといえよ

う。言い換えれば、我々の祖先には無土器の北西海岸インディアンのような生活を送っていた時代があり、そのような生活の中でこそ、このような構造を持った言葉が、生み出されたということを意味しているであろう。北西海岸インディアンの火食の言葉が知りたいところである。

　小林達雄はこのような土器以前の、木製の容器を用いた茹でる料理の風こそが煮炊き用の土器の獲得をもたらしたであろうと、述べている（『縄文土器の研究』学生社、1994）。

　日本語の火を用いた料理の言葉は「火（Hi）」、「茹でる（Yu）」、「湯がく（Yu）」、「焼く（Ya）」のHY系列だけではない、火を用いた料理を表す言葉の中には、原点である火の子音HがYに変換されずに、H音のままで活用された一群の言葉がある。「燻す」、「炙る」、「いびる」という語がそれある。これらは、母音接頭辞"i-"、"a-"を伴い、子音Hは濁音化し、それぞれ「i-Huﾞ-s」、「a-Huﾞ-r」、「i-Hiﾞ-r」であるが、その語幹はHu、Hiであろう。i-Huﾞ-s（燻す）の"い（i）"が接頭辞であることは、「ふすぶ」という語の存在によって確かであろう。「ふすぶ」は「燃やして煙を立たせること」（『広辞苑』）であるが、「燻す」と同じ漢字「燻」が当てられている。「燻ぶ」という語の存在によって、「いぶす」の「い」が接頭辞であることは明らかであろう。a-Huﾞ-r（炙る）に対しては、語頭の"a"を除いた「炙る」という言葉は存在しない、また「いびる」に対して「びる」という言葉は存在しないが、その語幹がHu、Hiであることは確かであろう。「燻す」、「炙る」、「いびる」は、その語幹Hu、Hiが"s"、"r"によって活用されたHu-s、Hu-r、Hi-rが原型としてあり、それに母音接頭辞"i-"、"a-"が付き、それに引かれて語幹が濁音化したのであろう。（あるいは、何らかの理由による濁音化がまずあって、接頭辞を取ることによって濁音が語頭に立つことが避けられているのであろうか。）「いびる」という語は、料理言葉としては使われず、「嫁いびり」のような使われ方をする

III. 数詞以外に認められる"iuoae の法則"

が、火によって「あぶり焼く」(『広辞苑』) というのが、この言葉の本来の意味であろう。「炒る」は、おそらく「i-Hi-r」であろう。

「いびる(Hi̇)」、「炒る(Hi)」、「燻す(Hu̇)」、「炙る(Hu̇)」に、「蒸かす(Hu)」を加えた 5 つの H 音の料理の言葉は、「湯がく(Yu)」、「茹でる(Yu)」、「焼く(Ya)」が食材中に取り込まれる火の量として"iuoae の法則"にそった HY 系列を作っていたように、Hi→Hu(火→炒る・いびる→蒸かす・燻す・炙る)の H 系列を作っているであろう。

「蒸かす」という料理法は先の「茹でる」、「湯がく」と同様、耐火性の容器を必要としない。土中に掘った穴の中で火を焚いて石を熱し、焚き木が燃え尽きた後に木の葉で包んだ食材を入れ、穴を覆い、水を注ぎ、蒸気を立てることによって、「蒸かす（Hu）」ことは無土器社会である北西海岸インディアンでも行われている（ヒラリー・スチュアート『海と川のインディアン』1977、木村英昭・木村アヤ子訳、雄山閣、1987）。岐阜県の郷土料理である朴葉焼（味噌）は、ホオノキの葉に食材を包み、蒸し焼きにするものである。我々の祖先もまた、土器使用以前から、焼石を利用して熱い蒸気を作り出し、その中に食材を置くことによって火を入れることを、「焼く」ことや「燻す」ことや「茹でる」こととともに行っていたに違いない。

《水分を含んだもの（湿ったもの）》と《水分を除いたもの（乾いたもの）》

第 2 の三角形に示したように、レヴィ＝ストロースは、料理の方法と結果に対して、水の有り無しという概念を導入した。例えばシチューは、水の中で肉や野菜を煮たものであり、出来あがった料理も水分をたっぷり含んだものである。血の滴る焼肉は、表面は焼かれて乾いていても中には水分が十分に残っているものである。燻製は、完全にまで水分が除かれたものである。このような水の有無という概念を日本の火食の言葉に当てはめればどうなるであろうか。

日本語の火食の言葉は、《煮たもの》を除けば、Hi、Hu、Yu、Yaであり、食材に加えられた火の量によって、Hi→Hu→Yu→Yaの順で系列をなしている、と考えることができよう。この系列上にあるのは、「火」そのものは別にすれば、「茹でる」、「湯がく」、「焼く」、「蒸かす」、「炙る」、「燻す」、「いびる」、「炒る」の8つの料理法である。この中で「茹でる」、「湯がく」、「蒸かす」、「焼く」の4つは、料理の方法において、また料理の結果において水分を含んでいる。これらの料理は、水の有無という概念に照らせば、「水有り」という同一の範疇に属しているであろう。

　一方、「炙る」、「燻す」、「いびる」、「炒る」の4つは熱気や煙によって水分を飛ばす料理法である。かるく炙るという表現にもあるように、水分が完全に除かれているとは限らないが、「焼く」こととは違って、水分を残すことを目的にした料理法でない。また、この4つは、「茹でる」や「蒸かす」と違って料理の過程で水や蒸気が介在することはない。これらは、「水無し」の範疇に属している。

　レヴィ＝ストロースが、方法においても、結果においても水分の多い料理であり、それ故に腐ったものの側に置いた「煮る」は、日本語の火食の言葉の構造から見ると、別のものとして扱われている。「煮る」と「茹でる」は、どちらも水の中で食材に火を入れる料理法であり出来あがったものも多分に水分を含んでいる。しかし、「茹でる」は、HY系列の料理言葉であり、「煮る」はHY系列とは別の言葉である。すなわち「煮る」ことは、HY系列料理とはその思想において異なったものである。さらに、「煮る」と「茹でる」は、言葉の上ばかりでなく、次の点でも別の範疇に属するものである。第1に、煮る料理は高度に文化的道具、土器の発明によってはじめて可能になった料理法であり、食材に長時間火を施すという点で茹でると異なっている。第2に、煮る料理は出来上がった料理の状態において食材の原型を残すことは求められず、むしろ食材の原型は崩れ、とろけている。第3に、煮る料理は食材ととも

Ⅲ．数詞以外に認められる"iuoae の法則"

に煮汁も食べるものであるが、茹でる料理においては茹で汁を食べることはない。「そば湯」を除けば茹で汁は捨てるものである。

「煮る」を除くHY系列上の8つの料理の言葉を水分の有無という視点から、レヴィ＝ストロース『料理の三角形』に習って、食材中に取り込まれた火の量を縦の座標軸として、水分の有無を横の対立軸として配置すると、図－7に示した第3の三角形上に、すべての言葉が、左右の辺上に配置される。即ち、レヴィ＝ストロースの第2の三角形の左辺にあるべき料理の言葉が、第3の三角形においては、水の有無によって左右の辺にふり分けられ、"iuoae の法則"によって、取り込まれた火の量に換算され、上から下へ配置される。

[図－7] 火を使った料理を表す日本語の三角形（第3の三角形）

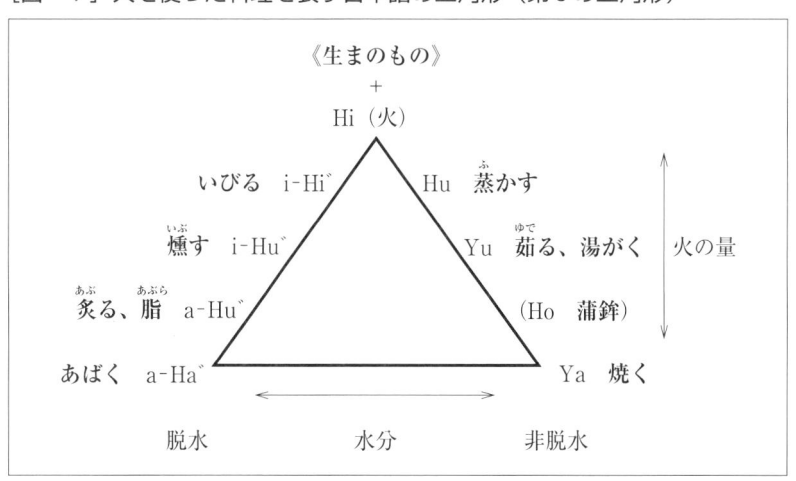

```
                《生まのもの》
                     +
                  Hi（火）

         いびる i-Hi゛      Hu 蒸かす

        燻す i-Hu゛           Yu 茹る、湯がく     火の量

      炙る、脂 a-Hu゛        (Ho 蒲鉾)

   あばく a-Ha゛                    Ya 焼く

        脱水       水分       非脱水
```

右辺は火と水による食物の変形の系列を、左辺は火と熱気（煙）による食物の変形の系列、燻製系列を表している。

この三角形によって、日本の火を使った料理の言葉が、どのように思想されているかが、より鮮明に見えて来る。纏めれば次のようである。

第1に、日本語の火食の言葉は、食材中に取り込まれる火（Hi）の量として、"iuoaeの法則"上にHY系列、H系列として構造化されている。この2つの系列は基本的には別のものではなく、1つの火食系列、Hi→Hu→Yu→(Ho)→Yaの系列として捉えることが出来るであろう。しかし、水分の有無によって2つの系列は明らかに分かれている。水分有りの料理はHY系列である。水分無しの料理はH系列であり、その言葉は母音接頭辞＋H゛である。

　第2に、「焼く」という料理法は、炎や熾火に直接食材をかざして行うこともあるだろうが、直接火にかざさない場合にはむしろ「蒸かす」や「茹でる」のように焼石が利用され、焼いた石の上や、焼いた小石の中に食材を置くことであったと考えられる。「焼くこと」は、「茹でる」や「蒸かす」のように外から水が加えられることはないが、食材中の含まれる水分によって食材が熱っせられ、出来上がった料理も多分に水分を残しており、最大に火を入れられたものでも、柔らかく、原型をほぼそのまま残した「血も滴る焼肉」や「カツオのたたき」や「石焼き芋」のような「Ho-k・Ho-k（ほくほく、ほかほか）」の状態をもたらすものである。

　第3に、「炙る(a-Hu゛-r)」、「燻す(i-Hu゛-s)」、「いびる(i-Hi゛-r)」、「炒る(i-Hi-r)」という料理法は、食材を炎や熾火に直接かざして行い、水や蒸気は介在せず、食材と火との間にある煙と熱い空気によって、食材中の水分も除かれる。この料理は、保存食または携帯食である燻製を作るためのものある。これらの料理の言葉には、接頭辞が付いている。燻製に対して母音接頭辞が与えられているということは、燻製というものは何らかの特別の意味を持ったものであるからなのであろうか。レヴィ＝ストロースは「《燻製》はあらゆる熱処理の中で、《火にかけたもの》という抽象的カテゴリーに最も近づいているものである。」、即ち「最も文化的な熱処理の方法である」と述べている。そのような理由によって同じ火食のHY系列の中に位置しながら独立したH系列を

Ⅲ．数詞以外に認められる"iuoae の法則"

成し、母音接頭辞という特別な形容を伴った言葉を与えられているのであろうか。そうであるとすれば、他の民族の言語においても同じような特別な扱いがあるのではなかろうか。

　第4に、このように配置することによってそれぞれの系統に属するであろう火食の言葉の同根語が浮かび上がってくる。水無しのH系列（燻製系列）には、この系列に属する同根の語として、「脂(あぶら)（a-Hu゛-r)」、「あばく（a-Ha゛-k)」、「あばら（a-Ha゛-r)」があるだろう。脂という言葉は、炙ら（a-Hu゛-r）れたことによって飛ばされてしまう水分とは違い、飛ばされずに食材中に残るもの、あるいは、さらに強く炙る（a-Hu゛-r）ことによって魚肉や獣肉から滴り落ちてくる成分を指している。「脂(あぶら)（a-Hu゛-r)」と炙る（a-Hu゛-r）は同じ語であろう。また、「あばく」という語は、今はあまりよいイメージでは使われず、他人の秘密を「あばく」や、墓を「あばく」のように使われるが、「あばく」の第1の意味は「土を掘って物を取り出す」の意である（『広辞苑』）。この言葉はもともとは燻製製作上の言葉だったであろう。縄文草創期〜早期の遺跡に地中に掘られた2連結の穴があり、この穴は燻製作りに用いられたであろうといわれている（『旧石器時代・縄文時代探索期』成田供、武蔵野書房、2000)。一方の穴で火が焚かれ、他方の穴はおそらく木の枝や筵(むしろ)や土などによって天井を塞がれた燻室であり、煙と熱気が充満し、その中の物、塩漬にした魚や獣の肉が長時間にわたって燻蒸されたであろうという。そして、頃合を見て燻室の天井を開き製品を取り出すことを「あばく」と言ったのではなかろうか。また、同じ縄文の遺跡の中には煙道の長い穴があり、これも燻製作りに使われたものであろうといわれている。この場合にも頃合を見て火を止めて製品を取り出すことを「あばく」といったのであろう。「あばく（a-Ha゛-k)」は燻製系列の最終段階、十分に燻蒸された燻製を土中から取り出すことである。日本においては、燻製はあまり発達しなかったと言われているが、縄文時代の極めて早い時期にすでに燻製が作られていたことが各地の遺跡か

ら窺えるのである。これらの遺跡から縄文人の言葉が発掘されたわけではないが、この時代にすでに第3の三角形上の火食の言葉のセットは完成していた、と私には思える。また、鰹節は立派な燻製であり、「鰹節」という名は鰹を「燻べた」ものであり、「鰹燻」であろう。肋骨の「あばら」も「a-Ha゛-r」であり、炙ってスペアリブを作ったことから生まれた言葉ではなかろうか。肋骨は吊るしやすく肉が薄く付着しているため燻製には格好の手軽な材料であるという。

　第5に、水有りのHY系列からも同根語が浮かび上がってくる。「ほかほか（Ho-k・Ho-k）」、「ほくほく（Ho-k・Ho-k）」「蒲鉾の鉾（Ho-k）」、「化く（Ha-k）」がそれである。「ほかほか（Ho-k・Ho-k）」、「ほくほく（Ho-k・Ho-k）」は、「ほくほくの焼芋」や「ほかほかの御飯」のように、水分を残したまま火が入った食物に対して使われる。これらは、この系列上の言葉であろう。蒲鉾の「鉾（Ho-k）」もこの系列上の言葉ではなかろうか。蒲鉾はその形状が「蒲の穂」に似ているからその名があると古くから言われているが、付会による俗説であろう。このことは、「蒲鉾と蒲焼」において論ずる。

　「化く」という言葉は「異形のものに変わる」という意味（『広辞苑』）であるが、この「化く（Ha-k）」は、Hi（火）、Hu-k（蒸）、Ho-k（ほくほく）とともに、「火と水による変形」という概念で統一されたHi→Hu→Ho→Haの系列の中に置かれる言葉と見ることができよう。「禿げ」、「馬鹿」、「ぼけ」、「あほ」も火食の言葉から派生したもののように思える

　「煽る（a-Ho-r）」は、同系列の語であろうが、接頭辞を伴っているが清音のままである。この言葉は料理の用語としては使われないが、「燻す」、「炙る」と同系の言葉であろう。

　第6に、日本語の火食の言葉が水分の有無によって分かれて系列をなしているということは、レヴィ＝ストロースが提唱した《火にかけたもの》が《湿ったもの》と《乾いたもの》に分かれて存在するという人類

共通の火食の構造に、言語の上からの確認を加えたことになる。

HY 系列以外の火食の言葉
　「蒸す」は、「蒸す」は同じ漢字が与えられ、いずれも蒸気によって、または食材自身が持っている水分を熱することによって食材に加熱処理を施すことであるが、「蒸す（Mu-s）」の本来の意味は料理の用語というより、もっと広い意味を持った言葉であろう。この言葉は「産す、生す」に同じであろう。蒸される食材は、多くの場合1度加工されたものである。例えば粉を練って丸めた団子に熱と水分を加えて新たな状態に生まれさせることが「蒸す」であろう。

　「揚げる」という料理用語も本来は料理の用語ではないだろう。天麩羅や唐揚や薩摩揚や油揚等の揚物は、日本には中世以降にもたらされた料理法であるという。日本にはもともと油を大量に使う料理は無く、油脂はむしろ調味料として「胡麻和え」や「胡桃和え」のように使われたという。「揚げる」というのは材料を油から揚げてしまう料理ということからの命名であろう。揚物は、煮物のように煮汁を一緒に食べることはない。釜揚饂飩は茹でた饂飩を釜から揚げることである。

　油を使った料理法である「炒める」も日本語の意味としては「傷める」であろう。この料理法は、高温に熱した油によって、短時間に、食材に火を通すことである。「揚物」と「炒め物」は土器で行うのは困難であろう。金属器の導入とその普及を待ってはじめて可能になり、料理言葉として一般的になったものであろう。

　「焙じる」、「煎じる」という料理言葉はともに漢語であろう。

　「炊く」という言葉は火で食物を煮ることであり、「飯を炊く」のように用いられるが、「炊く」は「焚く」に同じであり、火を燃え上がらせることを意味する言葉であり、そこには食材に熱を加えること、料理という意味は、本来は含まれていないであろう。

蒲鉾と蒲焼

蒲鉾、その名の由来は、形状が蒲の穂（蒲の鉾）に似ているからというのが定説のようである。

蒲鉾は、魚のすり身を竹串に塗りつけて焼いたのが始まりで、その形や色が蒲の穂に似ているところから、この名で呼ばれているという。しかし蒲鉾そのものの起源は不明であるといわれている。起源がいつであるのかが不明なくらい古い食品であるこの魚肉の練り製品が、形状の類似だけから蒲の穂と同じ名で呼ばれることになったのであろうか、いささか疑問である。もちろん、形状の類似から名が付くこともある。菓子の名には、食品とは縁もゆかりも無いものの名が与えられていることは多い。「ラング・ド・シャ」や多くの和菓子の名がそれである。しかし、これらは嗜好品である菓子の名であり、都市化した商業社会の中で洒落た呼び名が求めら、人為的に付けられた名称である。

しかしながら蒲鉾は、その起源がはっきりしないくらい昔に、魚肉のたんぱく質の特性を利用した日本人の優れた発明品である。しかもこの魚肉の練り物は日本全国にある。大昔、川辺や海浜で始まったに違いないこの魚肉の加工品には、この食品自身の原材料や製法に基づいた、他のものの名を借用したものではない自然な名があるはずであろう。しかし、蒲鉾を変形した製品である「竹輪」や「伊達巻」は蒲鉾とは別の名で呼ばれているが、これらの変形品を含む蒲鉾自身が蒲鉾以外の名で呼ばれている例は見当たらない。このような事情からみて、蒲鉾という食品の名はその形状が蒲の穂に似ているために与えられたものではなく、また、「蒲の穂」という名が与えられたために本来の自然な名が失われてしまったのでもないだろう。蒲鉾こそがこの食品の本来の自然な名であると考えるべきであろう。そしてこの名を正しく解明しなければならない。

蒲鉾という言葉の意味は、この食品の製法と、次に述べる「蒲焼」

Ⅲ．数詞以外に認められる"iuoae の法則"

とその製法とを並べることによってより鮮明に理解されるであろう。

　蒲焼(かばやき)は、古くは鰻を裂かずに口から竹串を刺して焼いていたもので、その形や色が蒲の穂に似ているからと云われている。しかしそれならば、この食品は何故に、「焼き鰻」や「鰻焼」や「鰻の姿焼」と呼ばれないで、特別な名が与えられているのであろうか。蒲鉾と同様にいささか疑問である。

　蒲鉾と蒲焼の製法を見てみよう。蒲鉾(かまほこ)は魚のすり身を蒸気によって蒸し（蒸かし）、その後、焼くというものである。また、蒸さずに直接焼くこともある。

　蒲焼(かばやき)は鰻の切り身を蒸気によって蒸し（蒸かし）、その後、焼くというものである。また、蒸さずに直接焼くこともある。蒲鉾(かまほこ)と蒲焼(かばやき)の製造過程はほとんど同じである。違うのは、蒲鉾(かまほこ)が「すり身」で蒲焼(かばやき)が「切り身」であることである。両者の製造工程から見る限り、鉾（Ho-k）と焼（Ya-k）は、ほとんど同義語として使われているが、おそらく「蒸し焼く」とでもいうべき加熱処理があり、それが「Ho-k」なのであろう。「Ho-k」は蒸(ふか)（「Hu-k」）すよりも多く火を吸収し、おそらく水分はより除かれている。「蒸し焼く」こと、「Ho-k」に重きを置いて命名されたものが蒲鉾(かまほこ)であり、蒸した後、焼くことに重きを置いて命名されたものが蒲焼(かばやき)であろう。蒲鉾(かまほこ)の「Ho-k」は茹でる（Yu）、蒸かす（Hu）、焼く（Ya）とともに火食の HY 系列上に、第3の三角形の右辺に位置付けられるであろう。

　1528年（大永8年）に伊勢貞頼という人が著した『宗五大草紙』には「蒲鉾(かまほこ)はナマズ本也」とあり、「蒲鉾(かまほこ)は、本来はナマズでつくられたものである」と述べられているという（鈴木晋一『たべもの噺』、平凡社、1986）。室町時代のこの記述から、蒲鉾(かまほこ)も蒲焼(かばやき)も本来は川魚の調理法であったことが窺われる。川魚の泥臭さを抜くために「蒸し焼く」あるいは「蒸してから焼く」という工程が必要であったのであろう。また、蒲焼(かばやき)は切り身を醤油や酒で付け焼きにし濃い味に仕上げ

られ、さらに山椒等で味付けされることによって、川魚の臭みは除かれたのであろう。蒲鉾はすり身であるため混ぜものをすることによって、臭みは除かれたのであろう。

しかし、蒲焼と蒲鉾のYa-kとHo-kが上のように解釈できたとしても、蒲焼と蒲鉾に共通するもう1つの語「かま（Ka-m）」または「かま゛（Ka-m゛）」が説明できないと蒲鉾や蒲焼を完全に説明したことにはならず、従って「Ho-k」についての解釈も不十分なものであると言わざるを得ない。残念ながら蒲「Ka-m」について十分に説明することはできないが、2つの可能性が考えられるだろう。1つは、蒲＝釜ではないかということである。蒲焼と蒲鉾には、魚の身を蒸すという最初の加熱工程があり、そのために釜が使われた。両者の蒲はその「釜」に由来し、蒲鉾と蒲焼は、それぞれ釜ぽこ（Ho-k）や釜焼（Ya-k）であるということである。しかし、蒲鉾や蒲焼に釜の字が当てられた例は見当たらない。「蒲」が本来は釜に由来するものであれば、「かま」に「蒲」の文字を用いることが流布した後であっても、どこかに、その痕跡が残っていてもよいように思う。

もう1つは、第2部MN考において詳述するが、鯰と鰻はいずれもその語幹は「な（Na）」であり、鯰は「Na-mat」であり、鰻は接頭辞"u-"を伴った「u-Na-k」であるということである。同時に、NaはKaに通じるという関係がある。このNa＝Kaという関係は、本質的には同じものをその現れ方によってNaとKaに使い分けるということである。例えば、穀神は宇迦御魂（u-Ka）であり、それを祀るのは稲荷（i-Na）である。また、雷は、その雷鳴は「i-Ka槌」であり、雷光は「i-Na光」である。すなわち、KaとNaは本質同じであるが、その現れかたが違っている場合に使い分けられている。この関係を蒲鉾と蒲焼に当てはめれば、「鯰（Na）をHo-kしたもの」が蒲（Ka-m）鉾であり、「鰻（u-Na）や穴子（a-Na）を焼いたもの」が蒲（Ka-m゛）焼ということになり、「蒲鉾はナマズ本也」という文献上の記述や、鰻や穴子が蒲焼につくられるという現実とよく

Ⅲ. 数詞以外に認められる"iuoae の法則"

一致する。しかしながらこの説明の難点は、鯰や鰻を Ka で現わした言葉が蒲鉾、蒲焼以外に見当たらないということである。この 2 つの食品以外にも鯰や鰻を Ka を語幹とした語で呼んでいる例があってもよいように思える。あるいは逆に、蒲鉾や蒲焼が Na を語幹とした語で呼んでいる例があってもよいように思う。もし、この 2 つの料理が特別な事情、例えば、この 2 つの料理は、もとは神前に供えるられるものであったというような事情によって Na 音が忌（きら）われて Ka 音が使われ蒲焼（かばやき）、蒲鉾（かまほこ）と呼ばれた、あるいはこれらの魚が生きている時には Na であり、料理された後には Ka である、ということであろうか。作物である稲（i-Ne, i-Na）が食品として一定の加工をほどこされた後には米（Ko-m）と呼ばれるのと同じように、加工された Na（鯰・鰻）＝ Ka（蒲鉾・蒲焼）という関係であったようにも思える。

蒲鉾と蒲焼

	材料	料理の工程
蒲鉾（かまぼこ） Ka-m・Ho-k	鯰　　Na	すり身→（蒸かす）→焼く
蒲焼（かばやき） Ka-mˇ・Ya-k	鰻 u - Na （穴子 a-Na）	切り身→（蒸かす）→焼く

＊Ho-k と Ya-k は殆ど同義語として使われている。
＊原材料は本来川魚であり、ぬるぬるした N の魚である。
＊Na＝Ka という関係がある？

煮る

　火食の言葉である「茹（ゆ）でる」、「湯がく」、「焼く」、「蒸（ふ）かす」、「炙（あぶ）る」、「燻（いぶ）す」、「いびる」、「炒（い）る」は、子音 HY が"iuoae の法則"上で活用されたものである。これらの言葉には、火（Hi）の成分を食材中に取り込むことが思想されている。しかし、火を使った代表的な料理法

である「煮る（Ni-r）」の子音はNであり、HYの火食系列には入らない。「煮る」ことが火の成分を食材中に取り込んでいるのは確かなことであるにもかかわらず、「煮る」という言葉はHY系列上に位置付けられていない。このことはどのように説明されるのであろうか。

最初に考えなければならないのは、人間の火の獲得と土器の獲得との間には相当な時間的開きがあるということである。人間は火を制御することを知り、それと同時に火を使って料理することを知った。あるいはむしろ、人間は火を使った料理を始めることによって火を制御する技術を身につけたというべきかもしれない。しかし、「煮る」ことは土器の発明を待って始めて開始された料理法である。図－8に示したように、人間の火食の歴史は、土器の獲得を境にして〈無土器火食時代〉と〈土器火食時代〉に分けられる。

[図－8] 人間の火食の歴史

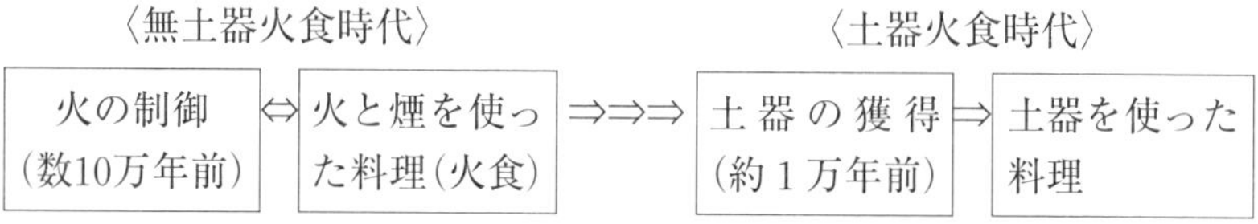

〈無土器火食時代〉　　　　　　　〈土器火食時代〉

| 火の制御（数10万年前） | ⇔ | 火と煙を使った料理（火食） | ⇒⇒ | 土器の獲得（約1万年前） | ⇒ | 土器を使った料理 |

人間が土器を獲得したのは高々1万数千年前である。土器獲得以前の数10万年におよぶ無土器火食時代に、人が火食に対する言葉を持たないはずはない。この時代に、我々日本人の祖先はすでに、火（Hi）を原点とした火食の言葉を自らの言語の法則のもとに1つの系列、HY系列として完成させていたに違いない。そこへ土器が獲得された。土器の獲得が自らの発明であるのか、他からの伝播であるのかはともかく、土器文化の導入によって人々は、それまでのHY料理法に「煮ること」を加えた土器火食時代へ入ることになった。しかし、すでに言語的な法則のもとに完成しているHY系列の料理言葉の中にこの新しい料理法を位置付けることは整合性を欠くことであった。なぜなら、言語は単なる伝達

Ⅲ. 数詞以外に認められる "iuoae の法則"

の手段ではなく世界観の表現であり、また、言語自身が1つの構造体であるからである。例えば「煮ること」を「Ho-r」などと表現することなどは整合性を欠くことであったであろう。そこで、土器料理は HY 系列とは別の言葉として位置付けられることになった。それが「煮る（Ni-r）」である。すなわち、火の制御と土器の獲得の間の時間的なずれが HY 系列と「煮る（N）」を分けているということである。「煮る（Ni-r）」は土器の獲得とともに、火（Hi）という言葉とは直接関係付けられずに、新しい料理の言葉として生まれたということである。

しかしながら、この新しい料理法は何故に「煮る（Ni-r）」という言葉を与えられたのであろうか。「煮る」という言葉の背景にはどのような世界観があるのだろうか。この言葉は日本語という構造体の中でどのように位置付けられ、機能しているのであろうか。このことが解明されなければ、火の獲得と土器の獲得に時間的ずれがあるという当然のことが述べられただけで、この言葉を説明したことにはならない。

HY 系列料理と「煮ること」に別の言葉が与えられていることは、我々の祖先は、この2つの料理法は本質的な点で違っていると考えていたに違いない。この点について、いま、我々は考えてみなければならない。

我々の祖先は、HY 系列の料理と「煮る（N）」料理が、世界を構成している5つの元素、「火」と「木」と「空気」と「水」と「土」との関わり方において違っていることを見ていたのではなかろうか。すなわち、料理することによって食材中に取り込まれる元素が違っている、ということである。先の第3の三角形（図－5　85ページ）の左右の辺に位置づけられた火食の2つの系列（HY 系列と H 系列）と土器料理は、食材中に取り込まれる元素から見れば表－10に示した3つの様式Ⅰ、Ⅱ、Ⅲに分けられる。

元素との結合様式Ⅰ＝（第3の三角形の左辺）では、食材は木を燃やした火に直接かざされる。ここでは食材中に取り込まれる元素は「火」

[表-10] 料理法と食材中にとり込まれる元素との関係

料理法	言葉(語幹)	食材中に取り込まれる元素					元素との結合様式
		火	木	熱気(煙)	水(蒸気)	土	
第3の三角形の左辺	H	○	○	○			Ⅰ
第3の三角形の右辺	HY	○	○	○	○		Ⅱ
煮る（土器料理）	N	○○	○○	○○	○○	○	Ⅲ

と「木」と「熱せられた空気（熱気）と煙」であり、容器は使われず、水分は除かれるべきものである。元素との結合様式Ⅱ＝（第3の三角形の右辺）では食材は水の中で、あるいは食材中の水分によって、水分を保持したまま加熱される。食材は水を入れた木器の中に焼石を投ずることによって熱くなった湯に入れられたり、焼石の上に置かれたりする。ここでは食材中に取り込まれる元素は「火」と「木」と「熱気」と「水」である。元素との結合様式Ⅲ＝（土器料理）では、様式Ⅰ、Ⅱとは異なり、食材中に取り込まれる元素は「火」と「木」と「熱気」と「水」と「土」である。土は土器である。土器はもとは土であるが、焼石のように冷めればもとの自然の状態に戻ってしまうものではない。土器は粘土を水で捏ねて成形し、火によって焼いたものであり、土器製造の過程において木が燃やされ、水と土で作られた凹型の形は熱気によって化学変化を受け、そのままの形で固められている。土器は火から下ろされてもその形を保っており、もとの土と水に戻ることは決してない。即ち土器は既に「火」と「木」と「熱気」と「水」の4元素をその胎内に取り込んで、それを保持し続けているものである。土器料理は「火」と「木」と「熱気」と「水」の4元素を既に取り込んでいる「土」を用いて、再度、「火」と「木」と「熱気」と「水」を食材中に取り込むという構造を持っている。これらの点で、土器料理はHY系列料理（様式Ⅰ、Ⅱ）とは別の次元を持っているものと古代人はとらえていたに違い

ない。従って、それを表す言葉は、火の獲得と土器の獲得との時間的ずれとは関係なく違っていて然るべきものなのである。

　このように見て行く時、土器料理に「煮る」という言葉が与えられている意味がわかってくる。日本人の火を使った料理に対する思想、すなわちその言葉は、様式Ⅰ、Ⅱでは、食材はH（火）と結合するものとして位置付けられ、様式Ⅲでは食材はN（土）と結合するものとして位置付けられ、そのように呼ばれているのである。「煮る（Ni-r）」は食材を土（Ni）と結合させることである。ここに、「煮る」即ち「土る」であるとする古代人の世界観と言葉があるであろう。土器料理の原点に在るのは、4大元素である、「火」と「木」と「熱気」と「水」をすでに胎内に取り込んだ「土（土器）」である。HY系列料理を火食と呼ぶならば、「煮る」料理は土食ともいうべきものである。我々は焼魚を食べることによって火を食べ、煮魚を食べることによって土を食べているということであろう。

　火と食に対して様々な祭りごとがある。食材がいかに料理され、どのように火を施されるかは神聖な手続きである。これと同様のことが土器に対しても行われたであろう。これが、煮炊きのための実用的な工夫や工芸的な装飾をはるかに越えた、芸術と呼ぶにはあまりにも宗教的な繁縟な装飾の土器の出現ではなかろうか。火炎土器と呼ばれるものはその最たるものであろう。

　このように、土器による料理法に「煮る＝土る」という言葉が与えられているのは、土器の獲得が火の獲得より遅れて来たという確かな事実に加えて、この言葉を話す人々の物質観的な世界観がその根底に在ると考えられるであろう。古代人は、世界は根本的物質である5大元素（火、水、木、土、空気）、あるいは、4大元素（火、水、土、空気）からできていると考えていた。中国の元素観である五行（火、水、木、土、金）もそれである。これらの古代人の元素観は文明化されたインドやエジプトや中国やギリシャにおいてのみ思考されたものではなかろ

う。これらの文明のもとで記録に残されるはるか以前に、世界各地に人類共通のものとして、これらの元素観の源は求められるに違いない。

　土器料理は、H・HY系列料理である様式Ⅰ、Ⅱと明らかに違うのは4大元素あるいは5大元素の中の「土」を取り込んでいることである。煮る料理は古代人の物質観がとらえた元素のうち「金」を除くすべてを取り込んでいる。それ故に、我々の祖先は、土器料理に対しては、火(Hi)による料理法とは区別して「土る」という言葉を与えたのである。

　一方、第2部のMN考においても論ずるが、土(Ni)はまた活用されて、Ni(丹)、Nu(瓊)、Na-h(地)、Ne(根の国)という言葉をつくっている。このように、HY系列料理と土器料理「煮る(N)」は、子音H(火)とN(土)が"iuoaeの法則"と"母音接頭辞"によって活用されるという日本語独特の構造の中に位置付けられている言葉である。このような関係から見ると、初めにH・HY系列の料理法とその言葉があり、その後に獲得された土器料理に対して、「煮る(Ni-r)」という言葉が外国語の借用のように新たに導入されたものでないこともまた確かであろう。土器料理に使う「鍋(Na-h゛)」もまた本来は土器一般を表す言葉であると言われている(朝岡康二『鍋・釜』法政大学出版局、1993)。

　このような、HY系列料理と「煮る」という言葉との構造的な相似関係から見れば、土器料理を含む火食の全セット、即ち結合様式Ⅰ・Ⅱ・Ⅲの全てが揃った〈土器火食時代〉に入ってからの1万年の間に、HY系列の言葉と「煮る」という言葉は、同時に一挙に生まれたと考えることも可能であるかもしれない。しかしながら、先に述べたように、日本語は、またその他の諸言語も、人類が土器を発明した1万〜1万2、3千年前をはるかに越えて遡れるであろう。また、HY系列の火食の言葉の中には、土器が導入された後に生まれたとは考え難いものがある。それは、「蒸かす」、「茹でる」である。「蒸かすこと」や「茹でること」は

Ⅲ．数詞以外に認められる"iuoae の法則"

土器導入後であれば、木器や焼石で行うよりも土器を使うことがより有効であったに違いないのであるから、これらの料理法はN系列の言葉であってよさそうなものである。それにもかかわらず、「蒸かす」や「茹でる」はHY系列の構造の中で矛盾なく説明される。

　ここまでに述べてきたことは図－9のように纏めることが出来るだろう。土器発明以前の〈無土器火食時代〉に、「土」は、「火」やその他の

[図－9] 火食の年代区分（層位）と火食の言葉

火食の年代区分 道具の獲得	火食の言葉			
	焼く、茹でる、燻す（HY）	煮る(N)	揚る	チンする
電子レンジ （マイクロ波）				チンする
電気・ガス器具				
金属器の獲得 （銅・鉄・Al etc.）			油料理 揚る 炒める	
土器火食時代 土器の獲得 （1万数千年前）		土食の言葉 Ni(煮る) Na(鍋)		
無土器火食時代 火(火食)と言語 　　の獲得	○子音と元素、数・時・空 　等との対応 　例：H＝火・日・数 　　　T＝時・空・数 　　　N＝土 ○"iuoae の法則" と 　"母音接頭辞"による 　子音の活用 　　H(火)の活用⇒HY火食の言葉 　　N(土)の活用⇒⇒土の言葉 　例：Ni（土）、Nu（瓊） 　　　Na（地）、Ne（根） 　　　Nu（塗）、Ne（練）	土の言葉の 　活用		

種々の元素と同様に、また、時間や空間や数やその他のこの世界を構成する根本的事象に、それぞれ一定の子音が与えられたのと同様に、子音Nを与えられ、"iuoaeの法則"によって活用され、図中に例示したような土に関係する言葉を作っていた。1万〜1万2、3千年前に土器が獲得され、〈土器火食時代〉に入ってから、これらの「土の言葉」が料理の言葉として「煮る（土る）」をつくり、料理用の土器に対して「Na-h゛(なべ,)」という言葉を与えた。「煮る」、「鍋」は土器獲得後の料理の言葉であるが、その言葉自身は土器の獲得以前に、その他の諸々の言葉と同様に構造的な言語の法則のもとに、既に用意されていたというべきであろう。

　世界の多くの民族が、土器を獲得する以前の無土器火食時代に、自身の言語をほとんど完成させ、その言語の法則のもとに、火食に関する言葉を作ったに違いない。そこに土器が導入され、土器自身の呼び名と土器料理の言葉が生まれたであろう。この時、日本語のように「土の言葉」の活用という関係ではないまでも、その民族の言語に内在する固有の法則に基づいた内的な言葉の進化によって土器料理に対する言葉が生まれているのではなかろうか。そこには、土器がその民族自身の発明であったのか、他の民族からの伝播であったのかによって違いがあるかも知れない。土器が自らの発明でなく他の民族からの技術の伝播であれば、そのことを示すような呼び名が、また土器作りの技術さえも導入せずに物々交換によって他の民族から完成品を入手するのを常としているのであればそのような呼び名が与えられているであろう。我々が「饂飩（うどん）」や「饅頭（まんじゅう）」という中国語や、「カレーライス」や「フライパン」という西洋語をそのまま使っているように、民族によっては「煮る」や「鍋」に相当する言葉が外来語であるという例もあるのではなかろうか。諸民族の言語の「煮る」ことに関する言葉を調べれば、そこには多くの問題を解くための鍵があるように思える。

　日本語では、HY料理と「煮ること」は、料理と元素との関係から見

Ⅲ．数詞以外に認められる"iuoae の法則"

れば別の原理に基づくものとして位置付けられている。しかし、言葉の層位は同じである。両者は同一の地層、おそらく〈無土器火食時代〉層から発掘された無形の考古資料ということになるであろう。

　この無形の考古資料に日本民族の歴史に重ね合わせると、どのようなことが言えるであろうか。いま、「煮る」を含む日本語の火食の言葉全体が土器獲得の前も後も、子音と母音の固有の法則によって支配されている 1 つの構造であることを確かめ得た。そして、日本列島には世界に冠たる土器文化、縄文文化が栄えた。放射性炭素14による年代測定によれば縄文土器は世界最古の土器である可能性さえもあるという。しかし、そのことをもって現日本語が 1 万年前にこの列島の中で縄文人が使っていた言葉であると結論することはできない。遅れて列島にやってきた弥生人もまた独自の土器を持っているからである。弥生人が原日本語と土器を携えて列島に渡来して、旧来からの列島語、縄文語を駆逐した可能性を否定できないからである。どちらがより蓋然性が高いのであろうか。弥生人の列島への渡来は早くとも紀元前800〜700年を遡らない。それにもかかわらず、弥生人の原郷である大陸や周辺の島嶼に日本語の明確な痕跡が認められないという。日本列島の周辺で、特に大陸において、ここ数千年の間に、諸民族の言語が漢民族の膨張によって大きな影響を受けたであろうことが言われている。しかしながら、完全に消滅してしまったことも考え難いのではなかろうか。もし日本語が弥生人の原郷としての大陸にそのルーツを持つものであれば何らかの痕跡をいまでも残しているのではなかろうか。このように考えると、原日本語は弥生語ではなく、縄文語であり、その原郷は 1 万数千年前の北アジアの土器文化の広がりの中にあり、そしてその文化圏から日本列島に渡来した、あるいは、その文化圏に属していた縄文人が日本列島の中で醸成させ、完成させた言語、と考える方が矛盾は少ないように思える。

　日本語は、土器文化の大きな発達を造り出した縄文人の言葉であり、その言葉は現日本語の持っている基本的な構造をすでに持っていたので

はないかと私には思える。

日と火

　日周変化のHY系列において、日（Hi）の因子は夕（Yu）や闇（Ya）の中に含まれていると考え、いままた、火食においてもHY系列があり、火（H）の因子が茹（Yu）や焼（Ya）や燻（Hu）の中に含まれていると考えた。しかしながら、この2つの系列のHは、一方は「日」であり、他方は「火」である。この2つの系列の原点であるHiは同じものなのであろうか。この2つの系列は、日周変化と火を使った料理という全く別の現象でありながらよく似た言語的構造を持っている。

　日と火がもともと同じものなのか、別のものなのかについては2説があるようであるが、日周変化のHY系列と火食のHY系列から、いずれであるか確かめる手掛かりはない。天日も食品の加工（料理）に使われる。天日によって乾燥させた肉や魚貝の干物（Hi）や干し柿（Ho）等がそれである。火と日が同じものであればHiを使った料理法として「干」や「干す（Ho-s）」があることになる。しかし、人間がコントロールすることが出来る「火」（コントロールできないほどの大火もあるが）と宇宙の原理に従って運行している「日」とが同じものとして捉えられているかどうか疑わしい。火の起源神話は幾つかの型に分類されるというが、いずれも火と日は直接には結びついていない。神話によれば、火は神から与えられ、または盗まれたものであり、また火は神や人間や動物の体内から取り出されたものであり、また、火の神は別の神から生まれ出たものである。

火は「肉を焼く」ばかりでなく「草木も焼く」

　ここまでに「料理の言葉」や「火食の言葉」として挙げてきたものの殆どが、料理という限定された場だけで使われる言葉ではない。「焼

Ⅲ．数詞以外に認められる"iuoaeの法則"

く」は、「肉を焼く」などの料理言葉としてだけ使われる言葉ではなく、草や木に火を施すことも「焼く」である。「燻す(いぶ)」についても同様である。「燻す(いぶ)」のは食材ばかりではない。木材は昔から防腐のために燻(いぶ)されたであろうし、衣服は防虫のために燻(いぶ)されたであろう。また、暖を取るために人は大昔から身体や手足を「炙った」であろう。火を使った料理の用語としてあげてきた言葉はすべて、料理の用語として限定されたものではなく、何物かに「火を施すこと」一般に対して用いられる言葉である。しかし、全人類に普遍的な最古の文化である「料理（火食）の構造」と日本語における「料理言葉の構造」が一致することは、これらの言葉がまず火を使った料理の言葉として生まれ、その後に火を施すこと一般に使われるようにその意味を広げていった証拠であると言えるのではなかろうか。火は木材の防腐や衣服の防虫や暖を取るために獲得されたのではなく、まず食料を増やし、貯蔵するためにこそ獲得されたものであったということである。人がいまだ定住していない時代に、火と「食」の関係がまずあり、ついで「衣」や「住」に火が用いられ、人間は寒冷な地帯へも進出することが可能になったということであろう。我々日本人の祖先が獣肉や魚肉を燻製にする技術を持たず、従ってそれに相当する言葉もなかったところへ、燻製の技術が伝播してきたために、それまでは木材を燻(いぶ)す際に用いていた言葉をそのまま料理言葉として利用したということではないだろう。事実はその逆であろう。第3の三角形に示したように、日本の料理の言葉と、普遍的な料理の構造との関係において、両者は互いに他方の法則性を補いながら整合されている。このような整合性は、個別の技術の伝播や、個別の言葉だけの伝播では説明できない。さらに、「脂(あぶら)」という言葉や鰹節の「ぶし」等、また、現在においては料理と直接関係のない言葉である「あばく」という言葉が説得力を持ってこのHY系列の中に位置付けられていることも、今までに挙げてきたHY系列の火食の言葉は、火を施すこと一般を意味したのではなく、本来において食材に火を施す言葉であったことを

示す証拠であろう。

　我々にとって「火」とは一体何物であろうか。我々の遠い祖先が火を使うようになったのは考古学的な痕跡によってある程度確かめられ、「言葉」と「火を使った料理」の発明がいつ頃のことであったのかも、考古学的に、あるいは原人や新人の身体的発達を追跡することによってある程度確かめることができるという。日本語においては、「火」と「火を使った料理」と「火を使った料理を表す言葉」が統一された1つの構造をなしている。このことは、日本語だけの特徴であるかもしれないが、何を物語っているのだろうか。レヴィ＝ストロースが言うように、「言葉とともに料理というものは、まさしく普遍的な人間活動の一形式をなしているのである。言葉なしの社会が存在しないように、どんな社会でも、なにがしかの方法で、自己の食料の中の少なくとも一部を料理しないものはないのである」（『レヴィ＝ストロースの世界』西江雅之訳、みすず書房、1968）ならば、料理と言葉と火の使用はほとんど同時に人類に獲得されたのではなかろうか。人間にとって「火」は料理することそのものなのである。
　坂本百大はその著『言語起源論の新展開』（大修館、1991）の中で、人間の言語の発現について「脳と喉と言語使用の三者によるトリプル・ポジティブ・フィードバックによって閃光的発現が起り、そして人間は高度な言語使用に至ったであろう。」と述べ、さらに、この時期にビッグ・ハンティングのための相互協力が要求され「人間的言語」の発明のための「言語圧」がかかり、「文法」を伴った分節文が創造されたであろうと述べている。そしてビッグ・ハンティングのための相互協力の中で、社会的観念である「法」や「経済」の発生も強く促されたであろうと述べている。人間はビッグ・ハンティングを行うために、集団で行動するためのコミュニケーションとしての「言語」と、集団行動の規範としての「法」と、獲物を集団内に分配し保存し、かつ計画的に消費す

Ⅲ．数詞以外に認められる"iuoaeの法則"

るための「経済」、数量の概念とその言葉がほとんど同時に「閃光的に」獲得したということである。言い換えれば、言語使用のための身体的発達と社会的諸観念の閃光的な獲得があってはじめてビッグ・ハンティングが可能であったということでもある。

今ここで論じている「火」と「料理」と「料理の言葉」は、人間がビッグ・ハンティングを行うため獲得した必要条件である「言語」と「法」と「経済」に重ね合わせることが出来るのではなかろうか。獲られた巨獣の肉の有効利用と長期の保存は、火をコントロールし、それによる料理が獲得されていることによってはじめて可能であるからである。

日本語の火を使った料理を表す言葉は火と密接に関係している。あるいはむしろ、日本語の火を使った料理を表す言葉は火（Hi）の活用形に他ならないというべきであろう。火のコントロール、すなわちHiの活用そのものが料理の言葉となっている。「火（Hi）」という言葉と、「焼（Ya）く」、「燻（Hu）す」、「蒸（Hu）す」、「茹（Yu）でる」等の言葉はいずれが先であったということではなく、ほとんど同時にセットとして獲得されたものであると考えるべきであろう。しかも、その活用の法則は数詞の系列と同じであり、一定の子音のもとで、一定の事象の進行に従って"iuoaeの法則"に則ったものである。日周変化、時間、空間、堅果の加工工程などと同じである。このことは、火食の言葉の背景にも数詞に準ずる数量的関係（指数関数的関係）があると考えてよいだろう。日本語の数詞の構造は特異であるとしても、料理というものが全人類に共通する普遍の構造を持っており、かつ、料理と言語は共に古い文化的所産であるならば、日本語の火食の言葉が火の活用語であること、また後に述べるように、言語とともに発生したであろう社会的観念である「経済」や「法」を表す言葉が"iuoaeの法則"に則っていることを重ね合わせれば、諸言語は地球上の各地に同時多発的に出現したものであったとしても、他の民族の言語の中に、日本語と同じでないまで

105

も、料理と言語の間に何らかの構造的関係が見出されるのではなかろうか。日本語の火食の言葉の構造の中に全人類に共通する火食の原風景があるのではなかろうか。

(8) **石器の製作**

　人が石器を造る手順は、腕や手や指の力（Ti-k）を使（Tu-k）い、石を突き（Tu-k）割り、研（To-k）ぎ、尖（To-k）らせることである。人が石材を手にした時には、頭の中には完成するべき石器が、企（Ta-k）まれるのである。石器造りが巧（Ta-k）みな人は匠（Ta-k）であり、良く出来た石器は宝（Ta-k）であろう。石器の製作の手順は、Ti→Tu→To→Ta で表わされる。

　「石器の進化と言語の進化は並行する（リバーマン、1975年）」という言葉を坂本百大は先の著書の中に挙げている。最終的な石器の形状を心に描いて、一定の手順（シクエンス）に従って作られる石器と、最終的に何を言いたいかを知って、それに従って、一定の文法的なシクエンスによって喋ることは同質のものであるという。いずれも、シクエンスを間違えれば無効であり、意味を成さないということである（坂本百大『言語起源論の新展開』大修館、1991）。

　人が燻製を造る手順は、石器の製作と同じである。人が火と十分な食材（肉）を手にした時、保存食である燻製がその頭に描かれる。人は、炉穴を掘り、棚を作り、火（Hi）を燃やし、薪を過不足なく燃やして燻（i-Huˇ）し、炙（a-Huˇ）り、煽（a-Ho）り、そして、頃合を見て火を落し、完成品をあばく（a-Haˇ）のである。その手順を表わす言葉は、火を原点とした Hi→Hu→Ho→Ha である。Hu は、Hi（火）することであり、さらに Hi（火）することは、Ho であり、Hi（火）することが完結したのが Ha である。すなわち、火をコントロールすることと、火（Hi）という音声の母音を変えて子音 H を「活用」することと、火による食材の燻製加工はいずれが先であるかが問えないほど、同時的な

Ⅲ．数詞以外に認められる"iuoae の法則"

ものであるといえるのではなかろうか。偶然に割れた石を道具として利用するのではなく、一定にシクエンスに従って石器を作るということと、火による食材の加工とは人類史上ほとんど同時に獲得されたであろうことを、火食の言葉と石器作りの言葉の構造の一致は示しているのではなかろうか。

さらに、我等の言語は、「文法」というシクエンスに加えて「語則」ともいうべき音声のシクエンス、"iuoae の法則"によって支配されている。我等の祖先による"iuoae の法則"の獲得は、精巧な石器の製作や火のコントロール（火食）とほとんど同時、あるいはそれ以前なのであろう。"iuoae の法則"は、人の言語行為の、より原初的段階の残存を示しているのではなかろうか。情報伝達のための発声行為が文法というシクエンスを、いまだ獲得しなかった時代に、しかしその音声の中にすでにシクエンスを持たせていた、このような時代が人類史の中にあったことを"iuoae の法則"は示しているのではなかろうか。"iuoae の法則"は、文法が発生する以前の、音声そのものが意味を持っていた、ある歴史的段階の"語則"の残存なのではなかろうか。あるいはこの"語則"は日本語にだけある地域的な特徴なのであろうか。

(9)　経済

先に触れた様に、ビッグ・ハンティングのための相互協力の中で、人は人間的言語獲得のための言語圧を受け、同時に、社会的観念である「法」や「経済」の発生も強く促がされたであろうという。

しからば、ビッグ・ハンティングの時代に、獲得されたという「経済」と「法」は、日本語では、どのように表現されているのであろうか。

ビッグ・ハンティングの時代に言語とともに獲得されたであろう「経済」と「法」を表わす日本語は、以下に述べる様に、一定の子音のもとで、数詞ほど明瞭ではないが、"iuoae の法則"に従っている。このこ

とをもって、日本語の発現がビッグ・ハンティングの時代であると結論することは、勿論できない。むしろ、「経済」と「法」を表わす言葉が、人類社会の最古層に含まれるに違いない道具（石器）を作る際の工程の言葉や、火食の言葉と同じ法則によっているということであれば、日本語が獲得された時代に、原日本人はすでに道具作りに練達し、火をコントロールすることに習熟し、火食を行ない、固有の法則に則った言葉によってそれらを表現していた。そしてその後、というよりむしろ、人類進化の永い時間軸から見れば、ほとんど同時に、あるいは直後に、ビッグ・ハンティングが開始され、それに伴って獲得された諸観念を、我等の祖先はまた、同じ法則によって言語化したのであろう。日本語が、世界に、あるいは周辺地域に姉妹語を持たず、他の民族からの直接の伝播とは考えられない以上、日本語は、遠くビッグ・ハンティングの曙の時代の、人類の脳と喉を含めた、原風景を今に留めたものであると考えられるのではなかろうか。人類の言語の発現が同時多発的であったとしても、それぞれが全く別のものを発現したとは考えにくいとすれば、日本語と類似した構造を持った言語が他にもあるのではなかろうか。

食料の経済＝配分

　集団で力を合わせて仕留めた巨獣の肉は集団内に配分されなければならない。肉は全体に亘（Wa-t）るように切り分（Wa-k）けられ、その人の働きと、家族構成などの必要に合わ（a-Wa-s）せて個々人に渡（Wa-t）される。全員が分け前を受（Wu-k）け取ることによって、その日の狩りは終（o-Wa-r）わるのである。"iuoae の法則"は確然とはしないが、W音の活用と母音接頭辞によって食料の配分は表わされている。

　「植える」、「飢える」は、『広辞苑』によれば、いずれも本来は u-We（うゑ）であるとされている。この２つの言葉は、上に挙げた W 音の食

Ⅲ．数詞以外に認められる"iuoae の法則"

料の配分の言葉と同根ではなかろうか。特に「飢える」は食料の確保や配分に関係した言葉であることは確かであろう。一方、「植える」は、狩猟による獲物の配分には無関係の、むしろ人類史の次の段階である植物栽培に関係した言葉である。しかし、「飢える」ことを怖れて「植える」ことが行なわれたと考えれば、この2つ言葉「飢える」と「植える」の背後には食料の配分という共通概念が存在することになる。狩猟や採集の中で獲得された言葉「u-We」という言葉が、後に原始的な植物栽培を始めることになった時「植える」として使われたのかもしれない。

いま、食料の配分経済の言葉としてここに挙げたものは、狩猟による獲物と関係させなくとも説明される言葉である。例えば、共同で耕した農地からの収穫の配分においても使われる言葉であり実際に使われている。しかし、これらの言葉が共同の物の配分という共通概念でくくられていることは確かであり、そして人類において最初の共同の物は狩猟によって獲られた食料であったことは確かであろう。人類が農耕を始めてから言葉を獲得したのでないならば、これらの言葉が狩猟の獲物を分配する場で使われた言葉であることは動かせないであろう。

食料の経済＝保存

集団で力を合わせて仕留めた巨獣の肉は、獲物がない時のために加工・保存され、集団全体のものとして積（Tu-m）まれ、富（To-m）として蓄（Ta-k）えられ、貯（Ta-m）められなければならない。このように、食料の保存の「経済」は Tu→To→Ta である。そして経済には数量の観念が伴うであろう。数量に対する認識はおそらく、一対一対応的、指数関数的なものであり、配分・保存はこのような数量認識によって行われたであろう。食料保存の経済を表わす T 子音は、5 や 10 という数を含む数詞系列（T 系列数詞）と子音を同じくする。このことから食料保存の経済は、5 や 10 という数を基本としていたということも窺え

るであろう。即ち、食料の保存・消費は、数量観念としては、指数関数的であり、かつ、「手足の指の数」による5進法的・10進法的なものとしても捉えられている。

⑽ 法

ビッグ・ハンティングは集団全体を危険に陥ることもある。危険を避けるためには個々人が「決まり」を守り、持ち場持ち場で「責任」を果すことが必要である。決まりに従わず、責任を果さなかった場合には「罰」が必要である。つまり集団の中で個々人が守るべき「法」が必要である。これらの社会的観念を表わす言葉も"iuoaeの法則"に従っている。

掟＝個人と集団の関係

集団の意思を実現するために個々人が守らなければならないのは、掟（o-Ki-t）であり、決（Ki-m）まりである。ある目的を持って協同作業をする集団は、作業を有効に行（o-Ko）なうために掟（o-Ki-t）や決（Ki-m）まりによって組（Ku-m）まれたものである。個人が組織の中で、規律的・組織的に行動することによってはじめて、集団は成功することができ、その代償として、個人は生きることが叶（Ka）うのである。個人は集団の成功の中でこそ、食料を買（Ka-h）い、購（a-Ka）うことができるのである。集団の中で個人が生きること、個人によって構成される集団が成功的に維持されることは、Ki→Ku→Ko→Kaで表わされる。

狩（Ka-r）や戦（i-Ku-s）のKaやKuもこの系列の言葉であろう。

集団と個人の責任

掟によって組まれた集団は、指導者の命令（…しむ、Si-m）によって領（Si-m）められ、強（Si-h）いられ、教（o-Si-h）えられ、統（Su

Ⅲ．数詞以外に認められる"iuoae の法則"

-m˝）られ、治（o-Sa-m）められ、抑（o-Sa-h）えられ、時には定（Sa-t）めと呼ばれる一般化したルールによって運営されている。そして集団は、指導的立場の長（o-Sa）にも、そうでない者にも、その役割に応じて責任（Se-m）を負わせる。これらの一群の言葉から、集団における個人の責任・役割は、組織的な強制によって、すなわち、締（Si）められ、抑（o-Sa）えられ、治（o-Sa）められることによって確保され、同時に、教育によって、すなわち、教（o-Si）えられ、救（Su-k）くわれ、悟（Sa-t）らせることによって保障されるものと捉えられていることがわかる。これらの言葉は、Si→Su→（So）→Sa→Se の系列をなしているであろう。

　性（Sa-k）や潔い（i-Sa-k）という言葉もこの系列に属する言葉であるかも知れない。そしてこの2つの言葉とともに、この系列全体が、後に述べる「肉体と精神の関係」を表わす言葉のS系列に通じているのであろう。

契約と罰

　集団の中で、個人はその一員であることを誓（Ti-k）い、契（Ti-k）り、それに従って務（Tu-t）めを果たさなければならない。集団の掟や定めに従わず、誓いに反して、違（Ti-k）う行動を取り、務（Tu-t）めを果たさず、協同作業を失敗させることは罪（Tu-m）である。個人の小さな罪でも集団全体を危機に陥れ、飢えさせることになる。罪を犯した者は指を詰（Tu-m）め、詰（Tu-m）腹を切らねばならない。罪は咎（To-k）められ、箍（Ta-k）にはめなければならない。契約と、それを破ることに対する罰則の言葉は、Ti→Tu→To→Ta である。

　このように、「法」に関する言葉は、子音KとSとTによって表わされ、それぞれの子音が"iuoae の法則"と母音接頭辞によって活用されている。そしておそらく他の系列と有機的な関係を結び日本語全体を構造化しているであろう。

111

⑾　発酵

　レヴィ＝ストロースの料理の三角形によれば、「生のもの」を変形させて手を加えた食物にするのは火による文化的変形だけではない。自然の変形を受けることによって「生のもの」は「腐ったもの」すなわち発酵食という極めて良い食物になる。いずれの変形も食物の味を良くし、消化・吸収を助け、多くの場合保存にも有効である。火による文化的変形は、すでに見たように、HYの系列である。

　自然の変形である「腐敗」すなわち「発酵」によって「生のもの」を食物化する系列上には酢（Su）、鮨（Su-s）と酒（Sa-k）がある。馴れずしのような酢酸発酵は比較的短時間であり、アルコール発酵は長時間を要する。この系列はSu→Saである。火食のHY系列においてHoやYoが判然としないのと似てこの系列においてもSoを欠いている。

⑿　神と君

　「神」（Ka-m）という語はどのような語であろうか。我々日本人が「神」と言う時、その言葉の中にどのようなイメージを抱いているであろうか。

　我々は、「神」と言う言葉の中に、キリスト教や回教の神のような唯一絶対の創造主をイメージしていない。我々の「神」は、何々に宿る神であり、依代に依りつく神である。我々のイメージしている神は、何々の本質という意であろう。岩の神は岩の本質であり岩のみに宿るものである。岩の神が樹木に宿ることはなく、樹木の神が岩に宿ることもない。川の神は川に住む神であり同時に川そのものである。しかも、それぞれの岩、それぞれの樹木、それぞれの川には１つ１つ別の神が宿っているから、神々は無数に、しかも我々の身近に坐している。日本人は、宇宙の中心にあって絶対的な創造主である唯一神の存在を意識することは希薄であるという。神々はいつでも我々の身近な目に見える実体に１つ１つ宿り給うのであり、神によって実体が創造されたのではない。し

Ⅲ．数詞以外に認められる "iuoae の法則"

かしながら、神が宿っているからこそ実体としての物が、また存在するのである。神は、実体を実体たらしめるために不可欠のものである。

　神はその物の本質としてその物とともに存在するのであるが、しかし同時に、神は実体から抽出、抽象し得るものでもある。このような存在をこそ、我々は Ka-m と呼ぶのである。そして我々は、神を具体的実体から遊離させ、抽出することを「醸す、醸し出す（Ka-mos）」という。神（Ka-m）と醸む、醸す（Ka-mos）は同根語である。「神」と「醸す」、この２つの言葉の中に、日本の神々の存在様式が込められていると私は思う。すなわち神は、具体的実体に依っているが、抽象、抽出、遊離し得るもの、醸し出し得るものである。しかし、神は抽出されても、その姿は人の目には見えないものである。そしてそれ故にこそ、厳め（i-Ka-m）しき存在として拝み（o-Ka-m）、崇め（a-Ka-m）なければならないのである。「厳めし」「拝む」「崇む」これらの語はそれぞれ接頭語を伴っているが神（Ka-m）と同根語であるに違いない。

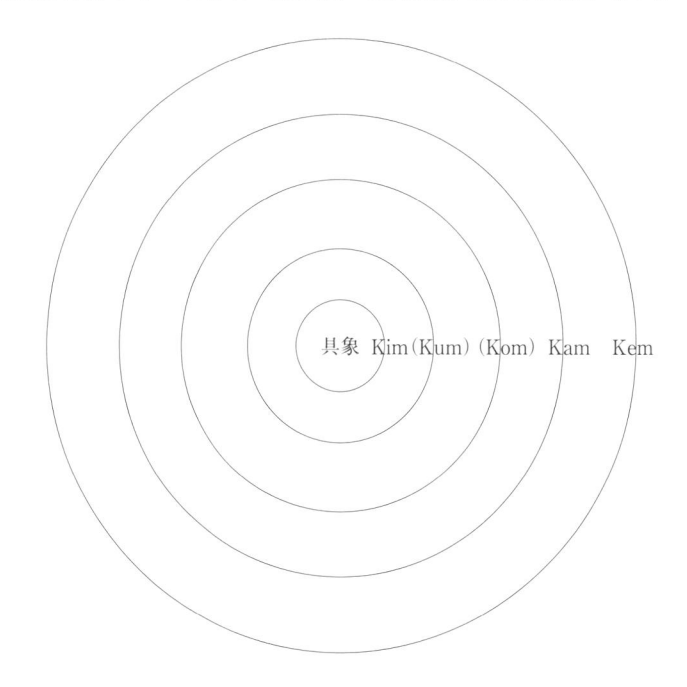

具象　Kim（Kum）（Kom）　Kam　Kem

これに対して、「君」（Ki-m）という語はどうであろうか。万葉の昔から「君」は「神」とともに崇（あが）めるべき存在であり、かけがえのない人である。君は妻であり、夫であり、恋人であり、尊敬するべき人である。しかし、君（Ki-m）は神（Ka-m）とは異なり具体的な人間的な存在であり、目に見える姿をもっている。

　具象から抽象への進行、変化を司る子音はKである。この変化を物理学でいう物質の三態、固体・液体・気体にたとえて言えば次のようである。具象は固体である、はっきり目に見えるものである。i→u→o→a→eの進行と共に具象は抽象化、流動化し、最後には気化する。抽象化、流動化し、具象の外縁に漂いでたもの、あるいは漂い出ることが出来るものが神（Ka-m）ではなかろうか。そしてこの漂い出るものは、具象中にあっては、その具象物をその具象物たらしめているそのものの本質である。従って、具象を完全に離れることは無い、具象の同心円としてのみ存在する。

　古代、聖域とされた磐座（いわくら）を例として考えてみよう。磐は実体として存在する具象である。しかし磐を磐たらしめている磐の本質は、磐という固体を離れて磐の周辺に目に見えない流体となって漂い出ている。磐座には、神の坐（ま）します所として注連縄が張られ御神体とされる。さらに周囲には神域が形成され、社ができ、鳥居が立つ。

　次にKi-m（君）とKa-m（神）の中間的存在であるKu-mとKo-mについて述べねばならない。しかし、神格というものの性質から、中間的なものが存在することは困難であったのであろうか、中間的存在はいま痕跡としてのみ認められるのだろう。籠神社のKo-mがその痕跡ではなかろうか。

　具象であるKi-mは同心円的に広がりKu-m、Ko-mを経てKa-mになり、最外殻はKe-m（煙）である。Ku-mにおいては既に具体的輪郭は薄れており、視覚的に捉えるためには隈（Ku-m）取られねばならない。Ke-m（煙）の状態においては抽象された本質はもはや元に戻るこ

Ⅲ．数詞以外に認められる"iuoae の法則"

とはできない。実体は消失しているからである。煙は拡散してゆくばかりである。

この系列の中にも HY 数詞系列に見られたような因数関係が本来はあり、「神」の中には「君」がその因数として存在するのではなかろうか。すなわち抽象の本質は具象であり、具象を因数にしつつ発展したものが抽象である。このように思想された言語の中から「大君は神にし存せば」というようなフレーズも生まれたのであろう。もちろん、このフレーズが持っている大君崇拝的な思想が、日本人の本来の思想であるという意味ではない。このフレーズは、日本語発生よりはるかに後に、人間の社会に組織的な主従関係が生じた中で生まれたものであろうから。しかし、このような言語の構造の中から、君は現人神であるという思想が生まれ、それが広く受け入れられた言語的な素地があるようにも思える。

ごく身近な人格的な神、あるいはむしろ人間そのものが Ki-m であり、人間から離れてむしろ無機的な世界に住むものが Ka-m である。Ka-m がさらに抽象化したものが Ke-m（煙）であろう。煙は、ほとんどの民族が宗教儀礼の中で用いるものであり、霊的世界（あの世）と人間界（この世）とを媒介するものと考えられている。日本語においてはこのことが言語の中に法則性を持って位置付けられていると言えるであろう。神がさらに抽象化し煙になって空の彼方へ消え去っていくのを見ると人々は、人間とあらゆる具象物が生き、そして神々が住まっている「この世」とは別の、「あの世」すなわち死者の世界へのこの世からの旅立ちとして煙を意識したのであろう。送り火、迎え火はおそらく、火を焚くことも重要なことであろうが火そのものよりもむしろ、火によってこの世の具象物が燃えて生ずる煙が、この世とあの世を交信するものであり、空の彼方へ登って行く煙を立てることにその意味があるのだろう。Ki-m（君）、Ka-m（神）、Ke-m（煙）は同根語群であろう。

ところで、ナッツの加工工程の Ki、Ku、Ko、Ka、Ke 系列で見たよ

うに、この工程の最終産物である Ke（食）は料理された食事である。古代から、人が食事をすることは生理的欲求を満たすための単なる食物の摂取ではなく、精神的な儀礼でもあった。食に対するこのような観念が人間の歴史において何時の時代にまで遡れるか判らないが、おそらく人間（新人）の歴史をはるかに越えた時代にまで遡ることができるのではなかろうか。サルの社会学の最近の研究によれば、チンパンジーにおいてさえ生理的欲求による生得的なものではない食、儀礼的な食（共食）があるといわれている（伊谷純一郎『霊長類の食』、石毛直道監修『食の文化』①人類の食文化　味の素食の文化センター、1998）。現代の我々が持っている食事の作法や神と共に食事を頂くという思想の根源は極めて古い所にあるに違いない。生理的な食は実生活である褻の世界に属することであるが、それを支配する K 音が"iuoae の法則"によって Ke にまで進行したときには、褻の世界を越えた精神性を持ったものになるということであろう。このことは、具象的な存在である Ki-m（君）が"iuoae の法則"に従って進行し、Ka-m（神）という抽象的存在に至り、さらに Ke-m（煙）として別の世界の存在にまで進行転化するのと相似している。Kim-Kam-Kem の神格系列とナッツ加工工程の K 系列はその根底において通じているのではなかろうか。植物の堅果や種子を加工し、その中の有効成分を抽出するという作業が、万物の中にその本質として神が宿るという思想を生んだのではなかろうか。

⒀　結合、解離

　人間や物の結合の程度、解離の程度を表す言葉は子音 S が司り、"iuoae の法則"に従っている（図－10）。

　主体に対してある物（客体）がしっかり結合している状態、密着・付着・帰属している状態は Si である。接尾辞"-k"を伴った Si-k（しかと、しっかり、しっくり等）、"-m"を伴った Si-m（しみ、しめる）、"-b"を伴なった Si-b（縛る）等の語は密着、付着を表し、"-r"を

Ⅲ．数詞以外に認められる"iuoae の法則"

[図－10] 人や物の結合・解離

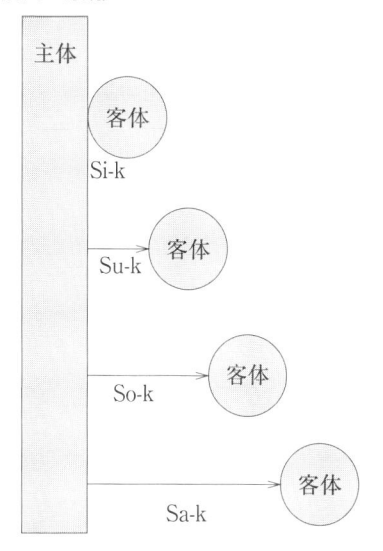

```
主体
    ○客体
    Si-k
      ○客体
    Su-k
        →○客体
      So-k
          →○客体
        Sa-k
```

伴った Si-r（知る、治る、領ろす）は帰属している状態あるいは帰属せしめようとすることを表す語である。Si-m はまた人が人を支配する状態を表す語として使われる。「しもべ（下部）」という語や、使役の助動詞「しむ」がそれである。

　主体に対してある物（客体）が少し離れた状態、間隙を持った状態にあることは Su である。"-k" を伴った Su-k（隙、透く、鋤く、漉く、すくすく、すぐ、勝れ）、"-r" を伴った Su-r（するする、擦る、摺る）がこれらの語である。しかし、Su で表現される状態、または動作は、次にくる So、Sa とは異なり、主体との間に間隙を持ちながらも両者は密接に関係を持っていることを示しており、主体の側からは統合可能な状態である。Su-m（すめら）、Su-b（すべる、すぽむ）は離れた人または物を統合することを表す語である。

　主体とはっきり離れた状態は So である。So-k（退く、削ぐ）、So-r（剃る、逸る）、So-b（側）は、いずれも分離の意である。

　主体から完全に分離した状態、独立した物（客体）は Sa である。"-k"

を伴ったSa-k（裂け、ふりさけ見るの「さけ」、遠ざかるの「さか」）等である。

　これら一群の語は、ある主体（人）に対してある物（人）が位置しているとき、両者の間の物理的な距離、質的な結合・解離の程度、密着・帰属の程度を表す。従って、主体から遠く離れ、質的にも異なるものは主体とは別の独立した新たな主体を形成しているものと見なされる。この新たな主体の状態が「様（Sa-m）」という語ではなかろうか。「様になっている」といえば「独立した」状態、「一人前の」人間に対して使われる言葉である。それ故「様」は、独立した一個の人間に対する人称代名詞や敬称としても使われる。「さむらい」も近習の者というよりもむしろ、主人、主家から独立した人格を持つものの意であろう。主人、主家との関連において位置づけられていたことから、従属関係とされたのは誤解であり、本来の語義は主人、主家から「独立したもの」、「一家をなしたもの」という意味であろう。現在においても、人を「さむらひ」と呼ぶ時、それは「独立した自主的な人間」を指す語である。

　　「さむらひ」の「らひ（rah）」は「とむらひ（弔ひ）」、「かたらひ（語らひ）」、「うつらひ（移らひ）」の「らひ（rah）」と同じである。「らひ」は「2者の関係」を表わす言葉である。ここに挙げた「らひ」の付く言葉はそれぞれ、独立した2者の間の主従関係、死者と生者の関係、話し合いの関係、2つの時空の移動関係を表わす言葉である。

　近臣を意味する「宿禰」もこのSi、Su、So、Sa系列の中の言葉であろう。宿禰は主人に近く仕える者、あるいは、有力な豪族であるが「しもべ」ではなく、しかし、独立した「さむらい」でもない者である。このような状態の者を指す語が「すくね（Su-k・Ne）」であろう。また、少彦（すくなひこ）の「すく（Su-k）」もSi、Su、So、Sa系列の中の語であろう。少彦は大国主に仕え、ともに国造りをした神であるが、この神も、「宿禰」が本来特定の人を指さないのと同様、特定の神格を持たず大国主の協力者として位置付けられ仕事が終わった後は立ち去った

Ⅲ．数詞以外に認められる"iuoaeの法則"

者である。宿禰も少彦も支配されている者ではなく「進んで従者になっている者」の意味であろう。「宿禰」、「少」はそれぞれ「Su-k・Ne」、「Su-k・Na」である。「Ne」、「Na」については第2部 MN 考に論ずるが、「精神的存在としての人」、転じて「人そのもの」の意であろう。

⒁　**肉体と魂の結合、解離**

　肉体と魂の関係に前項の「結合、解離」の関係がそのままあてはまる。魂は肉体に宿っているのであるが、肉体の中に閉じ込められているものではない（図−11）。魂と肉体は結合したものであり、そして同時に分離したものでもある。魂が肉体から最大に分離した状態は、i-Saである。i-Sa-m（勇）、i-Sa-nah（いざなう）、i-Sa-yoh（いざよう）、i-Sa-tir（いさちる）等がこれである。「いさちる」は『広辞苑』によれば「泣き叫ぶ」ことであるが、大林太良は、その著『海の道、海の民』（小学館、1996）のなかで、高橋正秀（『物語文学序説』青磁社、1942）の「いさちる」に対する解釈を紹介している。高橋の解釈によれば、

[図−11] 肉体と魂の結合・解離

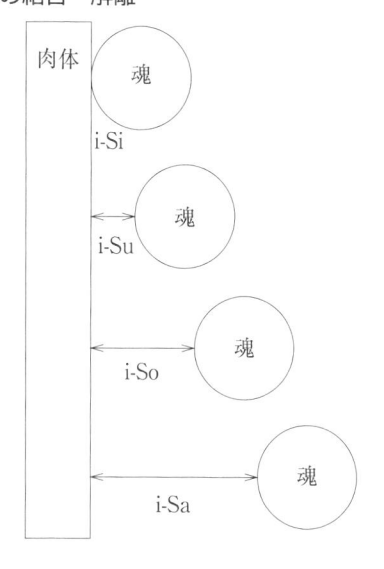

『泣き号び足ずりする様式が即ち「いさちる」と呼ばれ、又「いさふ」「いさぐ」とも発音され、それは「いさむ」「いそぐ」「いさよう」「いそし」とも同系語であったことが確認される。』という。

　肉体と魂、この両者は通常、一定の距離を持って付かず離れずの状態にあり、またそうあるべきである。人が心身ともに健全なのは、肉体と精神が「付かず離れず」の状態にあることである。極端に密着した状態はよくない、i-Si˝・i-Si˝（いじいじ）、u-Si˝・u-Si˝（うじうじ）した欝の状態である。人の肉体と魂がほどよく分離することを妨げ、その人が健全に溌剌と生きることを妨げることはi-Si˝-m（いじめ）である。i-Siと対照的に肉体と魂が極端に分離した状態が前述のi-Saであり、この状態は異常に躁であり、人はi-Sa-m（勇）しく、さらに極端なときには、魂は完全に肉体を離れて霊界をさまよう。i-Sa-tir（いさちる）状態である。このような状態はまた、諫め（i-Sa-m）られなければならない。肉体と魂がほど好く分離した状態で人はi-So・i-So（いそいそ）と自分のやるべきことにi-So-sim（いそしむ）のである。i-Suは心がi-Su-suk（いすすき）落ち着かない様である。

　このように、i-Si、i-Su、i-So、i-Saを語幹とする、肉体と魂との結合と解離を表わす言葉には"iuoaeの法則"が当てはまる。「急ぐ」、「いそはく」、「いざなう」や感嘆詞の「いざいざ」等も同系語であろう。i-Sa-kah（いさかう）は2つのi-Saが交叉することである。これらのi-Sから成る語群と単なる結合、解離を示したSから成る語群を比較するとき、接頭辞"i-"が宗教的、精神的現象を示す語に冠せられる接頭辞であることがわかる。接頭辞"a-"を伴ったものには、a-So-h˝（遊び）がある。

　伊勢（いせ）、石上（いそのかみ）出雲（いずも）の3神宮がそれぞれ、古代の人間社会に普遍的に認められる3つの社会的機能である統治（祭司）、軍事（戦士）、生産（農民）にそれぞれ対応するという（大林太良『北の神々、南の英雄』小学館、1995）。この3社がi-Se、i-Sa、i

Ⅲ．数詞以外に認められる"iuoae の法則"

-Su であるとすれば、それは何を意味するのであろうか。それぞれ魂の存在形態を神格化しているのであろうか。出雲は、後に論ずるように「いづも（i-Tu-m）」と解し T 系列数詞に関連するものと位置づけたが、このように 3 神社をセットで考えることができるならば、「i-Su」の可能性も捨てきれない。

　原初の夫婦神である伊邪那岐、伊邪那美の神名もこの i-Sa ではなかろうか。この 2 つの神格は、男女の肉体と魂を神格化したものであろう。「成り成りて成り余りたる肉体」を持つ男と「成り成りて成り足らぬ肉体」を持つ女がまぐわう時、肉体の交合のみならず、魂の交接の正しい在り様にまで古事記は言及しており、男女の肉体と精神の正しい関係を古事記は述べているのである。この両神の名の中にすでに男女の肉体と魂の在り方が述べられているのではなかろうか。

⒂　人の一生

　人は、集団内での身分や役割に応じて様々に呼ばれる。女はある時は娘と呼ばれ、またある時は嫁と呼ばれる。男も同様に幾つかの呼称を持つ。人の一生の節目は、誕生、命名、成人、婚姻、親になること、近親者との死別、そして自身の死であるが、これらの節目を経ることによって人は、集団内における身分や役割が変わり、同時にその呼称が変わるのである。この呼称の変化がまた"iuoae の法則"に従っている。

　人は、生まれた時、そして幼児の時には、男は彦（Hi-k）、女は姫（Hi-m）と呼ばれる。彦、姫が成長して一人前になれば、息子（Mu-s）、娘（Mu-s）と呼ばれる。そして、成人した男女が結婚という節目を経れば、婿（Mu-k）になり、嫁（Yo-m）になる。婿（Mu-k）はその古形においては「もこ」（毛古、Mo-k）であるから、配偶者を得た男女の呼称は、それぞれ婿（Mo-k）、嫁（Yo-m）でもある。配偶者に死別した婿（Mo-k）、嫁（Yo-m）は寡男（Ya-m）、寡婦（Ya-m）と呼ばれる。

121

彦（ひこ）、姫（ひめ）については、多くの辞典が男子、女子（特に少年少女）の美称であり、日の子、日の女が、その語源であるとする。しかし、「ひこ」は孫あるいは曾孫(ひまご)を表す言葉でもある。辞典ではこの2つの「ひこ」は別の言葉として扱われているが、本来は1つの言葉なのではなかろうか。すなわち、「ひこ」は小さな子供という意味と、子孫という意味を合わせ持った1つの語であろう。古代の人名の中に登場する多くの「ひこ」、海幸彦や山幸彦、神倭伊波禮毘古(かんやまといはれひこ)や長須泥毘古(ながすねひこ)等は固有の人を示しているとともに、その一族の子孫の意味を合わせ持っているに違いない。「ひこ」、「ひめ」が男女の美称として使われるのは、人の集団――太古、人の集団は氏族集団や部族集団であった――の中で、その集団全体を代表し、将来を託すに足る優れた子や孫と言う意味が、「ひこ」、「ひめ」という言葉には含まれているからであろう。このような事情から、後には、「ひこ」には優れた男子を表す漢字「彦(げん)」が当てられ、「ひめ」には優れた女子を表わす漢字「姫(き)」が当てられるようになったのであろう。「雛(ひな)」や「ひよこ」の語頭の「ひ、Hi」もまた、「ひこ」、「ひめ」のHiと同じに幼い者、いまだ成長していない者の意であるが、将来、大きく成長する者の意が含まれているであろう。

　息子、娘については、その語義は「産す子」「産す女」であると説明されているが、嫁（Yo-m）や宴（Ya-m）についてはその語義が説明されていない。

　男の一生の呼称をその語幹（語頭）をもって順ずれば、Mu-k（婿）とMo-k（毛古）の違いは判然としないが、Hi→Mu→Mo→Yaである。女の一生の呼称はHi→Mu→Yo→Yaである。いずれも、"iuoaeの法則"にそった、i→u→o→aの母音変化である。しかし同時に、この順の中には子音の変化、HからMへ、MからYへの変化がある。このことは、人の一生は"iuoaeの法則"にそった漸進的な歩みであるとともに、もう1つの別の法則によって支配されていることを示しているか

らであろう。男は一生に2度、彦（Hi）から息子（Mu）へ、毛古（Mo）から寡男（Ya）へ子音を変化させ、女は一生に2度、姫（Hi）から娘（Mu）へ、娘（Mu）から嫁（Yo）へ子音を変化させる。

　HY系列数詞および日周変化の項で、"iuoaeの法則"のもとでの子音の交換はその系列の範疇の中での「転化」であると論じた。

　しかし、ここに示した人の呼称の系列の子音変化はH→M→Yである。人の呼称系列では日周変化の子音交換とは別のことが表現されていると考えなければならないだろう。人の呼称がH→M→Yに変化することにはどのような意味があるのであろうか。

　人の一生が"iuoaeの法則"にそった連続的変化の途中で、その子音をHからMへ、MからYへと変化させるのは意味なく起こっていることではないだろう。この3つの子音はHY系列数詞とM系列数詞を司る子音である。そして図−2（23ページ）に示したように、M系列数詞とHY系列数詞は決して交わることのない2つの指数関数である。ここに、人の呼称系列においてこの3つの子音が交替して現れることの意味があるのではなかろうか。この3つの子音を選択し、交換することによって人の一生が成長による連続的、漸進的変化だけではなく、社会的役割の変化という不連続な飛躍であることが示されている。また不連続な飛躍であり、転機でなければならないことが示されているのであろう。ここでは、子音の交換は飛躍であり、別のものへの生まれ変わりである。この飛躍的変化は丁度、蛹が蝶に羽化するように、連続した1つの生命ではあっても、別の生命への変態、あるいは再生と捉えられているのであろう。人は「ひこ」から「むすこ」に成るにあたっては「ひこ」と完全に決別しなければならない。また、「むすめ」と「よめ」は完全に分離されなければならない。これらの変化は、HY系列数詞や日周変化のような同一系列、同一範疇内の連続的、数理的、自然的な「転化」ではない。HY系列数詞における子音交換では、子音はHからYへ変化しても、Yo（4）、Ya（8）の中にはHu（2）が因数として含

まれていた。また、日周変化系列のHからYへの変化は、時間が昼から夜へ移行する際の自然な現象であった。しかし、人の呼称の変化は、人が別の場へ移動すること、あるいは再生とも呼ぶべきものである。

　人が、ある場から別の場に移動するに際しては一定の手続きが必要である。ファン・ヘネップの『通過儀礼』（綾部恒雄、綾部裕子訳、弘文堂、1977）によれば、どのような社会においても、人が2つの場の節目（境界）を通過する時、そこでは通過儀礼が求められる。人は通過儀礼を経て、時には、今でも未開・半開社会に多く認められるように、身体を傷つける儀式である割礼・入墨・抜歯等を経ることによって、その部族の一員であることを、一定の年齢階級へ加入したことを、結婚したことを、親や配偶者と死別したことを表現する。人は、その一生の中の節目を通過したことを自身の肉体に刻印することによって自覚し、社会的にも認知されるのである。日本列島人の男女もこのような通過儀礼によって節目を通過していたであろうことは、古代人骨に見られる人為的抜歯や、『魏志倭人伝』にのこる倭人の入墨（文身）の風習、近代にまで残っていたお歯黒、眉を剃る等の風習、髪形を変える等の習慣によって明らかであろう。そして日本語人においては、これらの風俗・習慣に加えて、ある通過儀礼を経た者に対して通過前とは別の数詞系列を表す子音を用いた呼称を与える。そのことにより、その人が、それまであった状態を完全に離れ、全く別の新たな状態に移ったことを、儀礼によって表現し肉体に刻印するばかりでなく、固有の言語的法則によってその呼称の中に表現しているということである。

　日本語人においては、男はHiすなわち少年から、Muすなわち肉体的・精神的・社会的にも成熟した一人前の青年へ変化することが大きな転機であり、配偶者を得たことはそれほど大きな転機ではない。従って、呼び名は同じMu音のMu-sであり、Mu-kであり、Mo-kである。しかし、子を持つこと、配偶者に死別することは大きな転機である。従って子音はYに変化し、親（o-Ya）や寡男（Ya-m）の呼称が与

Ⅲ．数詞以外に認められる "iuoae の法則"

えられる。女は Hi すなわち少女から、おそらく初潮を見て一人前の娘（Mu-s）への変化が大きな転機であり、ついで配偶者を得て嫁（Yo-m）になることも大きな転機である。しかし、嫁（Yo-m）から親（o-Ya）になること、配偶者に死別して寡婦（Ya-m）になることは、別の子音に変化するほど大きな転機ではない。

　ファン・ヘネップは、諸民族・文化の通過儀礼の過程を分析し、1909年に『通過儀礼』を著した。それによれば人がこれまでにあった状態から別の新しい状態へ境界を通過して移行する際の通過儀礼は、連続的に

[図－12] 通過儀礼の3つの過程

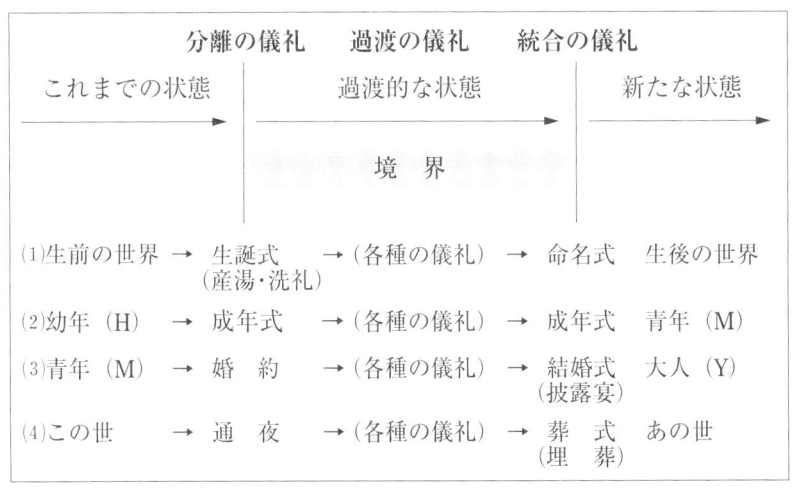

	分離の儀礼	過渡の儀礼	統合の儀礼
	これまでの状態 →	過渡的な状態 →	新たな状態 →
		境　界	
(1)	生前の世界　→	生誕式　　→（各種の儀礼）→	命名式　　生後の世界
		（産湯・洗礼）	
(2)	幼年（H）　→	成年式　　→（各種の儀礼）→	成年式　　青年（M）
(3)	青年（M）　→	婚　約　　→（各種の儀礼）→	結婚式　　大人（Y）
			（披露宴）
(4)	この世　　→	通　夜　　→（各種の儀礼）→	葬　式　　あの世
			（埋　葬）

　　人が、「これまでの状態」から「新たな状態」に移行するとき、通過しなければならない3つの過程（分離の儀礼・過渡の儀礼・統合の儀礼）を上段に示した。分離の儀礼と統合の儀礼の間は「過渡的な状態」であり、境界である。ここで多くの過渡の儀礼が行われる。
　　下段に示した(1)～(4)は、人の生涯における4つの通過儀礼である。人は生まれ、幼年、青年を経て大人になり、そして死ぬのである。(2)は幼年から青年への移行を示している。分離儀礼においても統合儀礼においても成年式としてあるのは、一方は幼年集団からの分離のための儀礼であり、他方は青年集団への統合のための儀礼である。

起る3段階の下位儀礼から成っていることを発見した（図-12）。

　第1の段階は、分離の儀礼であり、人がこれまでにあった状態から分離される儀礼である。第2段階は、過渡の儀礼であり、人はすでにこれまでの状態にはないが、新たな状態にも入っておらず、どっちつかずの過渡的な状態である。この過渡的な状態が通過儀礼の中で最も重要な過程であり、この状態の中で複雑な儀礼が行われる。過渡儀礼の中にさらに分離・過渡・統合儀礼が挿入されていることさえもある。この過渡的な状態は、多く聖なる状態でもある。第3段階は、統合の儀礼であり、分離儀礼と過渡儀礼を終えた者を新しい状態に迎え入れるための儀礼である。以上のことはすでに「時間と距離」の項でも少しく述べた。ここに、人の生涯における4つの大きな儀礼とともに図-12に示した。

　いま見ている人の呼称の系列は、図中の(2)の幼年から青年への通過と、(3)の青年から大人への通過についてである。

　(2)の幼年から青年への通過は、HからMへの過程である。この通過儀礼において、分離儀礼も統合儀礼も、図中には単に成年式としたが、様々な儀礼、成年式、成女式、へこ祝い、鉄漿(かね)祝い、元服、入社式、加入礼などと呼ばれる分離・過渡・統合の儀礼が含まれている。これらの儀礼によって人は幼年である彦（Hi-k）・姫（Hi-m）から青年である息子（Mu-s）・娘（Mu-s）への境界を通過して行く。この通過儀礼を経てはじめて、人は一人前の人間としての権利を獲得し義務を負うことになるのである。

　(3)の青年から大人への通過は、MからYへの過程である。この過程で、Mu-s子、Mu-s女は婚約という分離儀礼によってこれまでの状態から分離され、結婚式、披露宴という統合儀礼によって新たな状態へ、配偶者を持ち家庭を作り親になるという状態へ統合されるのである。

Ⅲ. 数詞以外に認められる"iuoae の法則"

婚約(ゆいなずけ)と結納(ゆいいれ)

　図-12の(3)の過程、人が、青年から、配偶者を得た大人へ移動するための過渡的な境界で、婚約→結婚→披露の過程で、人はどのような言葉で呼ばれ、この期間にはどのような習俗があるのであろうか。

　この過程で人はまず、婚約という分離儀礼によって今までの状態から分離される。この儀礼は「いいなずけ」、「ゆいなずけ」、「結納（ゆいいれ）」等の言葉で表わされている。

　多く指摘されているように、未開・半開の社会、そして古代社会では結婚は2人の人間の属している集団間の問題である。特に結婚に伴って起る2つの集団間の経済的要素は大きな問題である。結婚は、そのことによって働き手を失う集団・家族があり、一方で働き手が増える集団・家族がある。結婚は働き手が増える集団・家族が、働き手が減る集団に対して行う相応の金品や労働力によるお返しである「結い納れ（ゆいいれ）」によって始めて成立する。このことによって、個人はその属している集団から分離される。婚約すなわち結納は、娘（Mu-s）や息子（Mu-s）の状態にある者が、Y の状態に移行するための「分離儀礼」であり、同時に、金品や労働力によるお返しを伴っているのである。結納（ゆいいれ）が完了し、かつ2つの集団が婚姻を契機として協同関係が維持されることが確認されて、はじめて成立するのが結婚であることを「結い」-「納れ」という言葉は示している。「いいなずけ」、「ゆいなずけ」、「結納（ゆいいれ）」は1つの系列を成しているだろう。婚約期間には、「Yi い名付け」、「Yu い名付け」、「Yu い入れ」等の過渡儀礼があったのであろう。この期間は、新しい状態に適合するための過渡的な状態である。「ゆいなずけ」、「ゆいいれ」は、それぞれ、「言いなずけ」、「言い入れ」の訛ったものと言う説があるが違うであろう。Yu-h という言葉は、婚姻そのものを、さらに婚姻に係わる人間、特に女を指す言葉である。2つの集団が婚姻関係 Yu-h を結ぶことはすなわち、「人間と労働力や情報の交換」という意味をもっているである。婚約(ゆいなずけ)と

結納(ゆいいれ)は1つのことである。

>ここに、「結ぶ」、「縛る」を意味する「結う(Yu)」という言葉がある。この言葉は、いま論じてきた人の呼称を意味するYuに、根底において通ずるものであるかもしれないが、一応別のものと考えてよいだろう。「結う(Yu)」は、「縒る(Yo)」、「よれよれ(Yo)」、「鎧(よろい)(Yo)」、「装う(Yo)」、「窶す(Ya)」、「綾(a-Ya)」等の言葉と1つの系列をなしているだろう。そして、この系列の原点は「糸(Yi)」であろう。

結納(Yu)という分離儀礼を行い、「ゆいなづけ」(Yu)という過渡期間を経て、統合儀礼である結婚式(披露宴)をすませ、女は嫁(Yo)になり、ついで人は、男も女も親(o-Ya)になる。そして、ついには伴侶と死別して寡婦(やもめ)・寡男(やもお)(Ya-m)に到る。このように、婚約以降のこの期間の呼称がY子音のもとで"iuoaeの法則"によって訓じられていることから見て、人は男女ともに社会的成熟期である青年期(M)を通過し、婚約・結婚に到ったことによって、一人前の人間としての新たな、独立した段階を歩むものと考えられているのであろう。

人の一生、特に女の一生は、子音H、M、Yによって訓じられる大変化と、婚約後の「いいなづけ(Yi)」、「ゆいなづけ(Yu)」、「よばい(Yo)」、「嫁(Yo)」「親(o-Ya)」、「寡婦・寡男(Ya)」というY子音のもとでの"iuoaeの法則"に則った小変化によって支配されている。あるいは、全体的にはHY系列で進行する中に、Mによって表現される娘や息子の時期が、過渡的な状態として挿入されている、と理解するべきなのかも知れない。

「よばい」という言葉には「夜這」という字が当てられ、夜陰に乗じて不義な行為をするように理解されているきらいがあるが、「夜這」は後の当て字であろう。「よばい」という言葉は本来、正式な婚約や結婚式を経た女であるYoのもとへ男が訪れる通い婚の状態を指しており、「婚(よばい)」と表記されているのが正しいであろう。ファン・ヘネップも述べているように、経済的要素において結婚の儀礼が完結していなくとも、過渡期における性的関係には影響しないということを示しているのであ

Ⅲ．数詞以外に認められる "iuoae の法則"

ろう。

　「薮入り」は「Ya-hᵘ入り」であり、「結い入れ（Yu-h入れ）」と対になった言葉であろう。すでに統合儀礼を経て Yo や Ya になった者が里帰りして実家を手伝うことが「薮入り」の本来の意味であり、後に奉公人が盆や正月に生家に帰ることを言うようになった。

　「うぶこ」や「おぼこ」の「うぶ」、「おぼ」はそれぞれ、姫・彦の「Hi」が "iuoae の法則" によって活用された「u-Huᵇ」、「o-Hoᵇ」であろう。「うぶ」といえば世間知らずの一人前になっていない者を形容する言葉であり、「おぼこ娘」といえば、世事になれていない娘のことである。いずれも H 子音が母音変化によって活用され、かつ母音接頭辞を伴い濁音化しているが、「うぶ」、「おぼ」に共通するのは、通過儀礼によって M の状態に移行していない者、あるいは儀礼を経た者であっても、実際は H の状態にとどまっている者、しかし Hi よりも年齢だけは進んでいる者を指す言葉であろう。

　『万葉集』に歌われる妹（i-Mo）は、特別な状態にある女として位置付けることが出来るだろう。妹（i-Mo）は、娘（Mu）が許婚（Yi、Yu）や嫁（Yo）と呼ばれるための通過儀礼である婚約や結婚式を経ていないが、特定の男の恋人である女の呼び名であろう。妹（i-Mo）は、社会的に認知された Yi、Yu、Yo ではない。しかし、すでに娘（Mu）の状態にはない者である。そこで、Mo の呼称が与えられる。さらに、接頭辞 "i-" を冠して、社会的に認知されておらず、常識的な状態にないことが示され、ある時には、特別な斎つき女であることが示されている。このような状態にある女であるからこそ、妹（i-Mo）は古代の恋愛歌に多く登場するのであろう。同時に、ごく親しい女であるが、決して婚姻の対象にはならない年下の女姉妹である妹も同一の名称で（いもうと、i-Mo）と呼ばれる。阿母（a-Ma、母の意）や阿魔（a-Ma、女を罵って言う言葉）も妹（i-Mo）と同系語の可能性がある。

[図－13] 人の歩みとその呼称

女の呼称と通過儀礼

	成人式	婚約	結婚式	死別
人の歩む方向 →	→	→	→	→
(1)	Hi 姫	Mu 娘	Yi、Yu いいなずけ ゆいなずけ 結納	Yo、o-Ya 嫁、親	Ya 寡婦(やもめ)
(2)	Hi 姫	Mu 娘	i-Mo 妹	(a-Mo、a-Ma) (阿母、阿魔)	
(3)	Hi 姫	u-Hu̇ うぶ	o-Hȯ おぼ		

男の呼称と通過儀礼

	成人式	婚約	結婚式	死別
	→	→	→	→
(1)	Hi 彦	Mu 息子	Mu、Mo 婿、毛古　　Yi、Yu いいなづけ ゆいなづけ 結納	o-Ya 親	Ya 寡男(やむお)

　女の呼称と通過儀礼には(1)(2)(3) 3つの場合がある。(1)において、正規の儀礼を経たことにより呼称の変化は、Hi→Mu→Yi→Yu→Yo→Ya である。(2)においては、成人式を経た Mu であるが婚約・結婚の儀礼を経ておらず、その呼称は Hi→Mu→Mo→Ma である。(3)においては、成人式を経ていないためその呼称は Hi→Hu→Ho である。

130

Ⅲ. 数詞以外に認められる"iuoaeの法則"

　人の一生は、HYとMで表現されることによって、連続してはいるが同時に不連続に進行する現象であると捉えられている。人の一生は、決して交わることのない2つの指数関数（図－2、23ページ）である。このことが人生の各段階の呼称を2つの指数関数数詞と同じ子音を用いて表現していることの意味であろう。また、婚約から結婚までの過渡儀礼の中にまた"iuoaeの法則"による2次的な系列が含まれている。人の一生は、その呼び名と儀礼において複雑な構造をもっている。男女の呼称の変化を図－13にまとめた。

「へこ祝い」と「鉄漿(かね)祝い」

　人生の各段階の呼称が数詞と同じ子音で表わされているからといって、その呼称が実年齢を表しているということでは勿論ない。一定の通過儀礼を経て「娘」、「息子」と呼ばれる者は6歳であり、寡は8歳であることを意味していないのはいうまでもない。しかし一方で、実年齢と通過儀礼が密接に関連しているものがある。「へこ祝い」と「鉄漿(かね)祝い」そして「厄年」である。

　薩摩方言に「へこ」という言葉がある。15歳以上25歳以下の青年のことである。そしてこの年齢のものが締めるのが「へこ帯」である。また、山口県・長崎県のある地方では、男女13歳から15歳に行う成年式の祝いを「へこ祝い」、また「へことり」といい、褌を贈られる風習である。これ以外にも15・16・17歳に行われる成年式は南は鹿児島から北は青森まで全国各地に数多くある。これらの成年式は元服・袴着・烏帽子着などと呼ばれ、この儀礼を経たものは若衆組へ加入することになる（『日本民俗学大系』大間知篤三）。薩摩地方と山口・長崎に見られるこの2つの「へこ」には、また全国的に見られる成年式の年齢にずれがあるように見えるが、いずれも16歳を境にした通過儀礼ではなかろうか。なぜなら16という数と「He-k」という言葉は一致しているからである。HY系列数詞における子音をHからYに変化させずに、Hi→Hu→

Ho→Ha→He にまで延長したとき He は16である。このことが「He-k」という語の、そしてこの儀礼の意味であろう。「へこ（He-k）」は、前項で論じたところの人の呼称が数詞と同じ子音のもとで数詞と同じ構造の母音変化"iuoae の法則"によっていても実際の年齢を示さなかったのとは違う。「へこ帯」や「へこ祝い」という通過儀礼の言葉と実年齢とは、ここでは一致している。

　お歯黒の習俗も、「へこ」によく似た習俗である。お歯黒（鉄漿）は時代を下るに従ってその実施年齢が下がる傾向があるが、古くは「十三鉄漿（かね）」あるいは「十三祝い」といい、女性が初潮を迎えて成人したことを祝い、披露することであるといわれている。後には「十七鉄漿（かね）」あるいは「十八鉄漿（かね）」といい17・18歳に行った儀礼であるという。時代によって年齢が異なってはいるが、この儀礼は13歳、16歳を境にした女の通過儀礼であったことが窺える。

　「へこ」における13歳と25歳、「鉄漿（かね）」における13歳と16歳は、この2つの通過儀礼の分離儀礼と統合儀礼の行われる年齢を示しているだろう。すなわち、「へこ」においては13歳から25歳の間が過渡的な状態であり、「鉄漿（かね）」においては12歳から16歳が過渡的な状態である。

　このような分離・過渡・統合の儀礼を含んだこの2つの習俗は男と女の重要な通過儀礼であったのであろう。「十三鉄漿（かね）」は12歳を過ぎた年、すなわち、Mの年齢階級からの分離の儀礼であり、「十七鉄漿（かね）」、「十八鉄漿（かね）」は16歳を過ぎた年の、HYの年齢階級からの分離の儀礼ではなかろうか。これらの関係を図－14に示した。

　この2つの儀礼から、日本語人の年齢感覚は数詞のHY系列とM系列の8、12、16、24歳を節目の年齢と考えていたことが窺える。この2つの儀礼は生まれた子への命名や結納とともに重要な儀礼であった。成年式である「へこ祝い」も「鉄漿（かね）祝い」も「へこ親」、「鉄漿（かね）親」と呼ぶ仮親を決めて儀礼が行われ、この仮の親子関係は生涯続いたという。この仮親の制度は、人が生まれて命名される際の「なづけ親」と同様、実

Ⅲ．数詞以外に認められる"iuoae の法則"

の親以上に重要な親子関係をなす古い習俗である。「いいなづけ」、「ゆいなづけ」も同じであり、人が新たな段階に入るに際して仮親制度があり、新たな状態に相応しい呼び名（Yi や Ya）を与えられた。これが「いいなづけ」、「ゆいなづけ」の「なづけ」という言葉であろう。婚約の場に立ち会う仮親がそれ以後を保障し後見する名付け親でもあったということであろう。

[図－14]「へこ祝い」と「鉄漿(かね)祝い」

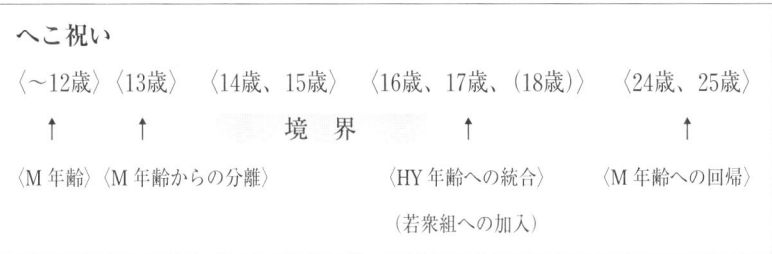

```
へこ祝い
〈～12歳〉〈13歳〉  〈14歳、15歳〉  〈16歳、17歳、(18歳)〉    〈24歳、25歳〉
   ↑       ↑          境  界          ↑                ↑
〈M年齢〉〈M年齢からの分離〉      〈HY年齢への統合〉      〈M年齢への回帰〉
                              （若衆組への加入）
```

```
鉄漿(かね)祝い
〈～12歳〉〈13歳〉  〈14歳、15歳〉  〈16歳、17歳、(18歳)〉
   ↑       ↑          境  界          ↑
〈M年齢〉〈M年齢からの分離〉      〈HY年齢への統合〉
                              （成女）
```

　「へこ祝い」（男の成人式）と「鉄漿(かね)祝い」（女の成人式）は、M年齢と HY 年齢の境界において行われる儀礼（成人式）である。
　上図、「へこ祝い」において、M 年齢（12歳）からの分離は13歳である。14、15、16歳の過渡期（境界）を経て16、17歳において HY 年齢に統合される。男は13歳から、16、17、(18) 歳の期間が新しい状態に適合するための学習・修業期間である。24、25歳において M 年齢に回帰する
　下図、「鉄漿(かね)祝い」において、M 年齢（12歳）からの分離は13歳である。14、15、16歳の過渡期（境界）を経て(16)、17、18歳へて HY 年齢に統合される。女も男と同様、13歳から16、17、(18) 歳の期間が新しい状態に適合するための学習・修業期間である。

厄年

「へこ」、「かね」と共に実際の年齢に沿ったものであり、日本人の年齢に対する認識を示すものとして「厄年」がある。厄年は外来思想である陰陽道によって広がったものと、日本古来の民間伝承によるものとが重なって存在しているという。柳田國男監修の『民俗学辞典』（以下「辞典」）と「日本民俗学体系４、『厄年・年祝い』郷田洋文」（以下「体系」）を纏めれば、表－11のようになる。

[表－11] 厄年

(1) 陰陽道によるもの

男子（歳）	25	42	61
女子（歳）	19	33	37

(2) 本土の民間伝承によるもの

男子（歳）	7	13	—	25	—	42	61	77	88
女子（歳）	7	13	19	—	37	—	—	—	—

(3) 南島諸島（奄美・沖縄）の民間伝承によるもの

男子（歳）	13	25	37	49	61	73	85
女子（歳）	13	25	37	49	61	73	85

(4) 室町時代の「拾芥抄（1330〜40年？）」

男子（歳）	13	25	37	61	85	99
女子（歳）	13	25	37	61	85	99

厄年は、『民俗学辞典』（柳田國男監修）及び『日本民俗学大系』（郷田洋文）によって(1)〜(4)に分類されている。

Ⅲ．数詞以外に認められる"iuoae の法則"

「辞典」は、陰陽道において大厄といわれている男子42歳、女子33歳は民間においては深い伝統性を持たないことを指摘している。また、次のように述べている。「いわゆる厄年は災厄をこうむるべき年として年祝いする時期というよりも、何らかの観点で一生の人生行路に折目となるがゆえに祝う時期とされたにすぎまい。その観点として12年目ごとの年廻りを根拠とするのもその一つであったにちがいないが、必ずしもそれが本原的な唯一のものであったわけでもなく、生理上・社会上の経験があっておのずからその折目の年を決してきたのであろう。」（傍点筆者）。「辞典」はこのように、陰陽道や十二支によるものが厄年の本原でないことを指摘している。表-12に陰陽道などの外来思想の混入と思われるものを除き、日本古来の厄年として示した。

[表-12] 日本古来の厄年

男子（歳）	7	13	25	49	61	73	85
女子（歳）	7	13	25	49	61	73	85

表-11に示した(2)～(4)から、外来の思想である(1)の陰陽道の混入によると思われるもの、並びに喜寿（77歳）、米寿（88歳）、白寿（99歳）を除き日本古来の厄年として纏めた。

日本古来の厄年の本原はどこにあるのであろうか。厄年の本原を説明するためには、人の年齢は、HY 系列数詞と M 系列数詞の上を移動して行くものであるという日本語族の年齢に対する基本的な認識に目を向けることが必要であろう。日本語族の年齢に対する認識は、人は自然数に従って1歳ずつ年を取るのではなく、また、十二支や十干に従ったものでもない、ということである。人の年齢は、HY 数と M 数を渡り歩くことによって進むのである。人の年齢は1、2、3、4、6、8、12、16、24、32、……のように進む。これらの年齢を HY 系列（HY の

[図-15] 日本人の年齢認識と日本古来の厄年の配置

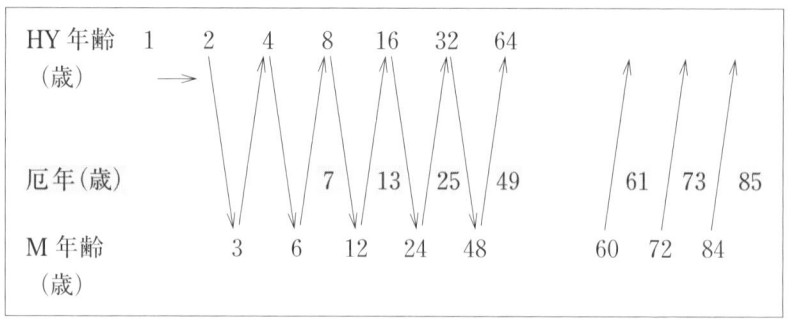

```
HY 年齢    1   2   4   8   16   32   64
（歳）         →

厄年（歳）            7   13   25   49       61   73   85

M 年齢              3   6   12   24   48    60   72   84
（歳）
```

　　　　　日本人の年齢認識は、1年に1歳づつ年を取るということだけで
　　　　はない。もう1つ別の認識によって年齢に折目をつけている。人の
　　　　生涯は、1歳から始まって倍々に年と取る過程（HY年齢）と、3
　　　　歳から始まって倍々に年を取る過程（M年齢）とから成ってお
　　　　り、人が人生行路を歩むということは、この2つの過程をジグザグ
　　　　に進むことと理解されている。
　　　　　表-12にまとめた日本に古来からあるであろう厄年はすべて、M
　　　　年齢の次の年に位置している。

年齢）とM系列（Mの年齢）に組み替えて配置すれば図-15のように
なり、人は、HY年齢とM年齢を、ジグザグな人生行路を歩んでいる
ことになる。そして、日本古来の厄年はすべて、後に陰陽道によって
入って来た19、37、42歳や喜寿（77歳）、米寿（88歳）、白寿（99歳）を
除けば、M年齢から分離してHY年齢に向かう年に配されている。そ
れが、7、13、25、49、61、73、85歳である。「辞典」が指摘する人生
行路の折目というのは、M年齢からの分離の年であり、M年齢からHY
年齢に向かう年である。

　「辞典」は、厄年は一種の通過儀礼であろうと述べ、「厄年」という言
葉は、年齢階級の境目を通過する機会にその神事の「役」をつとめるこ
とに由来するのではないかと示唆している。厄年が、通過儀礼であるこ
とは確かであるが、もしこれらの厄年が「深い伝統性」を持った人生行
路の折り目を祝う時期であるならば、「厄」と表記されていることを疑
うとともに、「役」という漢語で呼ぶことも疑ってみなければならない。

Ⅲ．数詞以外に認められる"iuoaeの法則"

　おそらく、「やくどし」という言葉は「Ya-k年」であり、M系列の年齢から分離されて、HY系列の年齢に向かう年という意味であろう。

　先にも述べたとおり、人の一生は不連続の連続であり、かつ、漸進的あるいは累進的である。そこで、人の呼称は、数詞と同じ子音を用い"iuoaeの法則"に沿った母音変化によって表されている。人の呼称や厄年が、また、「へこ帯」や「かね祝」やの民俗が、何故にHYとMによって表現されているのか。もう1つの数詞系列であるTがなぜ選ばれていないのかはわからない。しかし、HYとMがそれぞれ左（ひだり、弓手）と右（みぎ、馬手・女手）という対になったものということに関係しているであろう。HYとMはこの世界を支配する2つの不連続な系であり、人が生涯の中でこの2つの系を儀礼とともに渡り歩くことは、人の生涯が「めりはり（Me-r・Ha-r）」のあるものとなり、正しく統一されることになる。人の呼称や「へこ祝い」や「鉄漿（かね）祝い」や「厄年」やの習俗はこのように思想されているのであろう。人は、水平世界を2分するHYとM、この2つの系を「やきもき（Ya-k・Mo-k）」しながら、しかし「めりはり（Me-r・Ha-r）」をもって歩まねばならないのである。

　互いに交わらない数詞系列の子音を用いて不連続であることを表した言葉は、「めりはり（Me-r・Ha-r）」、「やきもき（Ya-k・Mo-k）」以外にもある。「へこたこ（HとT）」、「ちぐはぐ（TとH）」、「ぢたばた（TとH）」という言葉があるがいずれも「道理に合わない」という意味である。これらの言葉はHY系列とT系列が決して交わらないことを含意している言葉であろう。これらの言葉は先の「めりはり」や「やきもき」が左右の世界、すなわち水平世界を縦に2分する言葉であったのと異なり、上下の世界、すなわち垂直世界を横に2分する言葉であろう。これらのTとH言葉はマイナスのイメージとして使われるが、「めりは

り」と「やきもき」は必ずしもマイナスイメージではない。

「つべこべ（Tuh-Koh）」も似たような関係である。これについては第2部 MN 考において論ずる。

⒃　蛇

　蛇（He-b）は、土器などにできる罅（ひび、Hi-b）・手足や革にできる皹（ひび、Hi-b）、毒蛇のハブ（Ha-b）と同根の語であろう。そしてこれらは「He-m、へみ（蛇の呼称）」、「Hi-m、紐」、「Ha-m、蟒蛇（うわばみ）」に同じである。hVb または hVm（V＝母音）であらわされるこれらの語は、同根語群であろう。皹、蛇、ハブ、これらの語に共通する概念は次のようである。これらのものは、通常は姿を見せないで隠れている。しかしその存在は危険であり、姿をあらわすことによってますます人に害をなすものである。蛇は音もなく物陰に身をひそめているが、知らずに近づく人に害をなす。まして毒蛇であれば人は命の危険にさらされる。土器等にできる罅は、それがあると水漏れが生ずる。はっきり見えなくともやっかいなものであり、土器の病である。蛇も罅・皹もその形状はクネクネ折れ曲がっており、その姿態は尋常ではない。これらの hVm は通常どこに隠れているのであろうか。HY 系列数詞で見て来たように、H は Y の因数である。この関係がここでも言えるであろう。H は Y のなかに住んでいる。蛇（He-b）は藪（Ya-b）の中、闇（Ya-m）の中がその棲家である。「藪をつつけば蛇が出る」という諺がこのことをよく伝えている。蛇（H）が夢（Y）の中に現れたときは、何かが告げられているのであり、各地の諺によれば、それは、吉であり、または不吉である。「屋（Y）敷内の蛇（H）は退治してはならない」、「蛇（H）を指（Y）さしてはならない」、これらの民間伝承が語るところは、この尋常ではないもの hVm の棲まう場所は Y であり、hVm は Y との関連においてはじめて存在していることを示しているのである。数詞 HY 系列から明らかなように Y のなかには必然的に H はあり、H によって

Ⅲ．数詞以外に認められる"iuoaeの法則"

のみYは存在し得るのである。この関係は蛇と藪についても言えるであろう、藪があるから蛇がいるのではない、蛇がいるから藪があるのである。「藪（Y）から棒（H˝）」の句もこのHとYであろう。

　これらの語が、Hi→Hu→（Ho）→Ha→He系列を作っているかどうかは、水鳥の場合と同様に判然とはしない。HY系列数詞、日周変化、あるいは堅果加工工程でみられたような、明確に量的な、あるいはプロセッシングな"iuoaeの法則"はみいだせない。しかし、蛇（H）と藪（Y）の関係、また民間伝承の中に語られている蛇（H）と、屋敷・夢・指（Y）との関係から、HとYとの間には同居性と対立性が同時に存在していることがわかる。この関係は、HY系列の数詞と日周変化のH（昼）とY（夜）とから帰納されるところの、HとYの間の連続性と対立性と同等であろう。これらの語は、Yを背後に持った"iuoaeの法則"によって支配されるH系列と考えたい。この系列を「蛇・ひび・紐H系列」と呼ぶことにする。

　文（Hu-m）も「蛇・ひび・紐系列」の中の語ではなかろうか。「文（ふみ）」が漢語の「文（ぶん）」の変化であるという説があるが、そうであろうか。文字が伝わる以前からあると思われる文（Hu-m）の語源を知る手懸かりがこの系列の中にある。古代、人は文字を知る以前には、紐（Hi-m）の結び方、結び目によってものごとを記録し、伝達していたことはよく知られている。日本においても文字が伝来する以前には、この手段が用いられていたであろう痕跡がある。Hu-m（文）はHi-m（紐）と同根の語であり、文字が伝わった時、同じ記録・伝達機能を持つ「文（ぶん）」という漢語に和語の「ふみ」があてられたのであろう。

　文（Hu-m）はまた、曲がりくねった古代の意匠のことであり、縄文土器の表面につけられた様々な縄文文様は、土器に罅（Hi-b）が入るのを恐れてあらかじめくねくね曲がった紐（Hi-m）の文様（Hu-m）を意匠しておいたものであると考えたら、勝手な推測が過ぎるであろうか。

一方、紐（Hi-m）は土器面に意匠されたような単なる文様ではない。まして土器を不能のものにしてしまう罅（Hi-b）とは対照的なものである紐は極めて有用なものである。古代において紐の実生活上の重要さは現代の我々の想像を越えるものであろう。そしてまた、蛇も人間の生活に重要な利益をもたらすものものであった。貯蔵した食物をねずみの害から守るためには、ねずみの天敵である蛇の存在は重要である。

　このように、これら一群の語は、細長くクネクネ曲がった形状を持つものである。そして、人間の生活に対して、害をもたらし、同時に益をもたらすという、両義性を持つものである。これらは同一の範疇に属するものである。自然現象である雷や虹が、生物である蛇や虫の同類として範疇化されている例をもちだすまでもなく、古代人の自然観は、現代人が慣れ親しんでいる科学的分類とは異なるのである。

⑰　稔

　自然が、人間にもたらす食料は稔り（Mi）である。稔りは草木の実（Mi）である。草木の実は人間にとって恵み（Me）である。人間には食べられないものでも、鳥獣にとっては恵みである。稔りの形は様々である。鞘に入っているものは豆（Ma-m）であり、地中に育つものは芋（i-Mo）であり、穂になって稔るものは籾（Mo-m）である。桃（Mo-m）は漿果（多汁で内部に種子をもつ果実）の総称であろう。母音接頭辞 a、u を伴った「a-Ma（甘い）」、「u-Ma（美味い）」、「a-Me（飴）」も同一範疇の語であろう。

　芽（Me）は地上にあり、根（Ne）は地下にある。この2つの言葉の対称的な関係は、次に述べる「天」と「地」との関係に同じである。鳥獣や魚介の肉、人間の身体は Mi（身）である。これらについては第2部 MN 考に詳しく述べる。

Ⅲ．数詞以外に認められる"iuoae の法則"

⒅　天

　天を表す日本語は、a-Ma（天）、そして a-Me（天、雨）である。天はこの世界の最上階である。従って、Mi、Mu、Mo によって天を表すことが無いのは当然であろう。中空(なかぞら)という言葉があるが、この言葉は、天という言葉が垂直的な方向を示しているのとは異なり、むしろ水平的な方向を示している言葉であろう。天と地の間に中間的なものはない。天については、地とともに、第 2 部 MN 考において論ずるが、天である M と同根の言葉として水（Mi）とその類縁語、また天界から神が降臨すること意味する「天降(あも)る（a-Mo）」という言葉などがある。

⒆　「難しい」と「睦ましい」、物事の「乱れ」と「纏まり」

　「難しい」と「睦ましい」、この 2 つの「むつ（Mu-t）」は別の語であろうか。

　「難しい」という言葉は、「簡単に解決できない」、「機嫌が悪い」、「気難しい」、「気味が悪い」等の意である（『広辞苑』）。また、「むづかる」という言葉がある。この言葉は「機嫌を悪くする」「子供がじれて泣く」の意である（『広辞苑』）。この 2 つの言葉から類推して、「難しい」という言葉には「解決が困難である」という意味の以前に「機嫌が悪い」、「気難しい」の意味を持っていると考えることができよう。すなわち、「難しい」と「むづかる」はいずれも、「その人の気持ちを他の人が解決しようとしても困難な状態にあること」を表わす言葉として捉えることができる。

　一方、「睦ましい」という言葉は、「仲睦まじい夫婦」などと言うように「仲のよいこと」の意であるが、「親しい」という表現とは異なり、余人がその間に入れないほどの親密な人間関係を形容する言葉である。

　このように考えた時、「気難しい」人、「むづかる」子供のように使われる Mut と、「睦ましい」夫婦のように使われる Mut の、全く正反対のように見えるこの 2 つの Mu-t の共通点が見えてくる。Mu-t の共通

概念は、「余人が入りこめないこと」、「手をこまねいて放置せざるを得ないこと」、「道理で説明できない」という意味において統一されるだろう。そしてこの言葉が子音Mと母音uから成り立っていることから、ここに Mi→Mu→Mo→Ma→Me の系列を想定することができる。「みっともない」、「乱れる」の Mi-t、「尤も」の Mo-t、「纏まる」の Ma-t はこの系列上の言葉であろう。従ってこの系列は、「人間の気持ち」という概念を離れて、より広い意味の、物事の纏まりの程度、物事の乱れの程度を表す言葉として、登場してくることになる。すなわち物事の状態は乱れているのが原初的な姿であるということになる。これは、物理学でいうエントロピー増大の法則である。すなわち物事は原初の状態においては、乱れたもの（Mi-t）である。ついで渾然・渾沌とした状態（Mu-t）、道理に合った尤も（Mo-t）な状態を経て、纏（Ma-t）まった状態になる。

「もどかし」や「擬き」もこの系列の中で説明される言葉のように思える。

(20) 地

大地、また土を表す日本語は、Ni（土、丹）、Nu（瓊）、Na（地、地震）、Ne（根、根の国）である。Ni は地表である。Nu は土であり石である。Na は地を表す言葉であるとともに地震の意味を持つ。このことからわかるように Na は大地のより深いところを指す言葉である。Ne の国は深い地底の国であり、現世とは往来できない死者の国である。

このように地を表す N 音の言葉は Ni→Nu→Na→Ne の順に地表から地底へと進んでいる。人は大地を水平的な視点で捉えていない。むしろ大地は、地表から地底へと進む垂直的な世界である。大地は階層的に深化しているものなのである。

No に相当する地を表す言葉はないが、Ne が地底とともに死者の国をも意味することから推して、葬送を意味する「のべ（No）」と言う言

Ⅲ．数詞以外に認められる"iuoae の法則"

葉がこの系列上の言葉ではなかろうか。「野辺送り」と記して、野辺での死者との別れのようにイメージしがちであるが、死者との別れはそのような水平的な別れではない。死者は、はるか根（Ne）の国まで下っていくのである。生者が死者を送っていける限界が野辺（No-h）であるということではなかろうか。勿論、実際の葬列は地上を水平に進み、生者の住む人里から離れた野辺で永遠の別れが行われたであろう。しかし、死後の世界は決して尋め行くことはできない垂直的な別世界である。N 音の iuoae は大地の垂直的な深さを表すと同時に、死後の世界の垂直的な階層を表しているだろう。野辺送りの No は、この階層上に位置付けられた言葉ように思える。

　このように N 音の地を表わす言葉は、同時に死後の世界を表わす言葉でもある。M 音の言葉が天を表わし、そして、天上界は神の住む所であるのと対照的に地界は鬼（o-Ni）の住む所である。地界（N）と天上界（M）の境界である地上に生きる人間は死後にはそこに留まることはできない、いずれかの世界に行かねばならない。両界とも死後に行く世界であり、あるいは生まれる前に住んでいたであろう世界である、と人は理解しているのであろう。

　また、Ni→Nu→Na→Ne の順は大地を構成するものの大小の関係も表している。Ni は地表の微細な成分を表わす言葉であり、鉄分を表わす言葉でもある。この時は、漢字の丹が当てられる。Nu は土であり石である。宝石を表わす時には、漢字の瓊が当てられる。Na は地震（Na-h）を起こす大きな地殻である。Ne は地底の岩根であり大きな国である。

⑳　**海**

　海を表わす子音は W であろう。大海原は海（Wa-t）であり、そこを支配する神は海神（綿津見）である。そして、陸に近く浅い海は「Wi-t」と呼ばれていたのではなかろうか。茨城県の水郷地帯の潮来は昔入

143

り海であった。この地は古くから「いたこ」または「いたく」と呼ばれており、板来または板久と記されていた。『常陸国風土記』には「板来の村あり。近く海浜に臨みて、駅家を安置けり。此を板来の駅といふ」とある。今、「潮来」と記し「いたこ」と読ませるのは、『日本地名大辞典』（角川書店）によれば、常陸の方言で潮を「いた」と言うことから、時の藩主徳川光圀が旧来の板来を潮来に改めたことによるという。常陸地方で潮を「いた」ということは、『新編常陸国誌』（中山信名、1836－55）にも収録されている。静岡県や徳島県でも潮のことを「いた」ということが『静岡県方言集』（内田武志、1934）と『阿波言葉の辞典』（金沢治、1960）にそれぞれ収録されている。これらの方言やそれに由来する地名である潮来から推測されるのは、潮は本来「Wi-t」であり、海（Wu-m）や潮（Wu しほ）や浦（Wu ら）、そして大海原（Wa-t）とともに Wi-Wu-Wo-Wa の系列をなしているのではなかろうか、ということである。子音Ｗと母音によって作られるこれらの言葉は"iuoae の法則"のもとで、陸に近いところから順に Wi→Wu→Wo→Wa であろう。

　海で生活の糧を採る海女（海士・海人）の語幹は Wa-m（わま）であり、海部（海人部）の語幹も Wa-m 部（わまべ）であろう。これらの語が「あま」と読まれるのはおそらく、接頭辞"a－"を伴った「a-Wa-m（あわま）」がこれらの語のもとの形として存在していたからではなかろうか。その事を直接証拠づけるものはないが、地名としての阿波、安房、淡路、淡島等にその痕跡が残されているのではなかろうか。その他、接頭辞を伴ったＷ（海）系列の地名と思われるものに愛知、宇和島、尾鷲、小田原がある。これらは、それぞれ a-Wi-t、u-Wa 島、o-Wa-s、Wo-t ではなかろうか。また、能登の輪島は Wa 島であろう。利根川を挟んで潮来の反対側の地、小見川は Wo-m 川であろう。和田（Wa）、渡部（Wa）、渡辺（Wa）等の人名も海部とともにもとは海に関係ある者の名であろう。中国の古書に登場する倭人は海人的性格の民族

Ⅲ．数詞以外に認められる"iuoaeの法則"

であり、倭国の地は海中にある。倭は、WaではなくWiと発音されていた可能性も指摘されているが、いずれにしても、倭は海をあらわす日本語のWiやWaによるのではなかろうか。倭人は海人であり、倭国は海国であろう。しかし、ここにわかりにくい問題がある。倭は「やまと」とも訓じられていることである。しかし、倭を「やまと」と訓じているのは、倭人の国の中の一国である邪馬台国に由来し、さらに邪馬台国を大和王権と同一視することからこのように訓じられることになったのであろう。海（W）に対する山（Y）、海神に対する山祇の関係から示唆されるWとYの言語的な対立関係が、倭を「やまと」と訓じていることに何事かを暗示しているというものではないであろう。

　海女が海から収穫するあわび（鮑）もまたa-Wa・Mi゛（あわみ゛）であり海の実の意であろう。

麻続王（をみのおおきみ）

　海を表わすW系列、Wi→Wu→Wo→Waの中のWoの候補として、千葉県の地名、小見川（Wo-m）と神奈川県の地名、小田原（Wo-t）を先に挙げた。もう1つ、この系列中のWoであると思われるものに、麻続王（をみのおおきみ）（または麻績王（をみのおおきみ））の「をみ」（Wo-m）を挙げることができるだろう。麻続王（をみのおおきみ）は、『日本書紀』、『万葉集』、『常陸国風土記』の3書に登場する天武天皇の時代の実在の人物の名である。この王は、天武天皇の進める改革政策の中で罪を得て流罪され、海で玉藻を刈っていた王である。『日本書紀』によれば、天武4年4月18日に「三位 麻績王 罪あり。因幡に流す。」とあり、この王が罪を得て因幡国（いなば）に流刑されたことが述べられている。しかし、『万葉集』には、麻続王（をみのおおきみ）の流刑地として別の地が伝えられている。『万葉集』の巻一には、「麻続王、伊勢国の伊良虞の島に流さるる時に、人の哀傷びて（あはれ）作る歌」として「打麻を（うちそ）　麻続王（をみのおおきみ）　白水郎（あま）なれや　伊良虞（いらご）の島の玉藻（たまも）刈ります」（23）を載せ、「麻続王（をみのおおきみ）、これを聞き感傷びて（かなし）和ふる歌（こた）」として「うつせみの　命（いのち）を惜しみ　波に濡れ

145

伊良虞の島の　玉藻刈り食む」(24)を載せている。万葉集では、麻続王の流刑地は伊勢国の伊良虞の島としているのである。一方、『常陸国風土記』には、行方郡の「板来」の村は、「飛鳥の浄見原の天皇のみ世、麻績王を遣らひて居らしめし處なり。」と伝え、天武天皇の時代に、麻績王が常陸国の板来に流罪されていたことが述べられている。

　このように、ほぼ同時代の3つの史料が麻続王の流刑地としてそれぞれ別の地を挙げている。このことに注目したのは折口信夫である。折口は、『日本書紀』、『万葉集』、『常陸国風土記』の3書が伝える3つの流刑地の中で伊良湖と板来の地名の類似に注目した。そして、因幡にも伊良湖や潮来と似た地名があると考えた上で、地名の類似が麻続王の流刑地という共通の伝承を生んだのであろうと述べている。折口信夫の予想のとおり因幡国には伊良子崎がある。谷川健一は『古代海人の世界』（小学館、1995）の中で、因幡国岩美郡に射等護島という地名があることも指摘している。

　折口信夫の説は、『万葉集』に歌われているような、麻続王という高貴な人が流刑されたという伝承がまずあり、そしてその伝承に共感し、それを伝え広めたのが海浜の流民（海人部）の集団であった、というものである。それ故に、麻続王の流刑地は麻続王の歌と関係深そうな条件を備えた海人の中心地に結び付き、その地は「地名すら古風に伊良虞、板来となった」というものである（『折口信夫全集7・8・9巻』中央公論）。折口信夫はこのように、麻続王と海人を結びつけ、さらに地名と結びつけている。しかし折口は、板来、伊良湖の地名については、類似した古風の地名と呼ぶだけで、その地名自体については語っていない。麻続王と海人と板子と伊良湖をWo-m、a-Wa-m、Wi-t、Wi-rという同系の言葉として論じてはいない。

　しかし、これらの言葉は、W音を語頭に持った海を表わす同根の言葉である。このように捉えることによってはじめて麻続王の真の姿が見えてくるであろう。

Ⅲ．数詞以外に認められる "iuoae の法則"

　麻続王は Wo-m の王であり、海人（a-Wa-m）の王である。罪を得て流された地は Wi-t であり Wi-r である。先の『万葉集』の歌の中で麻続王を哀傷んで、人は王に対して「海人なれや」と問いかけている。しかし、王は、海人であるとも、海人でないとも答えていない。この『万葉集』の問答と『日本書紀』、『風土記』の記述の中に、この王と王の罪と海とそして海人との関係が示されているように思える。麻続王と海人とを結びつけているのは、折口がいうように、海人が文芸や伝承を各地に広める「ほかひ人」としての役割を持っていたからではなく、麻続王自身が海人であったからと考えるべきであろう。このことは『日本書紀』の麻続王流罪の記述の中に、明言されてはいないが、示されている、と見ることができる。

　麻続王の伝承について、折口信夫は、その史実としての確実性に疑問をはさみ、名高い話であったので色々に伝えられることになった、と言う。しかし、麻続王の流罪の話は、正史である『日本書紀』に記録されていることである。

　『日本書紀』中の麻続王の記事は、中央の政権の中で地位を得た海人が失脚したことを伝えているのであろう。海人は古代から、贄を献ずることによって王権と結び付き相応の地位を占めていた。しかし、麻続王（Wo-m 王）は失脚したのである。この時期、天武朝の中央集権的支配体制の確立と強化の政策のもとで、それまでに、親王、諸王、諸臣、諸寺に与えられていた特権が脅かされることになり、その政策に抵抗する者は次々に罰せられたのである（北山茂夫『天武朝』中央公論、1978）。麻続王の失脚、そして流罪もそのような中で起こったのである。

　麻続王は、天武の進める改革政策の何に抵抗しようとしたのであろうか。麻続王が持っていた特権とはどのようなものであったのであろうか。『日本書紀』の天武4年4月18日の記事には、「三位 麻續王 罪あ

り。因幡に流す。一の子をば伊豆嶋に流す。一の子をば血鹿島に流す。」とあり、この王が罪を得て、子とともに流刑されたことが述べられている。北山茂夫は先の著書『天武朝』の中で、麻続王がこの時いかなる罪を犯したのか『「書紀」は一切ふれようとせず、かたく沈黙を守っている』と述べている。しかし、『日本書紀』のこの部分の直前（流刑の記事の前日の４月17日）には、次のような漁労・狩猟・肉食の制限と禁令が述べられているのである。そこには、『庚寅に、諸国に詔して曰はく、「今より以後、諸の漁猟者を制めて、檻穽を造り、機槍の等き類を施くこと莫。赤四月の朔より以後、九月三十日より以前に、比彌沙伎理・梁を置くこと莫。且牛・馬・犬・猿・鶏の宍を食ふこと莫。以外は禁の例に在らず。若し犯すこと有らば罪せむ」とのたもう。』とある。そして、この狩猟、漁労、肉食に対する制限と禁令の次の日の記事として、上に記した麻続王の流刑に関する記事があるのである。禁令の記事と流罪の記事とのに間には何の記述も挿まれていない。この２つの記事は一連の、そして対になったものと解すべきであろう。この王はおそらく、天武４年４月17日に出された狩猟、漁労、肉食に対する制限・禁令に対して、旧来の海人の生活と既得権を守るために、天皇専制を進めようとする天武の改革に抵抗の姿勢を示し、そのために流刑の罰を受けたのであろう。

当時の海人は、この禁令に抵触するような生活を送っていたのであろうか。ここに、『肥前国風土記』に、当時の海人の生活が述べられている。それによれば、「白水郎は、馬・牛に富めり」とあり、また「恒に騎射を好み」とある。伊藤彰は、この『肥前国風土記』を引いて、『海人と海士』（谷川健一編、三一書房、1990）の中の論文『潜水漁撈覚書』で、白水郎の生活について「実態に即して言えば、アマとは潜水による海的稼業を通年的にムラの生産歴に組み込んでいる、すぐれた慣海的な集団と謂える。」と述べている。このように、風土記の時代の海人の生活は、単なる漁労の集団にとどまるものではなかった。海浜に生活

Ⅲ．数詞以外に認められる"iuoaeの法則"

し、魚介を取り、それを商うと同時に、動物を飼い、狩猟を行ない、その肉を食べ、それを商う集団であった、と考えることが出来よう。天武4年4月17日の詔は、このような生活に打撃を与えるものであった。この詔は、この時代、日本の各地に相当色濃く残っていたであろう狩猟・漁労を生活の糧とする者から生活権を奪うような禁令である。麻続王(をみのおおきみ)は、この政策に抵抗し罪を得た。そして、玉藻を刈り、それを食べるという重い労役を、海人の生活の場であるWi-rで、Wi-tで、同族が注視する中で務めなければならなかったのであろう。この「反逆者」に、同情が集まったのも確かであろう。このような中で『万葉集』に収録された歌は読まれた。

しかし、麻続王(をみのおおきみ)は、三位の官位を得た王である。自身は、玉藻刈りは勿論、漁労の経験も無い人であったのであろう。そこで「海人(あま)なれや」と問われ、海人(あま)であるとも、海人(あま)でないとも答えずに、「玉藻刈り食む」と答えている。万葉集の、この2首の歌が、麻続王(をみのおおきみ)という人物の真の姿と、その時、王が置かれていた状況を如実に物語っているように思える。

麻続王(をみのおおきみ)は、梅原猛が柿本人麻呂について論じた（『水底の歌』新潮社、1973）のと同様に、各地を転々として刑に服していたのかも知れない。また、『万葉集』にこの王の歌が残されているのは、この歌集が持っている性格、怨みを持って死んだ者に対する鎮魂的性格（梅原　猛同上）によって収録されたものかも知れない。

『万葉集』に歌が収録されている以上、この歌を詠んだ人物は確かにあったのであろう。しかし、この血統不明の王が、海の王という一般名で呼ばれていることを考えれば、この王は特定の個人というよりも、この時代、中央の支配の強い地域で、やむを得ず従来の生活をやめ、海草を採ることで糊口をしのがざるを得ないという運命を蒙った多くの海人(あま)を象徴する者であったというべきかもしれない。

このように、麻続王(をみのおおきみ)と、その歴史的事件の本質は、この王の名前と

149

詠まれた歌と地名の中にこそある。Wo-m（麻続）の王は、Wu-m（海）の王であり、Wa-t（綿）の王であり、a-Wa-m（海人）の王である。そして、Wo-m（麻続）の王の生活の場は、多くWi-t（陸に近い浅い海）であり、同時に罪を得て労役に服する場もまた、Wi-tであった。

柳田国男は潮来（板来）を津軽地方の巫女と結びつけて説明しようとしている。しかしその説明は説得力のあるものではない。津軽の「いたこ」は本来「Yiたこ」であり、むしろ琉球列島の呪術師「ゆた（Yuた）、よた（Yoた）」に通ずるものではなかろうか。

Ⅲ．数詞以外に認められる"iuoae の法則"

麻続王(をみのおおきみ)の歌

　万葉集の２つの歌、人が麻続王(をみのおおきみ)を哀傷(あはれ)んで作った歌（①）と、麻続王(をみのおおきみ)が感傷(かな)んで和(こた)えた歌（②）を、海人(あま)（白水郎）は a-Wa-m であり、伊良虞(いらご)の伊は Wi であるとした上で、朔太郎流（萩原朔太郎『恋愛名歌集』1930）に分析してみよう。

①「打麻を　麻続王(をみのおおきみ)　白水郎(あま)なれや
　　　　　　　　　　伊良虞(いらご)の島の　玉藻(たまも)刈ります」
②「うつせみの　命(いのち)を惜しみ　波に濡(ぬ)れ
　　　　　　　　　　伊良虞(いらご)の島の　玉藻(たまも)刈り食(は)む」

　①の歌は、「うちそを　Wo みのおほきみ　あWa まなれや　Wi らこのしまの　たまもかります」と表記すると解かるように、上句から下句に渡ってW音を頭に持つ３つのフレーズが続いている。枕詞の語尾のWoを加えれば、この歌は、Wo、Wo、Wa、Wiによって韻が踏まれている。そして同時にM音によって韻が踏まれている。この歌は「うちそを　をMi のおほき Mi　あわ Ma なれや　ゐらこのし Ma の　た MaMo かり Ma す」である。上句は Mi・Mi・Ma であり、下句は Ma・Ma・Mo・Ma である。W音は子音であると同時に母音化し易い半子音（半母音）でもあるため、W音によって踏まれた韻は、この歌に、ぐにゃぐにゃ、ぎくしゃくした印象を与えるが、これにM音による軟らかな韻が組み合わさって、全体として流麗な、しかし複雑な韻が形成されている。次に、子音を除き母音のみで表記するとこの歌は「uio(u)o oiooii　(a)aaaea iaooiao aaoaiau」となる。母音のみで表記することによって見えてくるこの歌の特徴的な構造は、まず、上句にも下句にも見られる同一母音の連続である。枕詞の次にくる２番目のフレーズは o 音と i 音で構成され、３番目のフレーズは e 音を１つ含むが他の４音はすべて a 音である。上句は、枕詞を除けば、o 音と i 音が連続したフレーズと、a 音が連続したフ

151

レーズから成っている。一方、下句は、i音とo音とa音が混在する2つのフレーズから成っている。しかも、最初のフレーズの7音の中にiaoという組み合わせが2つある。「iaoのiao」である。また、次のフレーズには「aao」がある。この、iao、iao、aaoの連続が下句に単なる3母音の混在でない音調を与えている。u音はこの歌の中に2つ、初めと終わりに配されているだけである。この歌は以上のように子音WとMによって韻が踏まれ、母音の組み合わせによって音調が整えられているのである。

次に、②の麻続王(をみのおおきみ)が和(こた)えた歌「うつせみの　命(いのち)を惜(を)しみ　波に濡(ぬ)れ　伊良虞(いらご)の島の　玉藻(たま)刈(か)り食(は)む」においては、子音の構成が①と異なっている。それは上句におけるN音による韻である。枕詞を含めた上句のN音はNo、No、Na、Ni、Nuであり、Neを除くナ行のすべてである。この4種類、5つのN音によってこの歌は、①の歌がM音の韻であることによって、人の境遇を哀傷(あはれ)んで作った歌とされているにもかかわらず、清朗な印象を与えているのと対照的に、陰鬱な印象を読む者に与える。これは、日本語においては、1つ1つの音がすでに意味を持っているということによっている。特に、M音とN音の対照的な違いが（第2部MN考）、歌の詞の意味に加えて、対照的な印象を読者に与えるからである。M音とN音の1つ1つがすでに持っている意味と、そのことによって無意識下に読者の脳裏に伝えられる調べによって①と②は全く違った様相を持ってくる。

②の歌は、母音によって表記すれば、「uueio ioiooii aiiue iaooiao aaoaiau」である。下句は①と全く同じであるが、歌全体でみるとu音が多く、上句には3つのu音がある。N音が基調をなしていることに加えて、u音が本来持っている意味、"iuoaeの法則"上における位置、すなわち、不確定さ、不安定さが、N音が本来持つ内向性と相俟って①の歌と違った印象を読者に与えるであろう。

Ⅳ. "iuoae の法則"の法則性

　前章に見てきたように、"iuoae の法則"は、数詞のみならず、時空を表わす言葉の中に、そして、人間の生活の基本である食や親族関係等を表す言葉の中に、そしてまた、人間のみならず総ての生きとし生ける物の存在を許している大自然、即ち、天と地と海を表す言葉の中に、さらに、人間からみて異常な生き物である地を這うものと、空を飛んで来訪するものの名称の中に見出される。しかも、この法則は、50音図上の、R音を除く、すべての子音において成立している。このことは、日本語においては、この世界の基本的概念は子音によって範疇化され、そしてその子音は、母音 i、u、o、a、e によって、その範疇の中で活用されていることを示している。例えば、時（To-k）という言葉、すなわち時間の概念は、子音 T によって表わされる。そして、時（To-k）と同じ範疇の中に月（Tu-k）という言葉がある。Tu と To は、子音 T が母音によって活用されたことによってもたらされている同根語である、ということである。

　この章では、前章までに見てきた各系列の中の「子音＋母音」からなる言葉を分析することによって、子音を活用させている i、u、o、a、e それぞれの意味を抽出し、"iuoae の法則"が成立している根拠、すなわち、この法則自身が持っている法則性について考えてみたい。さらに、母音接頭辞について考えてみたい。

(1) i、u、o、a、e それぞれの意味

　"iuoae の法則"に合致するものとして挙げた数詞を含む27の系列について表‐13にまとめた。これらの系列は、表の1～3行に示した数詞

系列から出発して、数詞が必然的に持っている大小関係、そして日本語数詞がその特徴としている指数関数的関係を手掛かりとして見出された

[表－13]

	i	u	o	a	e
数詞HY	Hi(1)	Hu(2)	Yo(4)	Ya(8)	He(16)
数詞M	Mi(3)	Mu(6)	Mo(12)	Ma(全)	Me(滅多)
数詞T	Ti(小)	Tu(5)	To(10)	Ta(20)	Te(手)
日周変化	Hi(日)	Yu(夕)	Yo(夜)	Ya(闇)	
火食	Hi(火)	Yu(茹)		Ya(焼)	
火食	Hi(火)	Hu(燻)	(Ho)	Ha(暴)	
堅果加工	Ki(生)	Ku(薬)	Ko(粉)	Ka(糧)	Ke(食)
時間	Ti(些)	Tu(月)	To(年)	Ta()	
遠近	Ti(近)	Tu(辻)	To(遠)	Ta(旅)	
血縁	Ti(父)	(Tu)	To(従兄弟)	Ha(はとこ)	
白鳥	Ti(衛)	Tu(鶴)	To(鳥)	Ta(鶴)	
神格	Ki(君)	(Ku)	(Ko)	Ka(神)	Ke(煙)
生涯/女	Hi(姫)	Mu(娘)	Yo(嫁)	Ya(寡)	
生涯/男	Hi(彦)	Mu(息)	Mo(婿)	Ya(寡)	
蛇	Hi(皺)	Hu(文)	(Ho)	Ha(蛇)	He(蛇)
稔	Mi(実)	Mu(麦)	Mo(芋)	Ma(豆)	Me(芽)
天	Mi(水)		Mo(天)	Ma(天)	Me(天)
乱・纏	Mi(乱)	Mu(難)	Mo(尤)	Ma(纏)	
地	Ni(土)	Nu(瓊)	No(野)	Na(土)	Ne(根)
結合・解離	Si	Su	So	Sa	Se
海	Wi(潮)	Wo(海)	Wo(麻続)	Wa(綿)	
石器	Ti(力)	Tu(打)	To(尖)	Ta(宝)	
経済/保存		Tu(積)	To(冨)	Ta(蓄)	
経済/配分		Wu(受)	(Wo)	Wa(分)	We(飢)
法/責任	Si(領)	Su(統)	(So)	Sa(治)	Se(責)
法/掟	Ki(決)	Ku(組)	Ko(行)	Ka(買)	
法/契約・罰	Ti(誓)	Tu(務)	To(咎)	Ta(箍)	
発酵	(Si)	Su(酢)	(So)	Sa(酒)	

154

Ⅳ．"iuoae の法則" の法則性

ものである。すなわち4行目以下の系列は、数詞の法則である"iuoae の法則"に合致するものとして見いだされたものである。従って、これらの系列において、i→u→o→a→e の母音変化が数量的大小、程度の大小を、従ってまた物事の進行の順序を持つのは当然である。

しかし、ここで、改めてこの表を眺めることにより、数量的大小、程度の大小、物事の進行の順序がなぜこの母音の順に並べられることになったのかを、すなわち、5つの母音が持っている本来的な意味にまで遡って確認したいと思う。言い換えれば、数詞を始めとしてこれらの諸現象がなぜ"iuoae の法則"を持っているのかを探るということである。言語が1つの法則を持っているということは、その法則を法則たらしめている言語的な原因があり、その結果として法則がもたらされているということであろうからである。

i 音の言葉

i 音の言葉に共通しているのは、その原初性・根源性・素子性、そして神聖性であろう。堅果の加工工程上の Ki には「生」の字が当てられ、「生」は新鮮・純粋の意を表す語でもある。「生きる」の i-Ki、「息」の「i-Ki」、「憂き」の「u-Ki」、これらの言葉の「Ki」もこれであろう。結合解離の系列で見た Si は、2つの事象が密着していることを示す語である。血縁関係の系列上の Ti は、血縁関係の根源である血であり乳である。血と乳は生命の根源である。また、Ti には霊の字が当てられ、これは魂のことである。また、Ti は T 系列数詞の原点にも在る。また Ti は近い距離や刹那的時間を指し、時空の最小単位である。Ni は土であり、同時に丹である。Ni は土の最小単位を、土の素子を表わす言葉であろう。このことは、Ni が土を指す言葉であると同時に、土の中のさらに微小の成分である鉄分（丹）を表わす言葉であることからもわかる。丹は、大地の素子である。Hi は日であり火である。日は、その光りと熱によって、この世のありとあらゆる生き物に生命を与

えている。火は、人間とその他の動物とを分けるものである。火を使うことが人間を人間たらしめている根本である。Mi は、動物の身であり、植物の実である。これらは動植物の肉体の原点である。水（Mi）は、原始の渾沌において、この世界を2分する一方の極であり、天（a-Ma）の原初の姿でもある。接頭辞 Mi（御）が美称、尊敬、丁寧を表すのは、これらの諸々の Mi が持っているイメージに由来するであろう。Wi は、陸上に住む者から見て海というものの原点であり、同時に、Wi は海の干満すなわち潮である。潮は海が持っている周期性の原点でもあろう。

このように、Ri を除く「i 列」の音、Ki、Si、Ti、Ni、Hi、Mi、Yi、Wi は、その子音の示す範疇において原初性、根源性を指す語を造っている。これら i 音の言葉は、すべての言葉の原子である。子音を伴わない母音だけの i には「斎」の字が当てられ、『広辞苑』によれば「斎」は「清浄な気」の意である。

u 音の言葉

u 音の言葉は、原初の事象が発展・進化して次の階層に到るために通過する中間的なもの、すでに原初性は失われ、原点的な位置を離れているが、未だ次の階層として明確になっていない、どっちつかずの、不安定な事象を表わす言葉である。堅果加工工程の中に現れる Ku は、薬という語の語源でもあるが、生（Ki）のものを加工して食糧（Ko、Ka）とし、さらに食事（Ke）にするための工程の中では、生でもない食糧でもない中間的なものである。中間的であるからこそ薬として役立つものである。Su は隙間（Su-k）である。密着（Si-k、しっかり）した状態ではないが完全に分離した状態（Sa-k、裂けた状態）でもない。「饐える」（Su）あるいは「酢」（Su）は長時間を要さない中間的発酵、そしてその産物である。Tu は時間的にも距離的にも中間的なものである。Tu は月の満ち欠けによって生ずる時間であり、太陽の運行によって生ずる時間、年（To）ではない。Tu（津）は道の行きどまった所で

Ⅳ．"iuoae の法則"の法則性

あるが、別の所（To）に到った訳ではない。Nu は、丹（Ni）ではない。大地を示す Na でもない。地底の国（Ne）でもない。地の中間的階層である。Hu（蒸かす）また Yu（茹でる）は、火食の系列で見たように、食材の中に入れられる火（Hi）は Ya（焼く）に較べれば少量である。Mu は水（Mi）と天（a-Ma）の中間にあるものを指すはずであるが、該当するものはこの範疇においては見当たらない。しかし、「乱れ（Mi-t）－纏（Ma-t）まり」の系列においては、Mu は中間的状態の言葉として存在する。実（Mi）や籾（Mo）や豆（Ma）に相当するような Mu は見当たらないが、梅の古語「むめ」が挙げられるのかもしれない。Yu は日周変化の系列で見たように昼でもない夜でもない中間的な時間帯、夕方である。Wu は陸から離れた海である。Wi が陸に近い海を、綿（Wa）が大海原を表わす中で、海（Wu）は海という概念の中では中間的階層に位置しているであろう。内田武志著『静岡県方言集』（1934）に「ウタリ」という語が収載され、その意味は「沖の波と浜の波との中間の波静かな處」である。

o 音の言葉

　o 音の言葉は、その範疇の中で、既に確定した階層に到達したものを表わす。日周変化の夜（Yo）であり、堅果加工工程の粉（Ko）であり、時空の系列の年（To）であり遠いの（To）である。同時に a 音の言葉に向かって成熟しつつあるものである。確定性と同時に発展性を含んでいる。

a 音の言葉

　a 音の言葉は、その子音の支配する範疇において完成したもの、十分な状態にまで進行したものを指す。闇（Ya）は、日周変化の最終段階であり、焼く（Ya）は火食の系列において、食材に最大に火を入れることである。糧（Ka）は堅果が食料にまで加工された状態であり後は

調理するだけである。土を表わすNaという言葉は土の階層の中で、Ne（根の国）を別にすれば、最深部である。天（a-Ma）は天上の最上部である。美味い（u-Ma）、甘い（a-Ma）という言葉は、稔りの系列の中の最上階の言葉である。

e音の言葉

　e音の言葉は、その範疇がa音を超えてさらに進行し、その系列の中で一般化、象徴化した状態にまで進行したものである。e音の言葉は、それまでのi、u、o、aそれぞれが持っていた特性を離れて、しかし、その子音の持っている範疇において一般化・象徴化したものである。T系列数詞はTe（手）において一般化・象徴化されており、堅果加工工程は、Ke（食事）において一連の工程は一般化・象徴化されている。根の国のNeも大地の系列がi→u→o→aを越えて抽象化・象徴化したものであろう。M系列数詞がe音にまで進行したものは、すでに数詞を越えた滅多（Me-t）である。煙（Ke-m）は、具象から抽象への系列の中で最も抽象化したものとして、象徴的に捉えられたものであろう。

　このように、日本語においては、母音は、それぞれに固有の特性を持っており、物事の範疇を決めている子音は、伴う母音によってその範疇の中で活用されている。ここで活用という言葉を使うのは、動詞や助動詞の活用もおそらく根底において類似した原理を持つものであろうと考えるからである。この原理は、この言語の成立以来、おそらく数千年あるいはそれ以上に亘って失われることなく維持されてきたところの、この言語の根幹的法則と言えるであろう。この言語圏には無かった新しい概念の導入に際しても、この法則はその機能を発揮し、外来の文化やその言語はこの法則のもとで吸収され、統合され、変化したであろう。最古にはアイヌ語・南洋語との接触あるいは融合、その後の、朝鮮語、漢語との接触、近年にいたっては西洋語との接触の中で新たに生まれた

Ⅳ．"iuoae の法則" の法則性

言葉の中にもこの法則は生きているであろう。逆に言えば、日本語におけるこの法則は、日本語の中のこの法則に従わない言葉のルーツを探ることにも手掛かりを与えるということになる。

　また、「はやり言葉」や「若者言葉」の中にも、オノマトペの中にもこの法則は生きている。俳優であり、また映画監督でもある竹中直人の芸に『「あいうえお」を感情を込めて言う』というものがあったが、「あいうえお」が単なる音ではなく、すでに感情と意味を持った言葉であることを肉体的しぐさと顔の表情で見事に演じており、観衆は皆、我が意を得て喜ぶ。演者も観衆も "iuoae の法則" をよく知っているのである。

　従来、同子音で母音の異なる語について、その語意が類似することをもって、同系語であろうと推定されていた。しかし、このように推定される語がいわゆる「母音交換」や「母音調和」によるばかりでなく "iuoae の法則" という構造の中に位置づけられており、その秩序の中でこそ生き生きと呼吸していることが、いま、知られたであろう。例えば、数詞の系列においては、Ti-t、Mo-t のような言葉が、また i-To、i-Ta のような程度副詞が数詞に由来し、密接した言葉であることが明らかになった。さらに、数詞系列以外の多くの語が "iuoae の法則" の中に位置づけられており、これらの中で、例えば Yu（夕）、Yo（夜）、Ya（闇）については、すでに述べたように韓国人言語学者李男徳によって同根語であろうという指摘があり、i-Si、i-Su、i-So、i-Sa については高橋正秀によって同根語であるという指摘がある。これらの同根語といわれる一群の言葉は、前者は自然現象としての日周変化という範疇においての、その進行を表し、後者は社会の中での人間の精神状態という範疇において、人間の肉体と精神との関係として接頭辞 "i－" を冠することにより、この法則の中に位置付けているのである。これらの同系語と指摘されていた言葉がどのように同根であるのか、同根の中でどのように使い分けられているのかということについての、言語上の本質的・法則的関係が "iuoae の法則" によって、理解されるであろう。

表-12の中には、"iuoaeの法則"上に在るものとして、即ち、大小関係や進行性という点で判然としないものがある。しかしこれらの語は、いまは、その法則性が判然としないと言うことであろう。これらの語は、遡れば、単に同根語・同系語というのみならず、"iuoaeの法則"上にあるものであろう。これらも"iuoaeの法則"という作業仮説のもとで、今後解明されるに違いないと私は思う。またここに挙げた以外にも多くの現象が"iuoaeの法則"によって説明されるに違いない。
　Ⅱ章の冒頭に述べたように、i→u→o→a→eの母音変化は音声学でいうところの母音四角形（図-1、12ページ）に沿ったものである。日本語においては、多くの言葉が「生理的な音声の法則」によって統一されているということであるが、同時に"iuoaeの法則"が、この四角形のi→u→o→a→eの順に合致しているために、この法則上の言葉が中間母音を含んだ範囲においていわゆる「訛り」や「方言」を生み、同系語とされる以上に追求されることがなかったということも言えよう。

(2) 接頭辞 i、u、o、a、e

　"iuoaeの法則"が存在し、それぞれの母音が前項で述べたような意味を持っているとすれば、単母音語の接頭辞"i""u""o""a""e"はどのような役割を持っているのであろうか。表-14に、母音接頭辞を伴うTu、Ya、Ka、Maの例を挙げた。

[表-14]

母音接頭辞	Tu	Ya	Ka	Ma
i	i-Tu(5、厳島)	i-Ya(弥)	i-Kam(厳めし)	
u	u-Tu(美し)	u-Yam(敬う)	u-Ka(うかの御魂)	
o	o-Tu(おつ)		o-Kam(拝む)	
a	a-Tu(篤い)		a-Kam(崇める)	a-Mat(あまた)

Ⅳ．"iuoaeの法則"の法則性

　接頭辞"i"は、i音が原初性・神聖性の意を持つことから神や人（の精神）に冠せられる接頭辞であると考えられるであろう。「斎」の字で表わされる「斎」という接頭辞がその代表的なものであろう。表－14に挙げた例から、数詞Tu（5）、Ya（8）に接頭辞"i"が冠されることによって特別の数（聖数）i-Tu（5）が、また、聖なるものを形容する言葉i-Ya（弥）が作られている。「いよよ」という語もまた、接頭辞"i"を伴った数詞であり、i-Yo・Yo（4・4）であり、i-Ya（弥、8）と同じであろう。このように、接頭辞"i"は、u音でありa音である語幹Tu、Ya、Kaに冠せられることによってその語幹に原初性・神聖性を付与することになるであろう。一方、もともとi音を持った語であるTi、Kiに、さらに接頭辞"i"が冠せられた語であるi-Ti（著し）、i-Ki（粋）は、語幹の持っていた原初性がさらに強調されることになる。

　また、物事の解離の程度を示す子音Sに接頭辞"i"が冠されることによって"i-S"という範疇が成立し、"iuoaeの法則"のもとで、"i-S"＋V（V＝母音）という語幹を形成する。そして、これらの語は人の肉体と精神の解離の程度を表すことになる。接頭辞iは、このように使われている。

　接頭辞"u"は、u音が持っている中間的・曖昧な意味合いを与えると同時に、その他の母音接頭辞について言えることであるが、u音については特に、音調を整える作用を持っているように思える。

　その他の母音接頭辞"o""a""e"については、例数も少なく考察が進んでいないが、表に挙げたTuの例から、数詞Tuが接頭辞iによって聖数「いつ」・「厳」になり、接頭辞uによって「美し」になり接頭辞oによって「おつ（畏）」という語になり、接頭辞aによって「篤」になる（「篤」は「重々しい」の意であり、「厚」や「熱」や「暑」とは別であろう）。Tuにおけるこれらの関係は、Tuが母音接頭辞によって"iuoaeの法則"に基づいて活用されている例と見ることができるであろう。

母音が単独で、独立した品詞、接頭辞として存在し、かつ、その１つ１つの意味が、"iuoae の法則"における母音の意味と重ね合わせることができるのであれば、母音接頭辞は"iuoae の法則"を裏付け、確認していることになる。

> 本稿において、"iuoae の法則"を論ずるにあたり、上代語において指摘されている、いわゆる甲音、乙音の別については論じなかった。橋本進吉による甲音・乙音の発見以来、上代日本語が aiueo に ï ö ë を加えた８母音であったという説は定式化しつつあったが、最近疑問視されている。本稿では、日本語はおそらく上代から現在まで５母音であったということを前提に論じてきた。しかし仮に、古代日本語に甲音、乙音の別があり８母音であったとしても、"iuoae の法則"は"ïiuoöaeë の法則"と言い替える必要があるかも知れないが本稿の論旨を左右するものではない。
>
> ８母音の問題よりむしろ、古代の日本語では、すでに具体的事例として述べてきたように W 音、Y 音が現在より明瞭に５音揃っていたのではなかろうか。

(3) 子音および子音交換に認められる法則性

"iuoae の法則"のよって導かれた諸現象から子音間の関係がまた抽出される。子音間には、あきらかに親密な関係を持つものもあり、またあきらかに対立の関係を示すものもあるが、その関係は単純ではない。

HとYの関係においても、「１・２（H）と４・８（Y）」の関係、「光（H）と闇（Y）」の関係、「火（H）と火食（Y）」の関係、「蛇（H）と薮（Y）」の関係、これらは数詞 HY 系列においては連続し、内包した関係を示し、光りと闇においては連続しているが、同時に対立的な関係を持っており、火食の系列においては内包の関係をHとYは持っている。これらの関係は、もともと統一されたものではなく、これらの言葉が互いに無関係にまずあり、後に、同じ子音関係にあることから付会させられたものであろうか。例えば、蛇（H）は薮（Y）の中に棲んでいる。これは蛇の習性であるが、この事実から、蛇が闇（Y）の中や夢（Y）の中に現われることは何らかの意味のあることであると、

Ⅳ．"iuoae の法則"の法則性

後に考えられたのであろうか。これらは単なる言葉遊びに過ぎないのであろうか。そうではないであろう。上にあげた 4 対の H-Y の関係は、統一された思想として、この言葉の発生時にすでに捉えられていたに違いないと私は思う。

しかし同時に、同一子音の幾つかの系列が、統一された思想によっているのか、あるいは少ない子音の中からやむを得ず重複して選ばれた同一子音であり、思想的統一はないものなのかが検討されねばならない。あるいは、日本語を作った幾つかの別系統の言語があるとすれば、重複しているそれぞれは別系統の言語に由来するものであるのかも知れない。

T 子音は時空を、人にはどうすることもできない自然界的時空を表す。そして、この世を支配する数を表す。しかし同時に人の血縁関係もまた T 子音によって支配されている。従って同じ Ti が数に入らない程小さい数を、刹那的時間を、短い距離を、そして血を、乳を、父を表す。これら全ては父性的世界を表しているのであろうか、そして H は母性的世界を表しているのであろうか、第 2 部 MN 考で論じたい。

(4) "iuoae の法則"と音義説

Ⅱ章の冒頭に「音義説」について述べ、賀茂真淵の『五十聯（伊閈良乃古恵と訓）』の図を掲げた。

いま、私がここに提出したのは、日本語において広範囲に認められる 2 つの法則である。1 つは、日本語においては一定の範疇にある事象には、一定の子音が与えられるということである。もう 1 つは、範疇を決定した子音が"iuoae の法則"によって変化し（活用され）、その範疇の中で進行する現象や、その範疇の中で階層的な関係にある事象を現わす言葉を生み出しているということである。換言すれば、五十音図の「行」が物事の範疇を決定しており、母音 a、i、u、e、o の特性によって、五十音図上の 1 音が 1 義を表すことが相当広範囲に亘って存在して

いるということである。しかも、これらは人間にとって本質的な事象や、古い習俗との関連においても認められるということである。従って、この2つの法則はこの言語が獲得された時に既に存在していたと考えなければならないだろう。日本語の中の多くの語は、五十音図上の1音1音がその位置する「行」と「段」において意味を持っている。そして、1子音＋1母音によってなり立っている語幹の結合によって多くの言葉が生み出されている。日本語にはこのような構造があると、ここまでに挙げた事実に基づいて私は考える。

　これらの構造は勿論、江戸後期から明治初期にかけて唱えられた音義説、「言語以前にある神秘的な冥約」によるものではなく、「五十音図は天地剖判とともに生成、あるいは、天地剖判以前からあらかじめ存在していた」ものでもない。

　この構造は、3つの数詞系列において古くから指摘されていたところの、同一子音のもとでの母音変化による倍数化が表現される、ということであり、さらに数詞の倍数化は、i→u→o→a→e という一連の母音変

五十聯　伊門良乃古恵と訓　　　　　　　　　　　　　　**母音の特性**

初はじめのことば	和	良	也	麻	波	奈	多	佐	加	阿
体うごかぬことば	為	利	伊	美	比	仁	知	志	幾	伊
用うごくことば	宇	留	由	武	不	奴	門	須	久	宇
令おふすることば	恵	例	衣	米	反	祢	天	世	計	延
助たすくることば	於	呂	由	母	保	乃	登	曽	己	袁

a	完成性
i	原初性
u	曖昧性
e	一般性
o	確実性

	清音	半濁	同	清音	清濁二音	清音	同	同	清濁二音	本音
	W	R	Y	M	H	N	T	S	K	
	海配分	数日周生涯	数天食	数火食蛇	地	数時空血縁保存石器	結合解離発酵責任	食神格掟		

子音が支配する範疇

Ⅳ．"iuoae の法則"の法則性

化によって表現されるというものであり、このような関係が数詞以外のいくつもの事象において、数詞ほど明瞭に数理的ではないが、進行的・階層的な関係として実証的に認められる、ということである。

　ここに、前に掲げた賀茂真淵の『五十聯（伊門良乃古恵と訓）』の図に並べて、"iuoae の法則"から導かれた母音の特性（図の右側）と子音が支配する範疇（図の下側）について簡略に示した。

　図に示したように子音が範疇を決定しているのであるが、同一子音が多くの範疇において使われる。そのため、先に示した様に同一子音のもとで「旅」と「足袋」が生まれ、同じ「いと」という言葉が血縁関係の範疇においては「従兄弟」という言葉を作り、数詞から派生した「いと」は「愛し児」という言葉を作る。また、それぞれの子音間には、おそらく法則的な複雑な関係がある。To-k（時と所）の通過儀礼にSが関わっていることを先に述べた。子音間の関係については第2部 MN 考で論じたい。

　梅原猛は、日本語とアイヌ語の間には、多くの共通語が存在し、言語の構造上にも共通点があることを述べている（梅原猛・藤村久和編『アイヌ学の夜明け』小学館、1990）。梅原は、両言語はともに語素に分けやすい言語であり、しかも、両言語の語素の間には意味上にも共通点があることを挙げ、片山龍峯の研究（『アイヌ学の夜明け』）を引用して、両言語は親縁関係にあるのではないかと論じている。この中で、梅原があげた例は、日本語とアイヌ語に共通して、「か」という音声には「上に」という意味があり、「も」という音声には「静かな」という意味がある、というものである。梅原が挙げる2つの例、「か」と「も」について考えてみたい。

　「か（Ka）」という1音声を語根とする語は、以下に述べるようにいくつかある。しかし、それらは、それぞれ別の範疇に属している。1つは、物の数や形を示す語という範疇である（Ⅱ章（5）日本語数詞そのものに対する考察―数という言葉は？―）。この範疇にあるのは、「数、

Ka-tu゛」や「形、Ka-ta」や「角、Ka-to゛」「量、Ka-sa」の Ka である。ta、tu゛、to゛、sa という接尾辞を伴っているが語根は Ka である。また「いかが、i-Ka」の Ka は接尾辞を伴っているが、この範疇の語であろう。

Ka が属しているもう1つの範疇は、食料澱粉の加工という範疇である。この範疇に属する Ka は、「糧、Ka-te」や「搗栗(かちぐり)、Ka-ti」の Ka であり、「宇迦御魂(うかのみたま)」の Ka である。これらの Ka は食物や食事である。

この2つの例から、同一音声の Ka が、全く別の範疇に属していることがわかるであろう。これらの Ka が、接頭辞や接尾辞（語尾）を伴っていくつもの言葉生み出し、さらに複合し多くの言葉を作っているのである。

神の Ka は、君の Ki と範疇を同じくしている。この Ka は厳(いかめ)(「i-Ka-m」)しい存在であり、厳(いかめ)しい存在は、拝(おが)み（o-Ka-m)、崇(あが)め（a-Ka-m）なければならないのである。「厳(いか)めし」、「拝(おが)む」、「崇(あが)む」、これらの語はそれぞれ接頭語を伴っているが神（Ka-m）と同根語である。このように、同じ Ka であっても「数」や「食」や「神」を表わしている。

そしてさらに別の子音との関連が加わり複雑である。別の子音との複雑な関係を雷を例に説明すれば、雷(いかづち)（i-Ka）は別名、稲妻(いなづま)（i-Na）である。雷は Ka であり、そして Na である。同じものを K 音と N 音で呼ぶ事例は、他にもある。宇迦御魂(うかのみたま)（u-Ka）＝稲荷(いなり)（i-Na）であり、采女(うねめ)の「u-Ne」は食事「Ke」を司る女である。これらの N と K は、雷の「i-Ka」が神の Ka であるならば、神＝食＝贄として、互いに通じているもの、あるいは表裏をなしているものである。（釜と鍋もこの関係かも知れない。）

　　　　雷(いかづち)（i-Ka）＝稲妻(いなづま)（i-Na）
　　　　宇迦御魂(うかのみたま)（u-Ka）＝稲荷(いなり)（i-Na）
　　　　食(け)（Ke）＝采女(うねめ)（u-Ne）
　　　　釜（Ka-m）＝鍋（Na-m）　　の関係である。

Ⅳ．"iuoae の法則"の法則性

　一方、頭のKa、鎌首のKa、兜のKaは、神のKaと同一範疇の語かも知れないが、しかしこれらのKaは、頭のTaや、頭・頭のTuのようにT音と対になっているものとして1つの構造をつくっている。

　　　　　頭（Ka）＝頭（a-Ta、Tu）　　の関係である。

　また、上と下、被ると敷く、「かくかくしかじか」の「かく」と「しか」、「かく語りき」の「かく」と「謂いしく」の「しく」のように、これらのKaはSiと対立的・対置的な構造をつくっている。

　　　　　上（Ka-m）≠下（Si-m）　　の関係である。

このように、頭と上のKaは、それぞれ対になっている子音が異なっている。一方はTであり、一方はSである。

　このように同じKaが語根であっても、その属している範疇はまちまちであり、他の子音との間につくられている構造においても異なる。神と上とが同一の語のように思えるのは、折口信夫の言葉を借りれば、言語成立後に付随して生じた関係ではなかろうか。あるいは、別のルーツに属する言葉であるのかも知れない。

　「も、Mo」はM系列数詞上においては「3つつ、Mi-t」、「6つつ、Mu-t」に続く「もっと、Mo-t」であり、6の倍数12を指し、同時に10を越えた、手指の数より大きな数を意味する。

　水面や川面の「も」は、表面を表わすMi、Mu、Mo、Ma、Meの中のMoである（第2部MN考）。

　「もがり」の「も」は、「もぬけの殻」の「も」に同じであり、肉体を表わすMi、Mu、Mo、Ma、Meの中に位置づけられるものであろう。「もがり」は、死者の「肉体」を直ちに埋葬せずに安置し弔うことを意味する語であろう。水面や川面という言葉から「も」という語が「静かな」水平の様を連想させ、「もがり」がまた静謐な弔いの様を連想させる。しかし、この2つは別の語群に属するであろう。

　アイヌ語の「もい、Moy」は大空や水が静かな様を現わす語である

167

(知里真志穂『地名アイヌ語小辞典』北海道出版企画センター、1956)。舟を「舫う」のMoはアイヌ語に同じかもしれない。このアイヌ語「Moy」は、この意味において、日本の有名な地名の中に残っている。毛越寺の毛越がそれである。この地は北上川の水が束稲山の麓をまわって広い低地に広がり、幾つかの川を合わせて、大きく広がった所の意であり、毛越は「モイベツ(静かな大河)」というアイヌ語である。

Ⅴ．ルーツ

　"iuoae の法則"は、数詞の法則としてまず見出されたものであったが、この法則は、日本語全体を支配する構造的な法則であることが知られた。これらの構造をもとにして日本語のルーツについて考えてみたい。梅原猛は日本語とアイヌ語がともに語素に分けやすい言語であり、しかも両言語の語素の間には意味上の共通点があり、両言語は親縁関係にあるのでは、と述べている。しかしその親縁関係は、もしあったとしてもアイヌ語に"iuoae の法則"が見出せないのであれば、両言語は構造上から別の言語と言わなければならない、と私は思う。しかし、安本美典と本多正久（『日本語の誕生』（数理科学№109、1972））が想定するように、日本語、朝鮮語、アイヌ語は、共通の古極東アジア語から、太古に、分かれたものであるということはいえるのかも知れない。

　日本語のルーツには、諸説があって定まらないが、今、ここで得られた日本語の構造から、日本語のルーツについて少しく論じてみたい。

宗像三女神と住吉三男神

　北九州、宗像にある宗像神社の祭神は宗像三女神であるが、その名は、『古事記（誓約の段）』には、多紀理毘賣（奥津宮にます）、市寸島毘賣（中津宮にます）、田寸津毘賣（邊津宮にます）とあり、それぞれ Tak、i-Tik、Tak である。『日本書紀（素須鳴尊の誓約の段）』には、市杵島姫（遠瀛にます）、田心姫（中瀛にます））、湍津姫（邊津宮にます）とあり、それぞれ i-Tuk、Tak、Tak である。また瀬戸内海、宮島にある厳島神社の社名は厳（i-Tuk）であり、祭神は宗像神社と同じ三女神である。この２つの神社の社名・祭神は、T系列数詞である。そして、この

2つの神社を信仰したのは、北九州から瀬戸内海西部に活躍した海の民である。これらの海の民が、T系列数詞を神聖な数として崇め、宗像や厳島の地に祭り慈（i-Tu-k）しみ、愛（i-To-h）しんだのが、この2つの神社であろう。

　宗像神社と距離的にも近く、神話上では血縁関係にある出雲（i-Tu-m）の神も、T系列数詞を聖数とする人々が信仰する神であろう。そして出雲の神は、国譲りの神である。

　そしてまた、宗像神社と同じ海洋民であり、瀬戸内の東部に広がった人々の社、住吉神社の祭神もまた筒（Tu-t）の神である。宗像三女神が海の水平方向（辺津海・中津海・沖津海）を支配するのに対して、住吉神は海の垂直方向を支配する三男神「底筒男」、「中筒男」、「表筒男」である。住吉神社の筒の神は海蛇の神であると谷川健一は論考している。また谷川は、筒の神について、次の2つの説を紹介している。一つは吉田東伍の説で、「つつ」を星と解する説である。もう一つは、山田孝雄の説で、「筒男」ではなく「津つ（の）男」であるとする説である（『古代海人の世界』小学館、1995）。

　筒の神は、谷川が言うように海蛇に仮託されているかも知れないが、本来は数詞のTu-tに由来するものであろうと私は思う。志摩の海女は潜水の際に海難よけとして鉢巻きに星型（☆）すなわち五角形の染色または縫い取りを付ける（杉下龍一郎『色・歴史・風土』瑠璃書房、1986、大林太良『海の道海の民』小学館、1996）。その実物は千葉県佐倉市にある国立歴史民俗博物館に展示されている。「つつの神」は「Tu-tの神」すなわち聖数5に象徴された神であり図案化すれば星型であろう。

　『日本書紀』神功紀の註に住吉三神の亦の名として、「向匱男聞襲大歴五御魂速狭騰尊」という長い神名があげてあり、その義不詳であるとされているが、この神名の中心は、「五御魂」であり、前後の七文字と四文字はその説明であろう。『日本書紀』では、「筒の神（Tu-tのかみ）」

は「五御魂（Tu-t みたま）」であると註している。「五御神」は「厳御神」であるとして、天照大神を「厳御神」と記している例を引いて、この神名を天照大神とする説があるが曲解であろう。ここでは住吉神自身が自らを「五御神」と自称しているのである。しかも「厳御神」とは記さず「五御神」と記されている。

「五御魂」は「厳御魂」であり、また「i-Tu 御魂」であり、図案化すれば五角形（星型☆）である。住吉神の「筒」も、星のことを「つつ」というのも共に数詞のi-Tu-tに由来するということである。

瀬戸内海に、また黒潮に沿って太平洋側に、対馬海流に沿って日本海側に分布する住吉、安曇、宗像の3系統の海民のうち住吉と安曇は住吉神を、宗像は宗像神を祭っており神の名は少し違うが、その本質は同じTi、Tu、Ta、Tu の神である。これらの3系統の海民は共通語を話し、同一の信仰を持つ同一民族の中の部族であろう。宗像海人（あま）、住吉海人（あま）がヤポネシア列島にもたらした言語、数詞言語が日本語なのではなかろうか。いままでに見てきたように数詞やその派生語群、同根語群、及び同じ語則によっている言葉が、日本語中に占める比重は、極めて大きなものがある。加えて、全国津々浦々に拡がる宗像神社、住吉神社、出雲神社の分布をみる時、民俗学的にもその広がりが裏付けられているだろう。また、海士、海女のこの列島における広い分布を見る時、これら海人（あま）の担った言語がヤポネシア列島で大きな人口を持っていたであろうことも首肯し得るところである。また海民の収穫物は収穫者が消費するだけでなく一定の販路のもとに通商されたことを考えれば、その言語の拡がりはさらに大きなものとなろう。海人（あま）族の王権との関わりはつとに指摘される所である。なかでも安曇（a-Tu-m）氏は王権とのつながりが大きい。安曇（a-Tu-m）、出雲（i-Tu-m）はともにおそらくTuの神の土地の意であろう。渥美（a-Tu-m）、熱海（a-Ta-m）、伊豆（i-Tu）、宇津見（u-Tu-m）もこれら海人族の地名（人名でもある）であり、小地名も数え挙げれば、この列島上できはめて多数になろう。さらに、海人（あま）

族の活動は海辺のみに限らず河口から川を朔上し内陸にまで及ぶという。信州の安曇氏は信濃川、姫川にそって日本海側から入ったものであるという。吾妻、東も（a-Tu-m）であろう。このようにTの神（Ti、Tu、Ta）を信奉する3つの海人、宗像、住吉、安曇によって、そしてその親戚筋に当たる出雲族によって日本列島に広められた言語が日本語であろう。これらの海人族が円満な友好関係にあったであろうことが黛弘道によって述べられている（『海人の伝統』大林太良編、中央公論社、1987）。

　『魏志倭人伝』が伝える倭人は、潜水して魚介を捕り、それを「南北に市糴（通商）する」ことによって生活している。『魏志倭人伝』が伝えるのは2〜3世紀の日本のことであると言われており、2〜3世紀といえば弥生時代ということになる。しかし、ここに記録されている倭人の習俗は、2〜3世紀を数百年遡る昔からのものであると考えてよいだろうと、私は思う。『魏志倭人伝』の記述を数百年遡る時代、弥生時代以前にすでに、数詞言語としての日本語がこの列島で海人を中心に話されていた。それが原日本語であり、そして現日本語であると思える。さらに、「倭」は、海をあらわすWaであり、倭人は海人であろうということは既に述べた。

　日本語族は何時、何故にこのような数詞言語を獲得したのであろうか。人間の言語の獲得が、大きなマンモス等を共同で狩る、ビッグ・ハンティングの開始に大きく関連しているであろうことは確かであろう。坂本百大の『言語起源論の新展開』（大修館書店、1991）を引用してすでに述べた。仮に、ビッグ・ハンティングの時代ではないにしても、人間の「社会（集団）」と「食」と「言語」が、不可分の関係であったことは確かなことであろう。そして日本語の発生においても、この関係は変わらないであろう。

　人はある時、動物性蛋白を求めて、水中の魚介類に目を向けた（ヒト

進化上のAqua説ではない)。共同作業によるビッグ・ハンティングの開始とほとんど時を同じくして、厳密に言えば少し遅れて、陸上の動物の減少に伴なって、共同作業によるフィッシングを開始したであろう。共同のフィッシングといえば、まず追い込み漁である。追い込みハンティングが存在した以上、追い込みフィッシングが生まれたに違いない。追い込みハンティングの追い込み場所が自然の崖、沼地などであるとすれば、追い込みフィッシングのそれは自然の浅瀬、逃げ場のない水たまりなどであろう。これらが最初に行われたのは川、そして河口であろう。河口には水中プランクトンも多く、魚が集まる。また潮の満ち引きで変化する汽水域を持ち、淡水と海水を行き来する魚の通路でもある。そして何より水流は静かであり危険は少ない。追い込みハンティングの追い込み場所が、自然が用意してくれたものばかりではなく、人工の落とし穴、待ち伏せ等に進歩するように、追い込みフィッシングでは人工的な囲い、梁が用意され、さらに可動的な囲い、網も準備された。木や竹で作った囲いを川辺に設け、そこに魚を追い込むとき大勢の水夫の一糸乱れぬ共同作業が要求されたであろう。獲物は大抵一種類の魚の群れであり、同じサイズの大量の魚である。太洋にこぎ出しての捕鯨などはもっとずっと後であろう。ビッグ・ハンティングとビッグ・フィッシングでは獲物の様子が明らかに違う。ビッグ・ハンティングでは共同作業に参加した人の数より多い数のバイソンを得ることはなかったであろうし、またその必要もなかった。ここに獲物の配分や貯蔵という「経済学」を通して認識される「数」そして「量」に対する思想に差異が生ずることはないだろうか。

陸上の狩猟獣の減少に伴なって、人は河口から海の魚にまでニッチェ(生態的地位)を拡大し、ビッグ・フィッシングを開始し、独特の漁獲法を開拓した人々によって話されていたのが数詞言語ではなかろうかということである。このように考えると日本語は弥生語ではなく、弥生人

がこの列島に渡ってくる以前にこの列島で話されていた言葉、考古学的に言えば縄文人の言葉であるといえるのではなかろうか。形質人類学的知見は、縄文人とアイヌ人が近縁であることを指摘しており、文化人類学的にも、縄文とアイヌは、おそらくそれを画然と分けることは出来ず、この列島におけるアイヌ語地名の分布のように渾然とした、斑状的かつスペクトラムな関係があったのではないかと私は思う。しかしながら、アイヌ語と縄文語は、数万年前の極東アジア語にまで遡れば別であるが、別の言語ではなかろうか、と私は思う。

Ⅵ. "iuoaeの法則"が日本文化、日本人の自然観にもたらしたもの

　「いや（i-Ya）」や「やっと」が数詞8に由来するであろうことは古くから指摘され、Mi（3）とMu（6）と同根であろうことは、荻生徂徠によってすでに指摘されていた。また夕、夜、闇、黄泉が同根語群であろうことも指摘されていた。しかしながら、「いや（i-Ya）」や「やっと」が確かに8を表し、「もっと」がMi（3）、Mu（6）と同根であり、本来的には12という数を表す語であること、また夕と闇がどのような法則のもとに同根であるのかは説明されていなかった。これらの語はいま"iuoaeの法則"のもとでその位置づけが明瞭にされた。この法則のもとでこれらの語は再発見されたといえる。しかし、"iuoaeの法則"は我々日本語族にとっては、無意識下に常に知られていたに違いない。

　現代の我々は、物を数えるときには日本語数詞「ひ、ふ、み……」をあまり用いない、むしろ漢数詞「いち、にい、さん……」を多用する。しかし、日本に生まれ育つ子供は、言葉を学習する年齢になると、身近な物の名とともに、数詞を教えられる。「ひとちゅ、ふたちゅ、みっちゅ…」と指を折りながら学習し、その中にある"iuoaeの法則"を知らされる。さらに実際にそれを使うことによって、この法則は自身の中に取り込む。物を数える時には漢数詞であったとしても「一人」という語と「二人」という語からHiとHuの関係を確認し、「二日」と「四日」からHuとYoの関係を確認する。そしてさらに"iuoaeの法則"が数詞のみならず日本語全体の中に当てはまる法則であるということを、食の言葉の中に、昼夜の変化を表す言葉の中に、子供達は黙っているが見出しているのである。さらに人間の一生の中にもこの法則を見いだ

し、通過儀礼との関係においても理解する。指を折って数える数詞から、身近の「食」や「肉親に関する呼び名」や「社会的規範の言葉」にまで及ぶこの法則の適用を知るのである。このように"iuoae の法則"によって日本人の脳はフォーマットされる。

　日本人は、西洋人や中国人等と異なり母音を言語脳で処理するという。この日本人独特の言語処理は角田忠信により発見されたものであるが、角田はその著『日本人の脳』（大修館書店、1678）の中で、「日本文をローマ字書きとして母音を全部伏せたとしたら全く意味をなさないであろう。日本語は母音が音韻知覚の面でのウェイトを大きく占める特殊な言語で、個々の母音がそれぞれ有意な単語を持っていることも母音が範疇化される有力な原因となろう。」と述べている。日本語においては母音による有意な単語は多いことがこの言語を話す民族が特殊な言語処理脳を持つようになった原因の１つであるかもしれない。角田も挙げるように単一母音が有意語であるのは外国語に比べて日本語では豊富なのであろう。（角田の挙げるものの中には「医」、「意」等の漢語を含んでおり、また「男」を挙げているが「男」はワ行の「を」であると考えられており、単母音有意語とは必ずしも言えない。また、「五」を「い」としているが「五」の語幹は「つ」である。）

　日本人が特殊な言語処理脳を持つ原因としては角田が挙げた単母音有意語の存在に加えて、日本語が"iuoae の法則"のもとで成立している言語であることを挙げなければならないのではなかろうか。動詞、助動詞、形容詞の活用が母音変化によって行われるばかりでなく個々の語が一定の子音のもとで母音変化によって作られている。このことこそが日本人の母音処理脳を特殊にしている有力な原因なのではなかろうか。しかも単母音が有意な接頭辞として働いていることも注目するべきであろう。神（Ka-m）という語は母音接頭辞によって、「i-Kam（厳めし）しき Ka-m（神）を a-Ka-m（崇め）、o-Ka-m（拝む）」、のように使い分けられる。

Ⅵ．"iuoae の法則"が日本文化、日本人の自然観にもたらしたもの

このような法則のもとにフォーマットされた日本人の言語脳はまた、数という自然であり同時に文化でもあるものを仲介として自然と文化を結びつけている。日本人は日本語を使うことによって、日周変化のような自然現象と数詞が同一の法則の中に位置づけられていることを知り、同時に数詞を支配する法則が食物の加工や火による調理（火食）という純粋な文化活動を支配していることを知る。そして人の生涯さえこの法則によって支配されていることを知る。この言語では、他の言語については知らないが、自然と文化・人間社会というものが数詞を仲立ちとして１つの法則の中に位置づけられているのである。そして数詞は指数関数的に序列されている。このようにフォーマットされたのが日本人の脳であろう。そして"iuoae の法則"の旋律の上で子音が変化し複雑なしかしおそらく法則性のある転化・転調を、そして対立を起こす。ここに、世界の民族と比較しての日本人の特徴があるのではなかろうか。角田がその著『日本人の脳』の中で述べていることを少し長いが引用しよう。

「今から二千数百年前に自然に対して純粋な知的対決の態度をとったのが古代ギリシャ人であり、ギリシャの学問はまず、自然哲学として始まったといわれる。このように感覚的知覚で与えられた自然世界の像だけでは満足せず、理性的認識の態度がはっきりと打ち出されたのも、言語処理機構における論理的な脳のメカニズムが基礎になっているのではあるまいか。実験で得た西欧人の自然音認知パターンからすると、理性と、自己の感性をも含めた自然界との対立という文化の窓枠が彼らの自然観の根底を成しているといえよう。人間の理性以外の自然を客体としてとらえこれを物質と見なして徹底的に分析して、人智に役立てるという、人間の理性優先の思想が西欧社会で支配的であったことが、この型からうかがえるし、現代の西欧人の脳のメカニズムに固有の窓枠として組まれているのである。そしてこのような知性偏重の脳のパターンからこそはじめて近代科学が誕生したといえよう。これに比して、日本人の自然音認知パターンでは、自然を客体として見なさないで、理性と感性

と自然とを合体させて、人間みずからを自然の一部として考え、自然との共存・調和をはかるという、心と「もの」との対立として窓枠が捉えられる。このような自然認識の窓枠は本来、自然科学とは相容れないものであるが、日本人の独創になる科学領域の貢献の特徴の1つとしては、日本人の脳に仕組まれた固有の窓枠を通して、西欧人の窓枠からは想像し得ない科学的発見を生んできたことも事実である。」

角田はこのように述べ、梅棹忠夫とハイゼンベルクの言葉を引用しつつ日本人がなした独創的研究としてサルの社会学と量子力学をあげている。

角田のいう「日本人の脳に仕組まれた固有の窓枠」が、"iuoaeの法則"に従った日本人の母音脳の窓であり、日本人の数量認識の窓であり、そして自然認識の窓ではなかろうか。これら3つの重なった「窓」を通して日本人は世界を眺めている。角田の挙げた日本人の独創的研究は、日本人の脳が持つこのような特異性に依っているのではなかろうか。

角田は、先の『日本人の脳』の中で日本語のルーツに言及し、『私の「精神構造母音説」からすると、我々日本人の精神構造は日本語が続く限り、過去、未来を含めて共通した基本的特徴を持続するものと考えられる。』と述べ、また、「朝鮮語が最も日本語と近縁関係が深いという説も有力であるが、私は両者の母音処理機構が異質であることからすると、大野晋氏の縄文人の南方系言語と、弥生人のアルタイ系言語と江南系言語の同化したものが混淆して、日本語を作ったという混成語説に強くひかれる」と述べている。

日本語の数詞は周辺の諸民族の中に見いだされない特殊なものであるという。しかし古くは、日本語と同様の数詞を持っていた民族が日本民族以外に存在したであろう。しかしこれらの民族は、漢語文化圏に取り込まれてしまったために、永い時間の中で数詞は漢語化してしまったのであろう。しかし、漢民族の膨張によって周縁に追いやられた民族の中

Ⅵ. "iuoae の法則" が日本文化、日本人の自然観にもたらしたものに、インドシナ半島の山岳民族や、太平洋諸民族や、数詞そのものは一致しなくとも日本語と同様の構造の言語を持つ民族がありはしないか。トンガ人のように日本人と同じ母音脳を持つ太平洋民族の中に同様の言語的構造はないのであろうか。さらに、西洋人の渡来によって多くが亡んでしまったというアメリカ大陸の言語の中にその痕跡は無いのであろうか。

　日本人の精神構造が特異なものであることは多くの外国人が指摘し、日本人自身も指摘するところである。これらの指摘の中でも特に、日本人の思考が極端から極端へ移行するとする説、また日本人の思考が曖昧であるとする説があるが、これらはおそらく日本人の思考が日本語の持つ指数関数的数詞言語によって規定、制約されていることに起因するのではなかろうか。日本人の世界観、自然観が特異なものであるならば、数詞言語に由来する自然認識、数量認識によるものではなかろうか。もし確かに、日本人の思考が世界的に見て特異なものならば、17世紀以来、西欧社会の原理原則のみが重視されたために起こっている現代人類社会が負っている逼塞的情況を、特に地球環境上の問題を解決するためには数詞言語による日本人の自然観、文化観が役立つのではないかと考えるのは、数十年前には周辺諸民族に対して侵略戦争を起こし、数々の蛮行を行った日本民族の1人としてあまりに御都合主義の考えであろうか。

　ここまで、数詞を倍々の増加関係として論じてきた。しかし自然界、人間界の現象は増加的関係ばかりではない。むしろ自然界においては多くの現象が$1/2$になり、$1/4$になり、$1/8$になるという指数関数的な減衰曲線である。秋の日は釣瓶落としの例を引くまでもなく日没に伴う明るさの減衰は指数関数的であろう。日本人の物事に対する認識は、少数から多数へ、単純から複雑へ、簡素から繁辱へ、が1つの一般的な方向ではあろう。しかし一方、複雑な芸術は簡素化され、ひとたび簡素化に進

んだ芸術はますますその傾向を強め、簡素はますます尊ばれ、「わび」、「さび」の簡素の極致にまで至る。一方で、縄文土器は繁辱へ繁辱へと進み土器の装飾が土器面の次元さえも越えて空中へと突出し炎上する炎のようにもなる。これら対極にあるとも見える2つの芸術の潮流は、日本人の中には矛盾なく同居しているのではなかろうか。「わび」、「さび」と火炎土器の比較は数千年離れた室町時代と縄文時代を一律に扱いすぎるかも知れない。しかし、「わび」、「さび」が松尾芭蕉の文学に至る時期は、豪華、華美、絢爛の元禄文化の時期でもある。これらの現象は日本数詞言語の持つ両方向性、等比数列的増加と減衰曲線的減少が時代を隔てて、また同時代的にも出現することを示しているのであろう。ベネディクトの『菊と刀』以来日本人の極端な二面性として語られる多くのことが日本語の法則の中にある両方向性に合致しているのではないか。ここにベネディクトの言葉をそのまま引用しておく。曰く「日本人は耽美的であり同時に実用主義であり、穏和であり同時に戦闘的である」と。

　このような全く対照的な性格が同居していること、また時によって交番して現れることは日本人の民族精神の中に内在し、即ち言語の中に内在し、極端から極端への移行はむしろこの民族にとって当然のことなのではなかろうか。

第 2 部

M　N　考

Ⅰ. 日本語における子音間の関係

　人が世界を認識するとき、太陽や月や星や、海や山や、大地や水やの自然物と、自然の中に生きているすべての物、鳥獣や魚介や虫や草木や、そして、自らの属する人間社会の中の事柄とを、ばらばらに捉えてはいない。範疇化して捉えている。個々の物事は、互いに関連したものとして総合的、統合的に把握され、範疇化されているのである。そしてその範疇化は言語によってなされている。即ち、人が世界を範疇化することと言語化することとは同一のことである。物事を範疇化する能力と言語化する能力、この2つの能力は同時に獲得されたものであり、ここに、人が人たり得た出発点がある。

　第1部数詞考で見たように、日本語においては同一範疇に対しては同一子音が与えられる。そして、その子音に伴う母音が変えられることによって、その範疇内に属する物事の量的・階層的な違いが表現される。日本語の動詞や形容詞の活用は、同一子音のもとでの母音変化によっている。動詞や形容詞等が文中で果たす役割に応じてその語尾の母音を変化させるのであるが、このような文中における活用以前に、動詞や形容詞を含む多くの語の語幹がすでに母音変化によって作り出されているのである。そして、その変化には指数関数的な倍々の関係が内蔵されているのである。

　ここに、第1部の数詞考に述べた中から一例をあげれば、人の精神状態という範疇は、子音Sに母音接頭辞"i"を伴った「i-S」よって表され、そして活用され、「i-Si゛－m」（いじめ）や「i-Sa-m」（勇）等の語が生み出される。「いじいじ（i-Si゛i-Si゛）」と「いざいざ（i-Sa゛i-Sa゛）」は対照的な状態を表現する語であるが、人の精神状態という範

疇の中で一定の法則に基づいて「i-S」が「活用」されたものである。指数関数的な倍々関係の法則をここに当てはめれば、「いざいざ」は「いじいじ」の8倍の精神的状態を示す語である、ということである。そして、その中間は「いそいそ（i-So i-So）」である。「いそいそ」は「いじいじ」の4倍の精神的状態である。「子音S＋母音＋m」でもう1つ挙げれば、人は「しみじみ（Si-m Si̅-m）」と語り、「さめざめ（Sa-m Sa̅-m）」と泣くのであるが、この2つの言葉「しみじみ」と「さめざめ」が逆に使用されたり、混同して使用されることはない。この2つの言葉とその使用法が日本人の心にフィットしているからである。語りは「しみじみ」であり、泣くのは「さめざめ」である。「さめざめ」は「しみじみ」が8倍深化した心の状態である。日本語に内蔵されたこのような言語的構造はフィードバックされて、日本人の意識構造に有形無形に影響している。このことも否めない事実であろう。

このような、「子音＋母音」とからなる日本語の特徴は、漢字における偏と旁の関係に似ている。漢字では、例えば、ある一群の生物に虫偏が与えられることによって範疇化され、旁を変えることによってその範疇の中の個々の生物種が示される。日本語の子音と母音は、いうなれば、子音は偏であり、母音は旁である。

日本語は、ある子音が与えられると、その子音のもとで、母音変化の法則、"iuoae の法則"によって、もし5母音であれば同一範疇の中で階層的な連続した5つの語を生み出す。また、母音接頭辞の助けを借りて、さらに多くの言葉を生み出してゆく。このように生まれた言葉はまた組み合わされ、さらに活用されて微妙な、そして複雑なニュアンスを持った多くの言葉を生み出す。これが我等の「美しき日本語」の法則である。

そして同時に、言語はそれが死語でない限り、その言語の法則のもとに、自己増殖や変化を続けているのであるから、いわゆる「きたない」言葉、「間違った」言葉もまた生まれる。しかし、このことはむしろ歓

Ⅰ．日本語における子音間の関係

迎されるべきことであろう。言語がその固有の法則の中で生きて呼吸していることの証明だからである。

　子音、母音の別などは意識されず、50音図は勿論、文字のない太古の昔に、このような法則が何故生まれたかなどと考えるのは本末転倒である。人が現在のような咽喉（声帯）、口腔、鼻腔などの音声器官を獲得し、舌の動きを獲得したとき、子音、母音の別は獲得され、子音が範疇を決定し母音が子音を活用させるというこの法則も同時に獲得されたのである。文字なき50音図は、太古の昔に、日本人の音声器官と大脳の間に耳を介在させてすでに存在していたのである。このことは、ヘボン式表記のような子音と母音を組み合わせて1音を表記する方法がローマ字とともに輸入されるはるか以前、平安の昔に、日本人は自らの音声をもとに現在のものとほとんど変わらない50音図を作っていたことからもわかるだろう。

　日本語において、子音がいかに使われ、子音間にはどのような関係があるのかを知ることによって、我等の遠い祖先が、世界をどのように範疇化していたのかを知ることができる。そして、そのことはまた、今日の我々が、世界をどのように認識しているのかを知ることでもある。第1部数詞考においては、母音間にある法則性について述べたが、ここでは子音間にある関係についての考察を試みたい。第1部数詞考において少しく触れたように、子音間には3つの関係が認められる。それは「連続的関係」と「不連続的関係」および「対立的関係」である。
　「連続的関係」は、「HY系列数詞」、「日周変化」、「火食」、「蛇」で見られたHとYの関係である。子音HとYは、"iuoaeの法則"上で同一範疇の語を作っている。
　一方、HY系列数詞とM系列数詞から明らかなようにHとM、MとYは決して交わることのない2つの指数関数をあらわす子音である（図

－1（12ページ）参照）。HとM、MとYは、「不連続的関係」である。このような不連続的関係を連続した系の中に位置づけようとすれば、「人の生涯」の項で見たように、儀礼の力を借りなければならない。「人の生涯」は不連続子音と儀礼との組み合わせてよってコンセプトされている。

　子音と子音の間には「連続的関係」、「不連続関係」とは異なり「対立的関係（対置的関係）」とも呼ぶべき関係がある。「天と地」におけるMとNの関係がそれである。「天（a-Ma）」に対しては「土（Na）」である。また、植物の地上部分、日の光を受けて成長するのは「芽（Me）」であり、地下にあり地中の滋養を汲み上げるのは「根（Ne）」である。また、MaとNaはそれぞれ肉体と精神を表す語でもある。「舞ふ（Ma-h）」と「綯ふ（Na-h）」はそれぞれ肉体活動と精神活動を表す語である。「うや」と「まふ」を組み合わせた「u-Ya・Ma-h（礼ふ）」は尊敬の気持ちを肉体によって表現することであり、「いさ」と「なふ」を組み合わせた「i-Sa・Na-h（誘ふ）」は相手の気持ちを動かそうと促すことである。（-hは「活動させる」、「働かせる」の意であろう。）また、「Na・Yam（悩）」は「心の病」あるいは「心の闇」であり、「Ma・Yoh（迷）」のは暗さの中で道を失い、身の処し方が分からなくなることである。このようにMとNは対立している。しかし、このMとNの関係は互いに排斥し合うものではなく、1つのセットをなすものとして「対置されている」というべきものでもある。

　虹という漢字が虫偏であることから、古代、漢字を造った人々の虹に対する思想が窺えるように、古代、日本語を造った人々が、その言葉の中に込めた思想を知るために、そして現日本人がその言葉を使うことによって否応なしに思想している世界観、自然観を探る手がかりを得るために、子音間の関係を知ることが必要であろう。

Ⅰ．日本語における子音間の関係

　この稿においては、上に挙げた３つの子音間の関係の中の、対立的関係、ＭとＮの対立的関係、ＫとＴの対立的関係、ＫとＴとＰ（Ｈ）の三すくみの対立的関係を中心に論じた。いずれも僅かな論考に過ぎないが、これらを通して日本語に込められた、私達日本人の世界観・自然観を垣間見ることが出来たように思う。それとともに、古来からある一見奇妙な習俗が、今は意識されていないが本来持っていたであろう意味を、言語的関係から探ることに一定の手がかりを与え得たように思う。

　さらに、現日本語のルーツが過去のどの時代に属するものであるのかについても憶測を試みた。従来の日本語の成立に対する考えは、弥生期に形成された言語である弥生語が、現日本語のルーツであり、それ以前に縄文人が使っていた縄文語は弥生文化の列島での進展の中で失われてしまったという考えが大勢のようである。しかし、ここでの憶測の結果は、このような従来の大勢的な説よりむしろ、弥生以前の言語、考古学的にいえば縄文期の言語こそが、弥生期に新文化とともにもたらされた言語との間に一定の混合を持ちながらも、現日本語の基層として存在し、縄文時代から今日まで大きく変わることなく日本語として存在しているということを、むしろ支持するものであった。いくつかの点において、現日本語の中に込められた思想は、弥生文化よりも、縄文文化のそれに対応していると思われるからである。

II. MとN

　第1部数詞考において述べたように、日本語においては、天と水は同一範疇にあり、子音Mによって表される。そして、このMと対立・対置的関係にある地はNによって表される。そして、子音MとNによって表される対立・対置的関係は「天と地」だけではない。「内と外、潜在と顕在、有と無」、「実と根」、「肉体と精神」、「正と邪」等の対立・対置的関係もMとNで表される。この章ではこれらについてみていく。

　万物の生成変化を、明と暗、冷と熱のような対立する2つのものの消長によってとらえる思想、二元論的世界観は、地球上の多くの民族の中に認められるものであるという（吉田禎吾『宗教人類学』東京大学出版会、1984）。日本語において、MとNを語頭に持つ語が、幾つもの本質的な現象の対立・対置的関係に現れることは、二元論的思想が日本語族の世界観の中にもあり、それが子音MとNによって言語として構造化していることを示している。

(1) **天と地**

　水（Mi）は万物の中の一方の極である。そしてその対極は土（Ni）である。子音MとNが、物事の原初性を表現する母音iによって活用されたMiとNi、水と土は万物を構成する2大元素である。数詞考で見たように、土（N）は母音変化則"iuoaeの法則"に従って変化し、この範疇の中にそれぞれ対応する語、Ni（土、丹、瓊）、Nu（瓊）、No（野）、Na、（大地、地震）、Ne（根の国）を作っている。水もおそらく母音変化則"iuoaeの法則"に従って変化しており、水（Mi）は天（a-Ma、a-Me）に、雨（a-Me）に連なっている。Ma・Meはいずれも接

188

頭辞"a-"を伴っているが、この3つの語は同一範疇として括られるであろう。

　日本人が天と地をどのように捉えているかを見てみよう。

　水（M）は、雲や霧として大気中に水蒸気として存在することを除けば、地上に存在するもののように見える。しかし、地上に様々な形で存在する水は、天（a-M）が雨（a-M）となって地上に降ってきたものであり、水（M）の本源は天（a-M）にある。雨と天と水、この3つのMは同一の範疇に属し、地であるNと対置していると捉えることができるであろう。一方、Niは地表を構成する土や砂であり、Naはより深い大地であり、地震である。Neは大地の最深部、根の国である。このNi、Na、Neの関係は地下へ向かっての階層であるが、Mi、Ma、Meは上空に向かっての階層を示し、両者は互いに鏡像の関係にある。Miは地表にある水であり、Ma・Meはいずれも接頭辞"a-"を伴っているが、遙か上空の水の世界である。

　水はいわゆる標準語では「みづ」であるが、方言では「みぢ」、「めづ」とも言う（小学館、『日本国語大辞典』）。中本正智は『日本語の系譜』（青土社、1992）の中で水という語について論じ、『「みづ」は、古くは「み」（あるいは、「び」）として単独に水を表した』と述べ、さらに、『「もひ（水を入れる器）」の「も」は水を表し、「もひとり」は「もんど」となり「主水」と表記される』と述べている。また、各地の方言から「め」、「む」、「も」も水を表すことを挙げている。湯浴み、水浴びのa-Mi、a-Mĭも接頭辞を伴った水（Mi）であろう。Mo-r（漏る）、Mi-t（満つ）も水の派生語であろう。このように、水という語は、M音の、日本語が5母音であるとすれば、そのうちの4音、Mi、Mu、Mo、Meにおいて記号されている。

　地は子音Nによって範疇される。Ni（土、丹、瓊）、Nu（瓊）、No（野）、Na、（大地、地震）、Ne（根の国）である。数詞考に述べたよう

に、この Ni、Nu、No、Na、Ne の系列は iuoac の母音系列に沿ったものであり、大地を構成している成分の微小なものから巨大なものへの階層を、また、大地の表層から深層への階層を示している。最深部である Ne の国には生者は決して行くことは出来ない。死者との別れは野辺（No）の送りをするばかりである。

大地を耕すことは「u-Na-h（うなひ・耡ひ）」であり、大地に植えられるものは「苗（Na-h）」である。これらの語は大地 Na からの派生語であろう。

日本人の天地開闢思想

日本語族にとって、天（水）と地はどのような存在であろうか。日本人の宇宙観とその開闢思想は次のようである。原初の時、世界には水も土も無く、天も地も、日も月も無く、世界は混沌として存在していた。『日本書紀』の巻頭には、「古に天地未だ剖れず、陰陽分れざりしとき、渾沌れたること鶏子の如くして、溟涬にして牙を含めり。其れ清陽なるものは、薄靡きて天と為り、重濁れるものは淹滞いて地となるに及びて、精妙なるが合えるは搏りなふさ易く、重濁れるが凝りたるは竭り難し。故、天先づ成りて地後に定る。」（『日本古典文学大系67日本書紀上』岩波書店、1967）とある。すなわち、原初の世界は、鶏卵のような水分と固形分が混在混沌する状態であり、その中に様々なものに進化しうる芽が含まれていた。このような鶏卵状の混沌の世界から清陽なるものが先ず天になった。清陽なるもの、すなわち純粋な水分（Mi）が天（a-Me、a-Ma）となったのである。後に重濁れるものが、地、すなわち丹（Ni）や根（Ne）になったのである。すなわち世界を構成する根元的成分は２つである。１つは水であり天であり、M である。他の１つは丹であり根であり、大地であり、N である。このような思想は中国の陰陽思想に通ずるものであろう。日本書紀冒頭のこの表現は中国の天地開闢思想の影響を受けているのであろうともいわれる。し

かし、大林太良は『日本神話の起源』（角川書店、1972）の中で、原始混沌の考えが、内陸アジアから中国の南部を経てポリネシアに及ぶ広い分布を持つことを指摘し、「『日本書紀』の巻頭の名文も、単なる中国の文章をかりた装飾というだけでなくて、日本にもよく似た考えがあったからこそ、そういう文章を借用したのだと考えることができるのではあるまいか？」と述べている。

　日本と類似した天地開闢思想を持つ民族の言語において、水と天が同一の範疇と捉えられているかどうかを知らないが、日本語族においては、原始混沌の中の水分（M）が薄靡いて天（M）と為ったという思想が言語の中にも貫かれていると言えよう。Mによって範疇される天の世界はa-Me（天）、a-Ma（天）であり、天から降るものはa-Me（雨）である。天界である「高いa-Maの原（高天原）」から、神々が地上に降臨することはa-Mo-r（天降る）である。これらの語がいずれも接頭辞"a-"を伴っているのは、天にあるMの成分は地上の水とは別の、真の水として位置付けられているからであろうか。そして、天上のMに伴う母音はaとeである。一方、地上にあるMである水は、方言等を含めてもMi、Mu、Mo、Meで記号され、Maを欠いている。水と天を表す、Mi、Mu、Mo、Ma、Meにおいては、地を表すNi、Nu、No、Na、Neの系列で見られたような"iuoaeの法則"にそった連続した階層的関係は判然とはしない。しかし、地上のMはMi、Mu、Mo、Meとして記号され、天上のMは、a-Mo-r（天降る）を含めればMo、Ma、Meとして記号されている。水と天を表すMにおいても階層的関係を含んだ1つの系列として認め得るのであろう。

虹

　虹（Ni-tﾞ、にぢ）と水（Mi-tﾞ、みづ）は対照的なものである。水（Mi-tﾞ、みづ）は地上に在っても、雨によって地上に降り注がれたものであり、そのルーツは天にある。これとは逆に、虹（Ni-tﾞ、にぢ）

は、雨とともに現れるものであるが、地（N）の範疇に属し、地から天に向かって出現するものである、日本語族は、虹をこのように理解していたであろう。虹が天地を結ぶ橋であるという観念は世界各地に広く分布し、この観念が日本にも在ったことは、天の浮橋、天の橋立等の伝承からも明らかであろう（大林太良『日本神話の起源』角川書店、1972）。しかし虹は、天地を結ぶものであっても、その属性は地であり、雨とは逆に地から天へ昇るものと日本語族は理解していたに違いない。このことが虹という語の中に込められている思想である。虹という不思議な自然現象に対する観念は、世界の諸民族において様々ではある。しかし同時に、隔絶した新旧両世界で類似した民俗信仰を持つ現象でもある（吉田禎吾『宗教人類学』東京大学出版会、1984）。

　虹は、方言によれば「ぬじ」であり「のじ」、「ねじ」である。虹は殆どすべてのN音によって記号されている。水も、虹も「みづ」や「にぢ」という正しい言葉が先ずあってそれが変形されたものが方言や訛となって「めづ」や「ぬぢ」として各地に現れているのではない。方言を含めたすべての語が、日本語が本来持っている法則に従い、それを話す人々の思想に従い体系的に成立しているのである。奈良時代に奈良地方で話されていた言葉が正当な日本語であって、その言葉が周辺に伝播する中で歪められたというのは著しい偏見である。記紀、万葉に書かれている言葉は主に奈良地方の方言が記録されているのである。さらにいえば、古代、奈良地方で話されていた方言は、当時のこの地の環境のもとで外来語の影響を受け、歪められ、それが記録されている可能性が指摘されている。

　虹を論ずるにあたっては、柳田国男の『虹の語音変化など』という論文から始めなければならない。この論文の中で柳田は、虹の方言に検討を加えている。柳田はまず、N音による虹の方言、「ぬじ」、「のじ」、「ねじ」、「むじ」、「にゅーじ」、「のーじ」、「のーぎ」等について論じ、

Ⅱ．ＭとＮ

「にじ」という語は、竜や鯰や大蛇である池沼などの「ぬし」という畏ろしきものを表す語と元は１つであって、人はその霊物の現れを虹と信じていたらしいと、また、虹がもと長虫の一種の名であり、「ウナギ」「アナゴ」などとも縁を引いていたであろうと他者の研究を引用しつつ述べている。柳田はまた、青大将を表す語「なふさ」が古く虹を表していたであろうことを西行の歌「さらに又そり橋わたすこゝちしてをふさかかれる葛城の山」（『夫木和歌抄』）を引用して述べている（柳田はをふさをなふさの誤写である可能性を示唆している）。また、青大将を意味する沖縄県の方言として、首里那覇の「おーなっざあ」、八重山の新城島の「あうなっざあ」、宮古の「おーなじばぶ」、与論島の「おーぬじ」等を上げて、これらは元は「にじ」という語と１つであったと述べている。また、九州、下五島の三井楽では虹のことを「なべんつっ」尾張、伊勢、常陸稲敷郡、能登鹿島郡、秋田県横手では「なべつる」または「なべのつる」と呼ぶことに挙げ、鍋のつるに形状が似ていることから虹の異名になったであろうと述べている。しかし、柳田の論考のこの部分、「鍋のつる」の部分は、いかに鋳物の鍋が普及した後とはいえ、身近なものに形状が似ているだけで、日本のみならず世界各地の諸民族が何らかの霊力を感じ、それ故に聖なるものであり、同時に危険なものであると見なしている自然現象を表す言葉である虹の、本来の呼び名が排斥され、「鍋のつる」に取って代わり、しかもそれが日本列島の九州から東北まで、往時、人的交流の希薄であろう各地に斑状に分布していることを説明するには十分ではない。むしろこれらの「なべつる」または「なべのつる」は、柳田自身が挙げている沖縄の青大将の呼称「なっざあ」、「なじばぶ」に通ずるものであろう。日本各地において虹と青大将は大地の主として位置づけられ同名で呼ばれていたことが、西行の虹の歌、そして、方言の中にその痕跡を残していると言えよう。九州、下五島の三井楽で虹のことをいう「なべんつっ」は、b=mであるとすれば「なめんつっ」であり、「なまんっ」にもなり、鯰である。しかも、

193

岐阜県のある地方では鯰のことを青大将ということが報告されている。青森県三戸郡では「なぷさ」は縞蛇のことである（『日本俗信辞典　動・植物編』鈴木棠三、角川書店）。このように、虹は、蛇であり鯰でありその他の長虫である。

ねぶた祭と七夕祭

　虹は「にじ」、「ねじ」であり、同時に「なべんつっ」、「なふさ」、「なぷさ」である。そしてこれらの語は同時に青大将や縞蛇のことである。これらの事実から、東北・北関東の七夕行事である「ねぶた」、「ねぷた」、「ねむた」は虹と蛇の祭りではないかということが考えられる。今日行われてる七夕行事は、盆行事や中国伝来の行事や日本古来の習俗・伝承が入り混じったものと考えられているが、「ねぶた」、「ねぷた」、「ねむた」と呼ばれるこの祭りはその呼称から考えれば、本来は、虹と蛇の祭りを指しているのではなかろうか。この祭りの「ねぶた」、「ねぷた」の語義は古くから不明であった。江戸時代中期の菅江真澄の記録にも土地の人達の中でさえ意味不明であることが述べられている（『菅江真澄遊覧記3』平凡社、1967）。柳田国男は「ねむけ（眠気）」即ち睡魔をはらう祭りと述べているが牽強付会であろう。（柳田国男は眠気というものについては単なる生理的な眠気だけとは捉えてはいないが。）梅原猛も「ねぶた」、「ねぷた」という語に注目し、アイヌ語のネプタという語と関連させている。アイヌ語のネプタは What is it ?（「それは何じゃ」）の意であるという。しかし、自らの祭りに「それは何じゃ」と命名することがあろうか。あるいは、意味不明の祭りを見たアイヌ人が「それは何じゃ」といい、それがそのまま祭りの名称になったということがあろうか。現代の我々の理解を越えた奇想天外の祭りであっても、それが祭事である以上、そこには理にかなった意味づけがあり、その意味において命名されていたに違いない。ねぶた祭りは、その名称から虹と蛇にまつわる祭りであろう。そして、この祭りのルーツは古く、しか

II. MとN

も北関東・東北に限ったものではない。この祭りはまた、思わぬ所と結びついている。出雲の、そして三輪山の祭神である「おおなむち」は蛇体の神といわれている。即ち、この神の名は、大きな「なむち」である。「ねぶた」「ねぷた」「ねむた」祭りは大きな蛇に関する祭りであろう。そして、出雲・三輪山の神は、いわゆる、まつろはぬ神である。大和の政権に従うことを拒んだ神である。この神の名は「ねぶた」「ねぷた」「ねむた」から「なふさ」を介して「虹」に連なっている。ここには日本語のルーツに関わる問題が含まれている。「虹」という現象から、また、その語の響きから我々になにやら優美な印象を与えるこのものの実体は、実は蛇であり、人に害をなすものである。しかし同時に、雨とともに出現し、恵みをもたらすものである。同時に日本の最古の神であり、そして大和の支配に屈せず最後まで抵抗した勢力として日本神話の中に名をとどめる神である。そしてさらに、アジア全域から、さらにはもっと広い世界にまで連なる蛇と虹の信仰につながっている。そしてそれが日本語の基層に重なっているということである。

　ねぶた祭は七夕の行事であるが、そもそも「たなばた」という語は何であろうか。折口信夫は、神を迎え祀るために水辺の棚に設けられた機屋の乙女、棚機女（たなばたつめ）、乙棚機姫（おとたなばた）が「たなばた」という言葉になったということを、『古事記』、『万葉集』を引用して述べている。しかし、「たなばた」を「たーなばた」あるいは「たなーなばた」と分解し、「たなばた」の語幹が「なばた」であるとすれば、「なばた」は「ねぶた」、「ねぷた」、「ねむた」に同じであり、「たなばた」は虹であり蛇であることになる。しかし「七夕」が虹や蛇と関係づけられている話はほとんどない。室町時代の「天稚彦物語」には七夕の由来譚として娘と大蛇の婚姻譚があるが、それ以外には日本の七夕行事が虹や蛇に関係している伝承はないようである。七夕と関連しているのはむしろ、虹と同様、天空に渡り架かるものであるがそれは天の川である。しかし、ねぷた祭りの祭神は雨季と乾季の境界で祀られ、祀ら

れた後は水界に帰っていく。その名称が蛇であり虹である日本のこの祭りは、中国を含む東アジア全域からオーストラリアにまで広がる蛇と虹が持っているモチーフ（吉田禎吾『宗教人類学』東京大学出版会、1984）と極めてよく一致しているのである。

　虹の「Ni、Nu、Ne、No」、なふさ（青大将）の「Na」、鯰の「Na」、主（ぬし）の「Nu」、そして、接頭辞"u－""a－"を伴っているが鰻・穴子の「Na」はもともと１つであったとする柳田説は、「虹」＝「鍋の弦」説を除けば、世界各地の虹に対する習俗とも一致して極めて説得力のあるものである。そして、この巨人の説に自説を継ぎ足すことに不遜を感じつつ述べれば、これらの、Ｎ音を語頭に持つ語は、『日本書紀』巻頭にいう天地開闢の時に「重濁（おもくにご）れるものという共通概念によって括られた同一範疇の語であろう。すなわち、これらのものは、原始混沌の中にあって土とその類縁のものに進化しうる芽から生まれたものなのである。

　「つち（土）」という語は、『日本書紀』巻頭の中の「重濁（おもくにご）れるものは淹滞（つつ）いて地となる」の「淹滞（つつ）」に同じであろう。地（つち）という語は天と対置され、天地（あめつち）という言葉となっているが、本来の意味はどろどろしたものが固まること、または固まったもの、あるいは、固めるもの（槌）の意であろう。Ｍである天（Ｍ）に本質的に対置されるのは、Ｎによって示される様々な階層の、様々な形態の地（Ni、Nu、No、Na、Ne）である。

　このように土そのものがＮであり、そして、土に宿り、土の象徴である生き物はＮである。地を這う虫の内で最大である蛇、特に青大将や川や沼の泥中に棲む鰻や鯰、海底の砂泥中に潜む穴子はまたＮである。青大将や鯰や鰻が大地の主（ぬし）であると今考えるのは何か無理があるように思えるかも知れないが、古代の動物分類は、まず二元論的科学に拠っているのであろう。また、これらの生き物は、日本語の原卿においては、現在、我々が目にするものより実はもっと巨大なものであったか

も知れない。これらの生き物はくねくねした肉体を持つ点で共通しており、同時に、水中や水辺に棲息している点でも共通している。これらの土を象徴する生き物の精は雨とともに、あるいは雨後に天空に表出して虹になる。世界各地で、虹は雨とともに現れるもの、あるいは、雨を止めるものとして、雨と一体のものであるとらえられている。日本語族においても、虹は天地開闢以前の混沌の中にあって重濁れるもの（おもくにご）（N）に根ざしており、その出現にあたっては、同じく混沌の中にあって「清陽（すみあきらか）なるもの」であった雨や水を伴うものである、と理解されているのであろう。日本民族における虹も世界各地の民族の虹に対する信仰と一致していると考えることが出来よう。同時に日本民族においては、虹は雨と共に現れる気象現象というだけではなく、土に属するものが天に「にじみ」出たものであるという思想を言語の中に位置づけているのである。

虹のもう1つの言葉「みょーじ」

ここまで、虹の方言のうちN系のものだけを取り上げて論じてきた。しかし、柳田も先の論文中に挙げながら、先ず隗より始めよとして詳しく論考していない虹に対する別の一群の方言がある。M系の方言である。虹を表すM系の方言「みょーじ」、「みょーじょう」、「びょーじ」は日本列島各地にみられる。柳田はN系の虹とM系の虹の割合は2：3であるという。これら、虹のM系方言は、今まで論じてきた虹と大地との関係を、青大将や鯰や鍋との関係を一切否定し、むしろ天と地との関係において論じようとすれば、虹は天（M）に属すると説明されなければならない。この「みょーじ」と「にゅーじ」と2つの語の類似が偶然のものであるとすれば別であるが、無関係でないとすればどのような関係であるのかを考えねばならない。次のような可能性が考えられる。第1には、柳田がいうように、MNの選択が先ずあって一方はN系の虹に、他の一方はM系の虹になったという考えである。しかし、この考えは柳田自身の考えである虹のN音が他の語と関連していると

いう点で矛盾することになる。すなわち、柳田の説からすれば虹がもとM音であったとすれば、なふさや鰻や穴子や主との一致も偶然の一致であるか、または、これらの語ももとはM音であった可能性が考えられねばならないことになる。しかし、それには相当の無理ががあると思われる。第2の可能性は、虹はもともとN音である。古代よりはるかな昔に、人は自然界を2分法に従って天と地に分類し虹は地に属するものとして分類していた。そして、M音の虹は何らかの事情、おそらく一定の民族的・種族的な違いによる音韻変化がある地域だけで起こった。この民族・種族において特にN→M変化が起こった。（これらの地域で何らかの地名、神社名等に民族の移動を跡づける痕跡はないか。あるいは同様の音韻変化が観察されないか、例えば丹生神社をみう神社と呼ぶ等。）

　一方、自然現象としての虹の発生は水と密接に関係している。虹は雨上がりに、あるいは雨とともに出現し消え去る。あるいは、虹は、沼地に、滝壺の周辺にいつもある。従って水（M）と虹（N）は相対立するものではなく、水（みづ）と虹（みょーぢ）はMとして同一範疇に属するものであるかもしれない。しかしながらこれらのM系地域ではN系地域とは異なる、古代人にとって不可思議な天然現象に対する別の習俗や民間信仰があるのだろうか。

　中本正智は『日本語の系譜』（青土社、1992）の中で、土に関する語について考察し、土に関する語は「ツチ」系と「ニ」系に分けて論じている（原典に従って片仮名で表記する）。その中で、「ニ」系について『土を表す奈良時代の「ニ」が、現代日本語では、ニ、ナ、ヌ、ノなど多様な形で列島に広がっていることがわかる。ナ行の音節全体へ変化の広がりを見せている。』として次の方言をあげている。

　　ニコ　　　土埃　　　奈良
　　ニタ　　　湿地　　　栃木県安蘇郡
　　ツチナ　　土　　　　岐阜県益田郡

II. MとN

スナ	土、泥	千葉県印旛郡
ヌタ	泥土	静岡県安倍郡、長野県西筑摩郡
	沼地	長崎
	猪が砂などを身にこすりつけること	
		和歌山県日高郡、山口県豊浦郡
ヌタダ	泥田	鹿児島県種子島
ヌタバル	腹這う	東北、栃木県河内郡
ナタムル	埋める	熊本
ノタ	泥濘	対馬
	泥、沼土	徳島
	土	長野県西筑摩郡

中本はさらに、琉球方言を含めて考察し、琉球列島では土を表す語はミタ系とンチャ系があり、ミタ系がより古層であるとして、「ミが土を表す日本列島の古層の語であり、奈良時代に新しいニの形になっていたことを知るのである。i母音にひかれてMi→Niのようにミがニに変化したのである。」と述べている。しかし、土のN系の方言が日本全土にわたって存在すること、またいま、ここまでに見てきたように、Niが土、丹、瓊を、Nuが瓊を、Naが大地、地震を、Neが地底の根堅洲国を表すことは、Nが土のみならず岩石や岩石の成分である丹・宝石、地底の世界など、大地を構成するすべてを表していることから推して考えるとき、Niの祖形がMiであるとは考えにくい。むしろ逆に、「虹」を「みゅーじ」ということとともに、Miは祖形Niが変化した特殊なものと考えるべきではなかろうか。1つの言語体系の中で、単語は孤立して存在するものではなく、単語を構成する音素はその言語の持つ法則的な体系の中で決定されているものであり偶然の産物ではない。さらに、言語もまた言語だけが単独に存在するものではない。言語はその言葉を話す人々の中で他の文化要素と関連してこそ存在するものである。このように考えるとき虹と他の言語、また言語以外の他の文化要素との関連か

ら見て、「みゅーじ」等のM系の虹は何らかの特殊な事情のもとで、他の要素との関連があまり重視されない状況の中でNi→Miの現象が起こったと考えたい。

あるいは考えにくいことではあるが、虹というものの持っている両義性、土（N）に属すると同時に水（M）とともに現れる、ということによってNとMの両方で記号されているのであろうか。

鍋

虹を「鍋のつる」と呼ぶ地方があることを柳田は述べ、そして、この「鍋のつる」という呼び名は、虹の形状が鍋のつるに似ているからではないか、と述べている。先に、このことについて異論を述べた。「鍋のつる」という虹の呼称は、「にじ」＝「なじ」＝「なっざあ」＝「なふさ」＝「なべんつっ」＝「なべつる」という関係から虹の呼び名になったもので「鍋のつる」との形状の類似によるものではないと。しかし、実は、鍋と虹はもっと深いところで繋がっている。鍋の「な」は、鍋が土製の器であることに由来するものであり、虹の「に、ぬ、ね、の」、なふさ（青大将）の「な」、鯰の「な」等とともに土を示すNである。鍋は、虹、青大将、主、鯰、鰻、穴子とともに土（N）という共通概念によって括られた同一範疇に属する語である。土を捏ねて凹形につくり、火で焼くことによって製成され、水を入れても漏れず、火にかけて食物を煮ることの出来るもの、この人力を越えた不思議な力を持つもの、土器は、Nの精である。鍋は本来、火にかけてものを煮（N）るための土器一般の呼称であろうという（朝岡康二『鍋・釜』法政大学出版局、1993）。青大将、鰻、穴子、鯰と虹、そして鍋は地（N）と水（M）の中間にあっても、土の側に属する存在として、N音によって範疇されるべきものであった。レヴィ・ストロースの『やきもち焼きの土器つくり』（渡辺公三訳、みすず書房、1990）には、南米のいくつかのインディアンの部族では「粘土または土器」と「蛇または魚」と「虹」

が結びついていることが述べられている。南米アマゾンのトゥクナ族は東の虹と西の虹を区別し、ともに水中に棲む霊であるとし、前者は魚の主、後者は陶土の主としている。また、ヤグア族も大きな虹と小さな虹を区別し、後者は大地に接し「粘土で造った土器の母」であるという。また、北米においても蛇と土器は結びついている。北ミズーリのヒダッツァ族では土器作りの技は特別の女だけの権利であり、蛇から与えられたものであるという。これらの民族神話からレヴィ＝ストロースは「虹は土器作りの草分けとしての地下界の蛇の天における対応物である」と述べている。日本語族においては、この3者、虹と蛇と土器の結びつきは言語の中に構造化されている。

『宗教人類学』（吉田禎吾、東京大学出版会、1984）によれば、虹は蛇であるという観念はほとんど全世界に分布しており、マレー半島、フィリピン、フィージー、西アフリカ、東アフリカ、中央アメリカ、南アメリカにある。北東マレーヤのネグリートのセマン族では虹を表す種々の言葉はすべて蛇をも意味している。アフリカ、コンゴ地方のバントゥー系バンバラ族は虹を Kongolmeme といい、これは水蛇のことであるという。また、「虹を指してはならない」という俗信の分布も広く、同じく『宗教人類学』によればメキシコ（シナカンタン族、チャムラ族）、南米コロンビア（デサナ族）、アッサム（レングマ・ナガ族）台湾（高砂ブタン族、高砂サイシアト族）、日本（奄美、徳之島）にある。また、『日本俗信辞典』（鈴木棠三、角川書店）によれば「蛇を指さすな」という言い伝えは日本全土にあるという。

『宗教人類学』はまた、虹は蛇であるという観念の広い分布は、伝播（受容）であっても、独立発生であっても、蛇の鱗と虹の色合いの類似はその一因であったかも知れないが、鯰や鰻は類縁のものとして挙げあれていることから見ても、鱗の色合いだけから生まれたものではないだろう、と述べている。

縄文土器

　縄文土器の紋様は、蛇を意匠したともいわれているが、それが確かに「なふさ（蛇や青大将）」であるかどうかはわからない。しかし、これらの繁縟な紋様は、特に、縄文土器の中でも極めて特異な土器であり、何らかの祭祀に用いられたであろうと考えられている火炎土器と呼ばれるものは、N（土・鍋）にN（蛇・虹）のイメージをほどこしたものではなかろうか。土（N）を火で焼くことによってつくられ、水（M）を入れても漏れず、火にかけて食物を煮ることが出来る神秘な力を備えたもの、『人間を「自然と野生」の状態から「料理と文化」の側に変換するもの』、Nの精である土器に、天空（M）に登る大地（N）を意匠したものではなかろうか。詩人、宗左近は『私の縄文美術鑑賞』（新潮社、1983）』の中で、縄文土器、土偶にほどこされた二次元、三次元の繁縟な渦の文様を「天空への螺旋上昇吊りあげられ運動」と表現し、その運動は、火山の噴火と地震と大津波の大自然の激烈な運動である、すなわち大地の底をゆり動かして巻きあがってくる運動である、と述べている。宗はまた述べている、「縄文土器の文様を何らかの具象と関連づけて蛇身文などと呼ぶことににわかに同じえない、非具象表現はあくまで非具象表現として見ていたい」としながら、「非具象の中に具象を、いき物を見ないでいることは出来ない…。」と述べている。そしてさらに、「おそらく、縄文の土器が激動する大自然の機能合同物（ホモロギア）であったためではなかろうか」と述べている。詩人のこの直感は縄文人（原日本語人）の自然観、世界観を鋭く言い当てているに違いない、と私は思う。

　ここまで述べてきたことに反論があろう。虹と他の事象との多くの符合は、敢えて符合すると考えているだけであり、これらの語の語頭が一致するのは全く偶然にすぎず、偶然の一致が後になって、何やら意味ありげに結びつけられ、鯰と地震（ない）の関係などが語られることに

なったと。言葉とある種の事象が本来無関係であるにもかかわらず言語上の類似から付会されることがあるのも確かであろう。しかしながら、いまの問題に限りいえば、虹は混沌が分離しないままの状態の中で、大地に属するものであり、虹の「に」は土、丹であり、そして土と水に依拠して棲まう生き物と同一のもの、あるいはその化身であると、日本語族は考えていたに違いないであろう。

虹は「清陽なるもの」すなわち、透明な世界（M）に属するものではなく、色彩の世界（N）、すなわち、重濁れるものの側にある。このことは、「にじむ（滲む）」という言葉にもよく示されている。虹は、色彩の世界が透明な世界に「にじむ（滲む）」こと、すなわち「虹む」ことである。

日本語において、虹が生物の一種と位置づけられているいうことと、漢字の虹が虫偏であることとは一致している。また新大陸を含む世界各地において虹は、蛇、水蛇、鰻、トカゲ等の生き物と結びついており、人類世界に普遍的に存在する民俗とも一致する。そして、日本の虹に対する民俗や、特に言語としての虹の記号が世界各地のそれと一致することは、日本人の自然認識が、それが伝播であるか独立発生であるかはともかく、世界におけるそれに連なっていることを示している。

雷と稲荷＝NとKの相補的関係

雷は、虹が空中の水滴と太陽の光によって発生する、というのと同様現代の科学的説明によれば空中の雲に発生する電気であるが、語義から見てその本性は地にあるものであろう。稲光、稲妻の「いな」はi-Naであり地である。「日本書紀」ではその神体は蛇体（N）であり、『北野天神縁起』絵巻には鬼（o-Ni）の形で描かれている。これらのことからわかるように、古代から雷の本性は蛇であり鬼であると考えられている。即ち雷が、MN二元論のもとではNに属するものである。しかし一方、雷光は「稲妻（i-Na）」であり、「稲光（i-Na）」であるのに、雷

203

鳴は「いかづち（i-Ka）」である。同一のものが、光として現れるときはNであり、音として現れる時はKである、という関係がここにある。雷に対する2つの呼び名をこのようにNとKとして捉えるのは、雷以外にも同様の関係があり、雷もその1つであると考えられるからである。同様の関係は、まず、稲荷（i-Na）と宇迦御魂（u-Ka）の関係

[表－15] NとKの相補的関係

		俗的世界支配	霊的世界との交流
徳之島	家	ネーマ（根間）、Ne-ma	アゲレ、a-Ker
（二重主権制）	主	イイリ	
沖縄	家	ニーヤ（根座）、Ni-ya	
（ニーガン信仰）	主		ニーガン（根神）、Ni-Kan
沖縄 （オナリ信仰)		エケリ、e-Ker	オナリ、o-Nar
雷		いかづち、i-Ka	稲光・稲妻、i-Na
稲荷		穀神、u-Kaまたはu-Ke	いなり、i-Nar
おなり・うなり		祭りの供物・食事、Ke	おなり、o-Nar うなり、u-Nar
采女		炊事・食事、Ke	うねめ、u-Ne
稲と米		米、Ko-m	稲、i-Ne i-Na
蒲焼・蒲鉾		食品、Ka-m	鰻、u-Na 鯰、Na-m 穴子、a-Na

『宗教人類学』（吉田禎吾、東京大学出版会、1984）を参照し、徳之島の二重主権制、沖縄のオナリ神信仰・ニーガン信仰における言語的関係をNとKの相補的関係としてまとめた（「主」と「家」は、それぞれ、祭司や政治を司る「主人」と、その主人が住まう「家」である）。下段には、「雷」、「稲荷と宇迦御魂」、「おなり（うなり）と食」、「采女と食」について、また、「稲と米」について、数詞考でその可能性を述べた「鰻・鯰・穴子と蒲焼・蒲鉾」についても列記した。

である。稲荷神は宇迦御魂（u-Ka）と呼ばれ、この神は保食神（u-Ke）、大気都比売神（Ke-t）と同じ食の神であり、この3つの神名の語幹はKである。第1部数詞考で見たようにKは食であり、褻の世界をあらわす子音である。

KとNは、並び立つことによって、俗的世界と霊的世界の両方を支配することが出来る。Kは俗的支配を、Nは霊的支配を行う（逆の場合もある）。このようなKとNの相補的関係が、南西諸島や沖縄諸島における信仰習俗に見られる。沖縄諸島における「おなり神」信仰、徳之島における二重主権制、沖縄におけるニーガン（根神）に現れる言語的構造に稲荷信仰や采女等を加えて表-15に示した。

近畿から九州にかけて、祭りの供物や田植え時などに食事を用意する女性を「おなり」または「うなり」と言うが、これもo-Narまたはu-Narと呼ばれる女性の祭司が食事（K）を用意すると言うことであり、NとKの相補的関係を示していると考えることが出来よう。古代、宮中において天皇に近侍し、主として炊事や食事などを司る下級女官「うねめ（采女）」はu-Ne女、u-Nai女であり同様の関係であろう。稲（i-Ne、i-Na）と米（Ko-m）もこの関係かも知れない。数詞考の「火食」の項にコラムとして述べた鰻・鯰・穴子と蒲鉾・蒲焼の関係も相補的NとKの関係であるかも知れない。

(2) **外と内、顕在と潜在、有と無**

物事の「外向・表出・顕在」は「Mu-k」、「Mo-k」、「Ma-k」、「Me-k」である。「むくむく」、「もくもく」、「めきめき」は物事が表出し、顕在化する様を示し、「（皮を）剥く」は内容を表出させることである。春が表出・顕在してくることは「春めく」である。出現することは「u-Ma-r（生まる）」である。存在することは「Ma-s（坐す）」である。物事の表面は「o-Mo-t」である。これに対して「内向・内在・潜在」は「Nu-k」、「No-k」、「Na-k」である。それぞれ「ぬくぬく」、「のこの

こ」、「なかなか」である。物事の内面は「Na-k（中）」であり、死ぬことは「Na-k（亡）」である。存在しないことは「Na-s（無）」、である。このように、MとNは天と地の対立関係を表すとともに、外と内、顕在と潜在、有と無の対立関係を表している。

(3) 実と根

　植物の果実や種は実（Mi）であり、生長点は芽（Me）である。「稔り」もその意は「実・乗り」であろう。鞘に入っている稔りは豆（Ma-m）であり、穂になる稔りは籾（Mo-m）である。漿果はMo-m（桃）であり、Mu-m（梅）である。

　芋（i-Moあるいはu-Mo）は地中にできる稔りであるが、実、豆、籾と同一範疇に属するものであろう。接頭辞"i-"、"u-"を伴っている。あるいは、芋はMu-mであるかもしれない。植物の、主に地上に「稔り」、人間に食料をもたらす「恵み」は子音Mによって範疇化されており、Mi、Mu、Mo、Ma、Meによって記号されている。

　植物の地下部分は根（Ne）である。地上の恵みMは豆、籾、桃などと分類されているが、地下の植物器官がさらに分類されていることはないようである。Ni、Nu、No、Naに相当する植物の地下部分を表す語は見あたらないが、植物名である韮（ねぎ）、葱（にら）、大蒜（にんにく）は、このNであるかもしれない。大根、牛蒡、人参は根を食用にするのであるが、これらはすべて漢語である。これらの野菜は栽培植物として輸入されたものであるからであろう。植物の地下部分は、食用に供される部分を含めて、根と総称される。

　稲は、植物の地下部分を表す語ではない。この語は「i-Ne」あるいは「i-Na」として「Ne」あるいは「Na」に接頭辞"i-"が付いたものであろうが、稲穂は地上の豊かな実りである。「いね（i-Ne）」という語のルーツについては稲作文化の伝来との関連から多くの論考があるが定かではない。最近の縄文研究によれば、稲は弥生文化とともにもたら

せれたものではなく、縄文期にすでに陸稲として栽培されていたといわれている。おそらくその他の栽培植物の名称、粟（あわ）、稗（ひえ）、黍（きび）、蕎麦（そば）、麦（むぎ）などと同様植物の種名であるかも知れない。植物におけるM範疇は個々の植物の種名ではなく、植物の食用になる部分の一般的な呼び名である。しかも、食用であっても葉や茎はMではない。Mは実として結実したものであり、澱粉や糖分を貯えた植物の器官であり、栽培植物であり、ある時期に収穫されるものの総称であろう。これらの収穫物は、美味い物であり、甘い物である。この2つの形容詞、美味い（u-Ma-h）、甘い（a-Ma-h）という言葉も稔りを表すM範疇の語に接頭辞"u－""a－"が付いたものであろう。飴（a-Me）、餅（Mo-t、a-Mo）もまた同根の語であろう。よく実（Mi）のった豆（Ma-m）は美味（u-Ma）く、天（a-Me）の恵み（Me）である。「不味（Ma-z）い」のMa-z、「貧しい」のMa-zは「Maでない」の意であろう。「いまだ稔っていないもの」、「稔りのない状態」が「不味い」、「貧しい」であり、打消しの助動詞「ず（z）」には、このような用法があったことになろう。このような「ず（z）」の使用例としては、「役に立たない」、「意地の悪い」ことをいう語に「いけず」または「いかず」があろう。この語は分解すれば「i-Ke-z」または「i-Ka-z」であり、「Ke（食）」また「Ka（糧）」でないものというのが本来の意味ではなかろうか。また、「Ki-z（傷）」という語も「Ki（生、清）」ではないものの意であろう。「Ku-z（屑）」も同様であろう。第1部数詞考で論じたナッツの加工工程であるKi-Ku-Ko-Ka-Ke系列のKi、Kuにおいて、この「z、ず」が用いられている。Maにおける「Ma-z」とあわせて考えると、この「z」は「食料でない」、「食料にならない」がその本義ではなかろうか。

　植物の茎や葉、あるいは根を食用にする場合には、人は、そのための植物を栽培して収穫したのではなく、山野に自生しているものを採集したであろう。多量のでんぷんを含む根であるために、栽培（あるいは半

栽培）されていたであろう芋（i-Mo）を除けば、これらの採集植物の食用部分はNの範疇であろう。葱（ねぎ）、韮（にら）、大蒜（にんにく）は植物の種名でもあるが、同時に、語頭のN音はこれらの植物の食用部分が主に地下部分であることから命名されているのであろう。これらの食物の味は、苦い（Ni-k）である。苦い（Ni-k）がこれらの山野に自生するハーブ類の味の総称であろう。

「葛」の根や「かたくり」の球根（鱗茎）からも良質の澱粉が取れ、これらの澱粉も粉に精製され食用にされる。「葛」・「かたくり」という名称も、ナッツ類である「栗」や「どんぐり」と同様、一定の加工行程を経て、澱粉化されるものとして同一範疇（子音K）の中に位置付けられているのかもしれない。

MとNは天と地の対立関係を、そして、外と内、顕在と潜在、有と無の対立関係を表し、さらに、食用になる植物の地上の収穫部分と地下の収穫部分という対立関係を表している。

豆まき

豆（Ma–m）を撒けば地界（Ni）の鬼（o-Ni）は退散する。この節分の行事「豆撒き」も、MとNの対立的関係によって成り立っている。「豆を撒く」は「豆を蒔く」に同じであり、この習俗は豆や籾を大地に蒔くという農耕の原点に由来しているであろう。MとNは対立的関係を持つと同時に、恵み（M）は大地（N）によって保障されているのである。ここにMとNの対立的であるが、その矛盾は解消されなければならないという関係がある。節分に撒くのが火（H）を加えた「炒り豆（HとM）」であることが大地の邪鬼である鬼（o-Ni）の力を削ぐために必要なのであろう。炒り豆を蒔いても芽は出ないが鬼の力を削ぐためには生豆では効果がないのであろう。植物を栽培し、収穫できるのは天の光とともに大地の力である。しかし同時に、大地には死者が葬られ、

Ⅱ．ＭとＮ

大地の底、根の国は死者である鬼の住む所である。地底に棲む鬼（o-Ni）が地上に現れた時には、追い払われねばならない。そのためには、追い払われる当人である土（N）の力を借りることは出来ない。すなわち、鬼やらいに使われる豆は土器を介した煮豆ではない。直接火を加えた炒り豆でなければならない。土器（N）を用いた煮（N）豆はすでに一部Nである。豆撒きの儀式はこのようにコンセプトされているのであろう。おもて（o-Mo）に現れた鬼（o-Ni）は火を加えた豆（Ma-m）で緩和し、退散させねばならないのである。

鵺

　この世は、Nの世界とMの世界に2分されている。MとNは互いに対立し、せめぎ合い、しかし同時に、共存することによって、この世の秩序は維持されているのである。ねぶた、鬼、なまはげ、なふさ、虹、鯰、等々は、Nの世界に住むものである。ある特定の時期に、あるいは何らかのいわれのもとに、何らかの儀礼を伴って、暗いNの世界から、明るいMの世界に出現するのである。なかでも、具体的実体を持たない鬼やなまはげがMの世界へ出現することは、その出現自体が偶然のものではなく、この世全体を支配している法則の1つなのである。従って、NがMの世界に出現した時には、決められた正しい手続きによって対処されなければならない。ねぶたや豆まきに現れているように、豆（M）によって、鬼（N）や蛇（N）を退散させるのが正しい対処なのである。桃太郎（M）と鬼（N）を互いに拮抗するものとして対峙させ、Mの勝利によって平穏な暮らしが将来されるというモチーフもその1つであろう。しかしながら、鬼の棲み家にまで攻め入って財宝を奪い取ってくるなどは人の世が退廃した後の悲しい話であろう。人は、これらNの存在を恐れてはならないのである。Nの存在によってこの世は成立しているのである。そして、その存在は、Mの世界へしばしば出現することによって保障されているのである。その存在を認め

ず征伐してしまったり、出現したら弓矢にかけて成敗してしまうなどはもっての外である。

　鵺（N）もまた鬼である。夜中に黒雲にのって現れ、頭は猿、躯は狸、尾は蛇、手足は虎の姿、鳴く声はトラツグミに似るというこの怪物「ぬえ」（N）は、闇の世に住む鬼（N）である。平家物語に登場するこの怪鳥、鵺は、その出現の理由も問われぬままに、源頼政に射殺されてしまう。この話を題材とした世阿弥の謡曲「鵺」は、退治された鵺の亡霊が仏法の前で自らの悪心を懺悔し、退治されたものの側から、退治したもの源頼政を称えるという、あまりにも哀れな悲しい物語である。

(4) 肉体と精神

　植物の実（Mi）とともに動物や人間の肉体も身（Mi）と呼ばれる。実（Mi）は植物の最も重要な部分である。茎や葉は枯れてもこの器官が発芽（Me）することによって植物は次の世代を作ることができる。そして、多くの実は動物や人間の食用になる。一方、身（Mi）は、動物や人間の肉体をあらわす語である。動物や人間もまた身があることによって次の世代を作ることが出来る。そして、多くの身はまた、動物や人間の食用になる。このように見てくると、Mi という語は動植物・人間の肉体的な実質を表す語であることがわかる。Mi によって、動植物・人間の世代は綿々と続き、世界は輪廻しているのである。今風にいえば、Mi は、生物学的種の保存・個の保存の原点であり、生態学的物質循環の原点である。

　高貴な人の身を「御体（みま）」というように身は Mi であるとともに Ma である。また「身（Mo）抜けのから」の言葉から判るように身は Mo でもある。「身実（むざね）」、「骸・躯（むくろ）」という語から Mu でもある。動物や人間の目（Me）は植物の芽（Me）に相当するものであろう。このように動物や人間の身体や器官は植物の場合と同様に、Mi、Mu、Mo、Ma、Me によって表される。耳（Mi-Mi）は M 音

を2つ重ねたものであるのかも知れない。（植物の豆（Ma-Me）、籾（Mo-Mi）、桃（Mo-Mo）もM音を2つ重ねたものかも知れない。）耳がM音を2つ重ねているのは、耳（Mi-Mi）は身体の中でも特別の意味を持ったものであるということではなかろうか。耳（M）に、土（N）を焼いて作った耳飾をつけるのは、身体（M）に泥土（N）を塗る儀式と同様、特別な意味を持つ装身儀礼であったろう。土（N）を焼いて作った耳飾が丹（N）塗りであればなおさらである。ある特定の縄文遺跡から大量の耳飾が出土することがある。これらの古くからの習俗はおそらく、食物である動植物のMi（実、身）を土（N）で作った器、鍋（N）で煮る（Ni-r）ことと同じ意味を持っているであろう。耳に土製の飾りを付けることも、動植物の身や実を煮て食物にすることも、MをNで飾ることであり、MをNで処理することである。豆（M）を煮る（N）ことと、耳（M）に土・丹（N）に付けることは同一のコンセプトであろう。晴れの日に身体に紅白粉をつけ、煮豆を食べる習俗も、豆によって鬼を退散させる節分の儀礼と同様に、MとNの間にある本然的な対立を修復し、統一した関係に止揚しようとするための人の営為であろう。

　しかし、次に述べるように、Nは単に人の身体であるMを飾るためのものではない。あるいはNは、H（火）の力を借りることによって、神秘的な力を持つ土器に変身し、人の食物であるMを煮たり炊いたりする道具、鍋になるためにあるのではない。Nは、Mに対して従属的な存在ではない。植物において、実・芽（M）と根（N）とが、ともに欠くことのできない互いに相補的な関係にあるのと同様、動物や人間においても、その身（M）は、Nの存在によってはじめて成り立っているのである。Nは、Mが肉体をあらわすのと対照的に、精神を表す語である。人（あるいは生き物）は1つの宇宙であり、その宇宙は肉体と精神という2つの世界から成っている。Nは、その一方の世界である精神・心を表す語である。「精神」という語は漢語である。「心」という

語は日本語であるが、精神を現わす語ではない。「心」という語は、数詞考で述べたように、concentrate したもの、究極のものの意である。肉体をあらわす M（身）に対して精神をあらわす日本語は N である。「悩む」は「Na・Yam」であり Na すなわち、精神が病むことである。Na-h（綯う）、Na-h（縄）、Nu-h（縫う）は心を込めた所作のことである。神のあるところに、Na を象徴する縄、注連縄（N）が張られるのはそのためである。千人針による呪願も、縫うという所作が持っている心を込めるということに由来する習俗であろう。縄文土器に現れる縄目模様も同じような宗教的、呪願的意味が込められているに違いない。縄文土器の縄目模様は土（N）に縄（Na-h）、すなわち人の願い（Ne）を施した文様であろう。人の Na の形象は渦巻く縄であり、絡み合った「なふさ」にその本質において繋がっているのであろうか。

　N 行の 5 つの音、Ni、Nu、No、Na、Ne は、M 行の 5 つの音、Mi、Mu、Mo、Ma、Me が身や耳や目のように身体そのものや身体の器官を表していたのと異なり精神そのものや精神の一部を表す一般的な言葉としては無い。しかしここに、「名」という語がある。「名（Na）」という語は人や物の名称のことであるが、その物に付けた単なる記号という意味ではない。「名」という語にはもっと大きな意味が込められているであろう。その物に名があるということは、表面には見えなくとも、その内面に、その物をその物たらしめている何者かが在るということである。その何者かの存在によってはじめて他の物と区別されるということである。すなわち、外面（o-Mo て）に現れない内面（Na-k）に在って、それが在ることによってはじめて、その物と他の物とを区別しているもの、その物にだけ宿っている精神、イデアが「名（Na）」である。産まれた子に名を付ける「名付祝」が、人の一生涯の重要な儀礼であるのも、このことが意識されているからに違いない。「名付親」は、その子の生涯の節目節目の儀礼である成人式や婚礼などに登場し、実の親とは別格に置かれる重要人物である。人に名を付けた者はその人の生涯に

渡って、その内面を規定し、支配している者として扱われているからであろう。人が、先祖や偉人から名を貰う場合にはそのことによって先達の精神を受け継ぎたいと願うからであり、姓名判断が未だに一定の民間信仰を持ち、改名などが行われるのも名（Na）という語の持つ本然的な意味によるものであろう。

　Ne もまた精神のことである。「Ne（根）に持つ」、「Ne-h（根葉）に持つ」は心に深く思っていつまでも忘れないことである。Ne は精神の深いところの意である。「心根」の根も同義である。「願う」の Ne もこれであろう。語頭に N 音を持った精神状態を表す語は多い。「妬む（Ne-t）」、「憎む（Ni-k）」、「望む（No）」、「祈る（i-Nor）」、「宣る（No-r）」等がそれである。Nu-s（幣）も同源であろう。

⑸　正と邪

　M には、正しい、整った、整形の、まるい（Ma-r「まる」、漢字では丸、円、鞠）という意がある。正しいこと、真実は Ma－こと（真、誠）である。尊い人、またその言葉は Mi－こと（尊、命）である。正味の重さは Me－かた（目方）である。一方、Na には「不整の」の意がある。円（Ma-r「まる」）の充実した、ピンと張った状態に対して、「なるい、Na-r（緩んだ）」であり、「鈍い、Ni-b」、「眠い、Ne-m」である。

　しかし、ここに「まが」（曲、禍 Ma-ga）という語がある。この語は「正しい、整った」とは全く逆の意味である。この語はいかに説明されるのか。Ma-ga は M と N の対置・対立的関係が言語の体系の中で主要なものであると今考えている日本語とは別の系統の語の移入であると解すべきであろうか、そうでは無いであろう。この ga は「～が、しかし」として用いられる接続詞「が」が名詞の後に付き否定を表す接尾辞として用いられているのではなかろうか。Hi-ga（ひがむ）、To-ga（咎）、Ke-ga（穢れ）等の ga も Hi、To、Ke の持つ本来の意を否定す

る語の中に現れる。

　ちなみに、「まがたま」には勾玉、曲玉の字が当てられている。翡翠等を曲形に加工したものが多いためであろうが、曲った玉の意ではない。本来の意は「Ma-k玉」であり、「真の玉」の意であろう。八坂瓊之曲玉(やさかにのまがたま)は弥栄土の真の玉（Ya・Sa-k・NiのMa-k・Ta-m）であり、「ますます栄える大地の真の宝玉」の意であり翡翠を真の玉石として讃えたものであろう。

⑹　「もの」という言葉
　前節で見たように、MとNは世界を構成する2大要素、天と地である。この2大要素はこの世の生きとし生きる物すべてを支配している。Mのない所に人は勿論、動植物はなく、Nのない所にもまた生き物はない。そして同時に、あるいはそれ故にこそ、MとNは動植物自身の中にもあり、生きとし生きる物の中にある2大要素でもある。植物においては地上部分と地下部分であり、人、動物においては肉体と精神である。生き物はその体内にこの世界を構成しているする天（M）と地（N）を持って生きているのである。豆（M）と土（N）の儀礼、丹（N）と耳や身（M）の儀礼は、本来対立的である天と地を止揚し合体させることを意図しており、同時に精神と肉体の合体を示す儀礼である。耳に丹塗りの耳飾りを着け、土偶すなわち土（N）で人形（M）を作った人々の思想こそが、このような言語（現日本語）を生み出したであろう。

　第1部数詞考において論じたように、子音HとYは、現代人にとっては対立物と思われるもの、例えば昼と夜を、連続的、統合的に捉えるために母音の法則上にハーモニーさせていた。しかし、このような関係とは異なり、連続的にハーモニーされない対立物である天と地、肉体と精神を総合するために、言語上の結合が行われる。

　Mが地上の世界、そして天界を表し、Nが地界を表す。そして同時

にMとNは、肉体と精神を表し、顕在と潜在を表し、正と邪を表す。しからば、これらすべてを包含する宇宙全体をなんと呼ぶのであろうか。これらは「MとN」と表現された。皆（Mi・Na）、物（Mo・No）、あまねく（a-Ma・Ne-k）という「一切の物」を指すこれらの言葉がそれであろう。胸（Mu・Ne、Mu・Na）という語も単なる身体語ではなかろう。肉体の一部であり同時に精神の宿る所がこのように呼ばれているのである。「Mu・Ne」に「宗」または「旨」の漢字が当てられる時、この語が単なる身体語でないことを如実に示している。

今は出雲に坐します初代国造りの神、大国主のまたの名は大 Mo・No 主である。穀霊、少名彦とともに国土を造り、農耕、まじない（呪・禁厭）、医薬など「一切の物」を人々に教えたこの神はMN神である。この神は地上は勿論のこと天上界、地下界をも支配する神である。「物みなは歳月と共に亡び行く」は朔太郎の詩句であるが、「物」、「みな」の本来の語意は決して亡びない時間を超えた存在である。それ故に、Mo・Noは宇宙神的性格を持ち、信仰の対象であり、同時に危険な怖れるべき対象でもある。

(7) 古き神々

MとNを結合させたMN神が宇宙全体を支配する神であるとする人々、MN神を信仰する人々のルーツはどこにあるのであろうか。ここに１つの記録がある。『古事記』、『日本書紀』によれば、饒速日（にぎはやひ）は、長髄彦（ながすねひこ）とともに奈良盆地さらには紀伊半島全体に蟠踞した先住族であることは明らかであるが、長髄彦（ながすねひこ）とは違い天孫族に降った。この饒速日（にぎはやひ）を始祖とするのが Mo・No の部（物部：もののべ）である。天孫族に父祖の地を譲り降伏した饒速日（にぎはやひ）の神話は、天孫族に国を譲った神、大国主、大 Mo・No 主の神話と全く同じ構造を持っている。この２つの神話は同じことを語っており、その語るところは、全くの虚構ではなく一定の史実の反映であることも確かなことであろう。このことが両者に共通の Mo・No

信仰の存在によっても裏付けられる。この信仰は、一方は神の名として、一方は氏族名として今にまで残っているということであろう。MN神は言霊となって、神名や氏族名の中に潜み、さらに我らの使う言葉全体の構造の中に残り、今に伝えられているのである。

　饒速日(にぎはやひ)の時代よりはるかに降るが、物部氏が仏教を強く排斥し、仏像を海に投棄し寺に火をかけたのは、仏教の導入を進める蘇我氏との間の政治的な対立関係もさることながら、寺や仏像のような偶像を認めず、自ら話す言の葉の中にこそ宿るMN神に対する強い信仰心によるもののように思える。父祖の地を不当にも奪われた人々の言葉を、今我等日本人は使っているということであろう。そして降伏せずに戦い、おそらく同族を頼って諏訪の地に逃れたのは長髄彦(ながすねひこ)の一族であるが、長髄彦(ながすねひこ)の一族と饒速日(にぎはやひ)の一族は天孫族に先んじて、あるいは、天孫族よりも大きな勢力として、この列島に居住していた人々であり、両族は婚姻関係を結んで平和的に暮らしており、言葉も互いに通じていたであろう。あるいは、天孫族もまた同じ言葉を話していたのであろうか。

　長髄彦(ながすねひこ)が縄文的色彩を色濃く持ち、逃れた地も縄文の支配圏、諏訪の地であることを思えば、Mo・Noに象徴されるこれらの語族が縄文に連なる人々であろうと思える。天孫族もまた同じ言葉を話していたという可能性はあろうが、仮に被征服民族である饒速日(にぎはやひ)、長髄彦(ながすねひこ)と異なる言葉を話す民族であったとすれば、軍事的に国土を奪うことは出来ても言葉を奪うことは出来なかったということになろう。支配者となった天孫族が、物部という氏族名や、大物主という神名を被征服民族に対して与えて名乗らせたとは考えられない。MとNの対立的・対置的関係は「天と地」、「肉体と精神」をはじめ日本語の多くの面に内在し、この言葉を話す人々の二元論的宇宙観に繋がっている。この全く同じMo・No、一方は氏族名であり、一方は神名であるが、孤立して存在しているのではない。「大Mo・No主」、「Mo・Noの部」は、蛇の神「おおなむち」、「なふさ」を経て「ねむた」、「ねぷた」、「たなばた」、「七夕」に繋がっ

ている。これらの列島全体を覆う祭りは歴史時代を超えたはるか古層に連なるものであろう。

　北九州、宗像の地は出雲に近く、宗像の神と出雲の神は縁続きでもある。宗像の宗（または胸）をMN神と解くことが出来よう。宗像を尾形と対比し、尾形が尻に入れ墨をしたのに対して、胸に入れ墨をしていた海人が宗像であるとする説があるが、説得力に欠けるように私には思える。

Ⅲ. ＫとＴとＨ (Ｐ)

　ＭとＮの対立的・対置的関係と同様の関係がＫとＴの間にある。Ｋは「数詞考」で見たように堅果、穀物を中心とした食を支配する子音である。母親は「かか」であり、妻や主婦も「かか」である。食を司る女性は「かか」である。Ｋeは「食」であり、「褻」の世界である。Ｋは、人間が生きることそのものである食生活を支配する子音である。一方、Ｔは手であり、Ｔ系列数詞である。Ｔはまた人の生活する時空を支配する子音である。時間の長短（時・月・年）、空間的遠近（遠い・近い）はともにＴである。そして、父親は「ちち」であり「とと」である。このように、ＫとＴは対立的ではあるが共に人間の実生活である食と時空を支配する子音である。Ｋは有形の実世界、特に食を、Ｔは無形の実世界、時空を支配する。Ｋは女親（母性）であり、Ｔは男親（父性）である。

　ＫとＴはまた、神（Ka-m）と魂（Ta-m）である。この２つの語は、ＭとＮの結合による「もの（Mo・No）」という語が宇宙神的性格を持つのと異なり、この世に幾つでも存在する神格を指す語である。神（Ka-m）と魂（Ta-m）は地上のあらゆるものに１つ１つ宿っている。神は主に、草木そして山や川のような無生物に宿り給う。魂は主に、人獣そして広く動物に、一寸の虫にも宿り給う。神は実体と不可分であり、川の神が川を離れて存在することはない。神は固定的である。従って、神の宿る場所には注連縄を張って崇めなければならない。一方、魂は実体を離れて存在し得る。魂は浮遊的である。ある時は他者に依り憑くこともある。亀（Ｋ）と鶴（Ｔ）を瑞兆とする由来もここにある。この２つの動物の身体的・習性的な特徴から、固定的な「亀」と浮遊的な

「鶴」とが、そして同時にK音とT音を語頭に持つ動物として、聖獣のセットとして言祝がれる。

　一方で、TとKが同一物を指す語として用いられることもある。a-Ta-m、o-Tu-mは「頭」であり、Ka-mも「蛇のかま首」、「魚のかま煮・かま焼」等の語が示すように「頭」のことである。

⑴　「こと」という言葉

　「もの（Mo・No）」とともに、一切すべてを表す言葉に「こと（Ko・To）」がある。「こと（Ko・To）」は「もの（Mo・No）」と同様KoとToの結合によって生まれた語であろう。物事の理屈・世の中の道理は理（ことわり）であり、現実に起こる事（こと）である。理屈や道理は言（こと）でもある。

　「もの（Mo・No）」は、唯一の天であるMと唯一の地であるNを、また肉体と精神を結合させたものとして宇宙神的存在であるといえよう。これに対して、「こと（Ko・To）」は多神的存在であるといえよう。また、「もの」はnatureであり、「こと」はcultureである、ともいえよう。

　「もの」が「も（M）」と「の（N）」という短音節語の直接の結合によって生まれた言葉であるならば、これらの短音節語が独立に使われること、例えば「MとN」という語はないのであろうか。『万葉集』に登場する古語「もとな」は『広辞苑』によれば「訳もなく」「やたらに」の意であるとする。小学館の『国語大辞典』によれば「もとな」は「元なし」がもとの形であるという。しかし、「もとな」の原義は「MoとNa」である可能性もあるだろう。山上憶良の子を思う歌、「…まなかひにもとな懸かりてやすいしなさね」は「離れている吾が子の姿（M）と精神（N）が目の前に浮かんで眠れない」の意ではなかろうか。

　「もとな」を「MoとNa」と理解したように、「ことと」という言葉は「KoとTo」と理解できないであろうか。『広辞苑』によれば、「こと

と（事と）」は「特に取り立てて」、「取りわけて」の意であるとして、『源氏物語』桐壺巻からの例が示されている。「取り立ててはかばかしき御後見しなければ<u>ことと</u>ある時は、猶よりどころなく心細げなり」である。「物的な支援をしないので、生活上の実際的・具体的なことでは心細い」の意であるという。「ことと」を「KoとTo」の意と解することが出来る。

「もの」と「こと」はさらに結合して「物事」という語を、また「宗像」という神格を造りだした。

(2) 「ぢゃん-けん-ぽん」に現れたる T-K-H（P）の三すくみの関係

子音間の対立的関係が三すくみの関係として現れているのが「ぢゃん-けん-ぽん」である。

「ぢゃん-けん-ぽん」の起源について、柳田国男は「ぢゃん-けん」は拳の一種であって近世に入ってから始まったに違いないとする。しかしそのような理解では「ぽん」が説明できない。「ぢゃん-けん-ぽん」は「ぢゃん拳」ではない。「ぢゃん-けん-ぽん」は「ちょき-ぐう-ぱあ」であり、「ちっ-かっ-ぽい」であり、T-K-H（P）の三すくみの子音の対立関係から成り立っている。T-Kの関係はすでに見たように、父（とと）と母（かか）であり、魂（Ta-m）と神（Ka-m）である。K-Hの関係は「褻（K）」と「晴（H）」、「曇り（K）」と「晴れ（H）」、「黒、暮（K）」と「光、昼（H）」、「くるんだもの（K）」と「ひらいたもの（H）」等に見られる。Kは閉でありHは開である。

H-Tの関係は「低い（H）」に対する「高い（T）」、「引く（H）」に対する「足す（T）」、「ぽこ（凹）（H ゙）」に対する「でこ（凸）（T ゙）」、「女性器（H ゙）」に対する「男性器，（T）」である。

これらの関係を「ぢゃん-けん-ぽん」をするときの指の形「ちょき」、「ぐう」、「ぱあ」に当てはめてみれば、この関係はさらによくわかるだろう。「ちょき」は突出した形を、「ぐう」は、包るまれた充実した

Ⅲ. KとTとH（P）

形を、「ぱあ」は平明な様を表現している。なんとおもしろいことを我等の祖先は考え出したのであろう。これらの子音の持つ三すくみ関係を手の形に表現した便利なそして微笑ましい所作が太古から現代まで受け継がれてきたに違いない。「ぢゃん－けん－ぽん」は日本語の発生とともに生まれたものであるに違いない。日本に生まれた子供たちは、まだ自由にならない指を使って「ぢゃん－けん－ぽん」を習いながら指の動きとともに日本語の中にある三すくみの子音の関係を指の末梢神経を借りながら中枢へ伝え、耳から脳へ伝える。

　T-K-H（P）の意味上の対立関係から「ぢゃん－けん－ぽん」は成り立っているが、この3子音が音声学上の子音三角形と合致していることも興味深いことである。この三角形はレヴィ＝ストロースが料理の三角形を考えた際のモデルとなったものでもある。

(3)　猿蟹合戦

　猿蟹合戦で猿をやっつける者の奇妙な組み合わせにも、三すくみの関係が準備されている。登場者の名だけからは判然としないが、「ぢゃん－けん－ぽん」が鋏と石と紙に絶妙に喩えられたように、すなわち、鋏は「ちょき」であって「T」であり、石は硬い充実したものであり、紙は平らな開いたものである。猿蟹合戦の場合も、蜂は「ちくちく」であり「T」であり、「ぢゃん－けん－ぽん」における鋏と同様尖った鋭いものである。栗は堅くくるまれたもの（K）である。臼は凹であり「H」である。猿蟹合戦は、この3者が組んでいれば、猿がどう対応しても、決して負けることがないように仕組まれた物語である。さらに言えば、柿、握り飯、餅といった物にあまり縁があるとは思えない蟹が何故一方の主人公としてこれらの食物をめぐって猿と争うのであろうか。各地に伝わる話を総合すれば、物語の前半においては猿と蟹は勝ったり負けたり、あるいは、互いに合意して物々交換をしているのである。この昔話は勝負がついていない話の前半にも大事な意味があるのである。

蟹は鋏（T）を持っていることによって勝つこともあるがその身は柔らかく堅い柿の実を投げつけられればすぐに潰れてしまうのである。勝つこともあるが負けることもあるのである。いつでも勝つためにはTとKとHが揃わなければならない。柳田国男の「猿と蟹」を参照すれば、日本各地の同様のモチーフを持つ民話には種々のものが混入していると思われるが、ほとんどの場合に登場するのは蜂（針）と栗と臼である。これらはそれぞれT、K、Hである。この話は単なる動物昔話ではない、人間界の外にある大きな力に対抗するために物語の中に言霊（TとKとH）を位置づけたものであり、その言霊は登場人物の名と特徴の中に隠喩されているのである。それが、蜂と栗と臼という奇妙な登場人物の意味である。子供達が遊技の中で「ぢゃん－けん－ぽん」をした時、負けた者は鬼であるが、蟹の敵としての猿は、各地の民話の中では、猿ではなく鬼であり、山姥である。「猿蟹合戦」の物語は、これらの鬼や山姥が、「ぢゃん＝ちょき＝鋏＝はち」と「けん＝ぐう＝石＝栗」と「ぽん＝ぱあ＝紙＝臼」によって負かされるということである。そしてこの物語にはまた、蟹が最初に持っていたものである「握り飯（M）」や「餅（M）」、そして本来蟹に所有権がある「熟した柿の実（M）」と、そして猿に擬されている鬼（N）と鬼が持っていた地中（N）に蒔かれなければならない「柿の種」の間に、MとNの対立的な関係がまた隠喩されているであろう。そして鋏（道具）と知恵を持っているが、猿（鬼）に対しては有効には闘えない者である蟹には、人が擬せられており、収穫されようとするMをNから守らなければならないという人間（Culture）と自然（Nature）との闘いがこの物語の中には暗喩されているであろう。

　このようなT-K-H（P）の三すくみの関係は、俗語の中にもある。2人が「ぺちゃ（P）くちゃ（K）」しゃべっている所へ第3者が口を挟み混乱させてしまうのは「ちゃち（T）」を入れる、であり、「ちょかい」を出すである。「ちゃらんぽらん」という言葉や物事が混同することを

Ⅲ．KとTとH（P）

言う「ちゃんぽん」という言葉はT-Hの対立関係に由来する語であろう。

相撲部屋独特の料理の「ちゃんこ」や肉・野菜などを一緒に煮込んだ長崎料理「ちゃんぽん」、豆腐・肉・野菜などを一緒に炒めた沖縄料理「ちゃんぷる」、青森の「ぢゃっぱ汁」、「けんちん汁」、「くっぱ汁」、これらの肉・魚・野菜を一緒に煮た汁料理・炒め料理は日本列島全体に分布しているが、いずれもT-K、T-P、K-Pを呼び名としている。

「ちんぷんかん」や「ちんぷんかんぷん」の語もこの類であろう。この語は珍粉漢、陳紛漢、陳奮翰の字が当てられ「わけのわからない言葉また、その人」の意であるという。『広辞苑』によれば、「もと儒者の用いた漢語をひやかした語に始まるとも、長崎の人が、紅毛人の語のわからぬことからいい始めたともいう」と述べているが、これでは説明になっていない。この語もT、P、Kの3子音が一組で用いられていることに意味があり、「ぢゃん－けん－ぽん」と同様、3子音の三すくみの関係に由来するであろう。

T-K-H（P）の三すくみの関係に根ざした「ぢゃん－けん－ぽん」と猿蟹合戦の登場人物を表に纏める。

[表－16]「ぢゃん－けん－ぽん」と猿蟹合戦におけるT、K、H（P）の三すくみの関係

	ぢゃん－けん－ぽん	猿蟹合戦	T・K・Hの原理		
T	ぢゃん＝ち＝ちょき＝鋏	蜂	父・魂・時空・鶴・鋭		高・閉・足す・凸・男性器
K	け ん＝か＝ぐ う＝石	栗	母・神・衣食・亀・硬	襞・暗・暮・包	
H(P)	ぽ ん＝ぽ＝ぱ あ＝紙	臼		晴・光・昼・開	低・開・引く・凹・女性器

T、K、Hの三すくみの対立・対置的関係が、世界を認識する際の本質的な原理であるなら、その現れは、遊技や昔話・俗語・料理の名にと

223

どまるものではないだろう。その思想の痕跡は考古遺物の中になければならない。

　その思想は、縄文時代の配石遺構に見ることができる。

　秋田県鹿角市大湯の環状列石は、「開けた（H）」大地上に石が敷きつめられ、敷きつめられた石は「ぐるり（K）」と環状をなしている。その中でも日時計遺構と呼ばれるものの配石は特別に奇妙である。この遺構の中央には巨きな石が立てられており、屹立したその石を中心に細長い石が放射状に敷き並べられ、放射状に敷き並べられた石の外周は丸石で囲まれて環状をなしている。このような形状から日時計に擬して日時計遺構と呼ばれているが、このような物が造られた意味はわかっていない。

　この遺跡の配石はTとKとHとの3子音の関係で成り立っているのではなかろうか。放射状に「平たく」並べられた石は「H」であり「開」を示し、人間の生活圏外にまで展開する水平世界、「晴」の世界であろう。その周りの環状に「くるり」と囲んだ配石は「K」であり、区画され一定の限界を持った「褻」の世界であろう。中央に「立てられた」石は「T」であり、垂直の次元を示している。この遺構には人や動物が葬られたらしいとも報告されているが、ここは単なる墓地ではなく、これらの配石が単なる墓標ではないことも確かであろう、何らかの特別な意味を持った場であったに違いない。大湯環状列石のこの奇妙な配石は、自然界を支配する3つの原理、「晴（はれ）」と「褻（け）」という水平世界と「高（たか）」という垂直世界を示しており、「高、たか」は同時に「時、とき」でもあり、この建造物は人間の関わる時空全体を示しているのであろう。キリスト教では父と子と聖霊という3つのペルソナが1つの本質となったのが神であると考えられているが、H、K、Tの3要素を一体のものとして表現したのがこの遺構であろう。この遺構の地は、HとKとTの3つの力を統合することによって人力を越える災害を鎮め打ち勝とうとした「祈り」が行われた場に他ならない

Ⅲ．KとTとH（P）

であろう。そして自然界を支配している原理は同時に言葉であり、言葉の力は言霊である。言葉の中にはあらゆる力が込められているのである。この遺構の規模、造る際に要したであろう労力から見て、小さなたたり神や、死者の魂を鎮めようというものではなかろう。人力を越える災害は地震であろうか、火山の噴火であろうか、いずれにしてもそれは地中に潜む鬼であろう。地中に潜む巨大な鬼に対して自分たちの持っている言霊を実体化した建造物を造って対抗しようとしたものであろう。しかしここでは、三位は「父と子と精霊」のような実体に依って表象されていない。また、「蜂・栗・臼」のような物の名に暗喩されてもいない。「ぢゃん－けん－ぽん」の指の形と同様の幾何学的・立体的な建造物として表現されている。

　ここに日本文化の特徴がある。即ち思想は、写実化され人間化された偶像によって表現されない。思想は抽象化したオブジェによって表現されるものである。そしてその思想の背後には言葉が潜んでいるのである。

　以上の論考によって、縄文後期の東北地方に多く見られるいわゆる日時計遺構は「ぢゃん－けん－ぽん」、「猿蟹合戦」と同じ言語的構造を持ち、同時に、日本語がそのなかに内包している日本人の思想を表現しているものとして捉えることが出来る。すなわちこの遺構を残した人々である縄文人の言語は現日本語そのものであったことを示唆しているのではなかろうか。

Ⅳ．YとW

　「MとN」、「KとTとH（P）」の関係ほど明瞭ではないがYとWの間に対立的・対置的関係があろう。Y（善、良、好、吉 etc.）とW（悪、不吉）は対立的関係にある。このYの原義はおそらく「線状の」、「張りつめた」、「ぴんと張った」、「直線的な」であろう。転じて、「まっすぐな」、「善良な」の意になった。弓矢は人間が発明した素晴らしい3点セットの道具である。自然界に存在する弾力のある木、紐、まっすぐな尖った細い棒、この3者を組み合わせた、人間の発明品の中でおそらく最高級の物の1つである。この3つの物はYの母音変化に従っている。「弓（Yu）」・「弓をよっぴく（弦）(Yo)」・「矢（Ya）」（弓よっぴいて矢を放つ）は、Yu-Yo-Yaである。「弓」と「弦」と「矢」は相撲の千秋楽の勝ち力士、三役に与えられる物であるが、これらは単なる賞品ではなく、W（悪）に対抗する物という呪術的な意味も込められているであろう。

　一方、Wの原義は、Yの「線状の」、「張りつめた」に対して、「立体的な」、「渦状の」、「輪になった」の意であろう。転じて、「複雑な」、「まっすぐでないもの」の意になった。そして、Yが社会的、道徳的な「吉」、「善良な」の意を獲得したとき、Wは社会的、道徳的な意味における「不吉な」、「悪い」の意を獲得した。渦・嘘はこのWであり、おそらくWu-sであろう。海はWu-mであり、山（Y-am）と対立している。海神（わたつみ）と山祇（やまつみ）もWa-tとYa-mである。海は渦巻く危険な所であり、山は安定した安全な所、陸地の意であろう。W行は、今は表記上はWa（わ）とWo（を）だけであるが、古くは、Wi、Wu、Weも存在したであろう。第1部数詞考において詳しく述べ

226

Ⅳ．ＹとＷ

たように、茨城県の霞ヶ浦にある地名「潮来」は仮名書きすれば「いたこ」と表記されるが「潮」という漢字が当てられていることからも分かるように、「いた」は、本来は「Wi-t」であっただろう。

　ＭとＮから「もの」が、ＫとＴから「こと」という語が生まれたように、ＹとＷからは「わや（Wa・Ya）」という語が生まれた。関西弁の「わや」または「わやく」という語は「道理に合わない」、「無理なこと」を表す語である。また、「わやわや」という騒がしい状態を表す副詞がある。これらの語は曲と直、善と悪、山と海が混じり合った混乱不条理の状態を表現する語であろう。

あとがき

　本稿は、日本語はもちろん言語というものを学問として系統的に学んだことのない者の論考である。論考と称しているが、議論は穴だらけであるかも知れない。学術用語の使い方にも多く間違いがあるかも知れない。このことに私は不安を抱いている。
　しかし私は、日本語を話す民族の中に生まれ、その脳を日本語でフォーマットされて以来、日本語を話し、読み、書き、そして、日本語でものを考えてきた者である。そしてまた、日本語によって思想され、創り出された文化と歴史の中で生きてきた者である。日本語を母語として、日本語文化に揺籃された者であるからこそ、無意識に使っている日本語の中にある思想を、その中に本来的に意識されているであろう思想を、すなわち自らが思想するところを、客観的・科学的に分析することが常に可能であるに違いない。特に、言語と言語以外の文化要素との関係を論ずるには、その民族言語の話者であり、その民族文化の一員である者において初めて、そして常に可能であるに違いない、と私は思う。しかしながら、この点については、逆もまた真なりであろう。自らが思想するところを、自らを規定している思想によって、客観的・科学的に分析することは、困難であるかも知れない。分析が独りよがりの自家撞着的なものになってしまうかも知れないからである。これが私の第二の不安である。
　私は、このような抜きがたい不安を抱えているのであるが、日本語の数詞に関する考察から出発した本稿が、日本語のコアに迫る新規の有意義な着想を含んでいることを信じて、ここに成書として刊行することにした。

本書を刊行するにあたり、明治書院の西野義治氏並びに堀内隆夫氏に大変お世話を戴いた。西野氏は、IT情報の氾濫する中での活字文化の重要性を指摘され、本書の刊行を快く引き受けてくださった。堀内氏は原稿の不備を御指摘くださったのみならず、編集上に多くのアイディアを提供してくださった。両氏に対して、ここに厚く御礼を申し上げる。

2007年12月

著者略歴

関口駿一（せきぐち・しゅんいち）

1942年生まれ。群馬県前橋市出身。

1966年　東邦大学理学部　生物学科卒業
1968年　東邦大学薬学部に勤務
2007年　東邦大学薬学部を退職
現　在　山野医療専門学校　非常勤講師

数　詞　考

平成20年2月15日　初版発行

著者・発行者　関口 駿一
印　刷　者　藤原印刷株式会社
　　　　　　　代表者　藤原愛子
製　本　者　株式会社渋谷文泉閣
　　　　　　　代表者　渋谷　鎭
製　　　作　真珠書院ブックサービス
発　売　元　株式会社真珠書院
　　　　　　　〒169-0072 東京都新宿区大久保1-1-7
　　　　　　　電話 03-5292-6521
　　　　　　　振替 00180-4-93208

ⓒShunichi Sekiguchi 2008
Printed in Japan
ISBN 978-4-88009-502-8